安徽省哲学社会科学规划项目

"习近平新时代大学生道德教育思想研究"成果

新时代大学生道德教育研究

尚云丽　王卷刚　著

辽宁人民出版社

© 尚云丽 王卷刚　2023

图书在版编目（CIP）数据

新时代大学生道德教育研究 / 尚云丽，王卷刚著．——
沈阳：辽宁人民出版社，2023.7
ISBN 978-7-205-10606-5

Ⅰ．①新… Ⅱ．①尚… ②王… Ⅲ．①大学生—品德
教育—研究—中国 Ⅳ．① G641.6

中国版本图书馆 CIP 数据核字（2022）第 199285 号

出版发行：辽宁人民出版社
　　　　　地址：沈阳市和平区十一纬路 25 号　邮编：110003
　　　　　电话：024-23284321（邮　购）　024-23284324（发行部）
　　　　　传真：024-23284191（发行部）　024-23284304（办公室）
　　　　　http://www.lnpph.com.cn
印　　刷：辽宁新华印务有限公司
幅面尺寸：170mm×240mm
印　　张：15
字　　数：260 千字
出版时间：2023 年 7 月第 1 版
印刷时间：2023 年 7 月第 1 次印刷
责任编辑：贾　勇
装帧设计：汤　宇
责任校对：吴艳杰
书　　号：ISBN 978-7-205-10606-5
定　　价：78.00 元

前言
PREFACE

　　《新时代大学生道德教育研究》是道德教育领域和高等教育领域相关的专题研究。课题组成员共同进行该研究课题时，调研了新时代大学生道德素养状况，也进行了一系列教育实践，希望能独辟蹊径地考查所要探究的内容，进而深入探究道德教育规律。此次探究也是对实践中呼声较高、急需解决的实践问题的集中展现和应对思考。本书关注实践，也追溯与反思了相关领域的理论知识。就理论思考而言，本书深入考查新时代大学生道德教育面临的问题、解决的措施等，有意识地从人的角度关照道德教育的对象。在考查大量资料的基础上，分类并置各种相关学说，比较分析相关研究，并在此基础上建构理论知识体系。

　　目前，大学生道德教育研究与新时代发展的主要问题结合不够，实证研究不充足；缺乏与时俱进的马克思主义伦理学、社会学及思想政治教育学等相关理论的铺垫分析，没有提出结合新时代发展问题的针对当代大学生传统美德教育的新模式；没有紧跟时代步伐，与中国梦宣传和社会主义核心价值观教育结合不够，更没有提出结合新时代发展的大学生道德教育相应的创新；当前研究定性分析较多，缺少用较大规模的实证调查数据来进行定量分析。基于此，本书尝试论述大学生道德教育在当今社会的发展，充分结合时代主题，解决时代发展迫切需要解决的问题。本书探讨新时代大学生道德教育内涵及其教育模式，如何在社会主义新时代大学生道德建设实践中实现创造性转化、创新性发展；从国际与全球化比较研究视野的角度，把握新时代大学生道德教育与思想教育的关系。研究新时代大学生道德教育的创新模式，最终目的是提高大学生道德修养水平。

概而言之，本书有两个特点。第一，从德性伦理的角度分析新时代大学生道德教育。研究探讨了大学生道德教育的重要价值与主要内容，指出大学生道德教育的重要作用，诸如道德教育中的爱国情操激发大学生的爱国、报国积极情感；道德教育注重整体利益、责任；奉献精神有助于大学生坚持集体主义原则，抵制利己主义；新时代道德教育中个人的自强、自立、自省思想，提高了大学生的道德水平等。对新时代大学生道德教育研究的探讨可以以此为基石，进而探索更好的教育模式。第二，从新时代的角度分析大学生道德教育。当前，对大学生道德教育的研究很多，但是，如何根据时代的发展更好地进行道德教育却是一个常提常新的问题。本书力求根据当前我国新形势、新变化，根据大学生当前道德素质现状，提出一些对大学生进行道德教育的新内容。当前，道德教育者要充分挖掘传统道德教育与当代优秀道德教育中的理想信念、道德人格、为学创新、心性修养等方面的合理内核，并将其运用于新时代大学生道德教育中，使大学生更易于理解、认同道德教育，并勇于追逐、践行高尚的道德人格。

本课题书稿的撰写得到了淮北师范大学学科建设与发展规划处高峰学科建设支持，也得到了淮北师范大学教育学院等相关部门的大力支持和无私帮助，还得到了淮师大同仁及许多同行专家的友好帮助。感谢课题组成员山东师范大学王保艳老师、山东教科所刘燕飞研究员和淮北师范大学教育学院的教师王耀祖、蔺红春等老师为本书写作提供的建议。感谢淮北师范大学教育学院的硕士研究生范悦、张林、冯灵杰等在调研过程中的辛苦付出。我们由衷地感谢为此书出版给予支持与帮助的每个人。书中如有错误疏漏之处，敬请读者海涵指正。

尚云丽　王卷刚
2023 年 1 月

目录
CONTENTS

第一章　新时代视域下的大学生道德素养

道德是维系人与人之间关系的准则，是社会生活环境中的意识形态之一，道德能够调节自我与他人的关系，使人与人之间的关系和谐。道德规范着人且帮助人思想向上，富有感恩的心，道德作为现代社会不可或缺的元素之一，可以使人增强自我认识，对家庭和社会承担责任，并在生活中提升人的幸福感，是做人做事、成人成功的准绳。道德是一盏明灯，它调整个人在群体生活中的行为，对人的思维发展起着引领作用，它约束社会大众自身的私欲，使个人行为处世考虑他人而非只顾及自己，在道德的约束下，人与人能够更和谐地相处。若没有道德的约束，人类便很难达到精神富足。虽然道德是不以个人意志为转移的客观存在，但我们可以通过对道德的研究，在现实生活中，借助道德的力量来解决社会群体生活中的许多问题。

孟子云："君子之守，修其身而平天下。"（《孟子·尽心下》）孟子认为君子要加强自身的道德修养，进而造福社会，使天下幸福。子思说过："君子，不可以不修身。"（《中庸》）认为君子要修身养德。老子云："道生之而德畜之，物形之而器成之。是以万物尊道而贵德。"（帛书甲本《道德经》）老子也重视道德，认为德成就万物自身，道德滋养了人，也使人立足成道。古今中外的许多名人会把道德放在人生重要的位置上去探讨，人民大众也普遍认同：有德才能成人，道德水平不高的人，他们的高学识可能会使他们对社会造成危害。

新时代，人类社会越来越关注道德素质，道德教育已成为教育的重要组成部分。大学生作为国家未来的建设者，其发展关系着祖国的未来。加强大学生道德建设，有助于大学生树立正确的世界观、人生观和价值观，更好地肩负起实现中华民族伟大复兴的历史重任。

一、新时代大学生道德素养的生成

（一）国际背景

如今，全球经济、政治、文化发展日新月异。世界发展日益全球化，新时代世界多种价值观、多元文化正影响着我国的政治、经济、文化等多个方面。随着网络的迅猛发展，大学生群体也越来越受其影响。大学生处于正确价值观建立的关键时期，然而这一时期的大学生还是不够理性与成熟，他们面对交错复杂、良莠不齐的网络信息，如果不能够进行准确的判断，一不留神就会受到一些不良文化的渗透影响，在这种情况下大学生的道德教育就显得尤为重要。

习近平对新时代的教育做了一系列重要论述，其中对大学生道德教育的论述尤其关切。当今世界正面临百年未有之大变局，科技革命正在迅速发展，国际人才竞争也日趋激烈，国家与社会的进步需要新时代的青年来不断推动。习近平关于新时代教育的论述，正是在中国特色社会主义进入新时代、教育事业发展进入新时代等众多背景之下提出的。我国高度重视教育事业的发展，党的十八大以来充分认识到教育在中国特色社会主义战略全局中的重要地位和作用，始终把教育摆在优先发展的战略地位。习近平在北京大学师生座谈会上强调，要培养社会主义建设者和接班人。[1] 习近平指出，培养什么人，是教育的首要问题。[2] 教育的根本任务是立德树人。教育要培养德智体美劳全面发展的社会主义建设者和接班人。教育对国民发展的意义重大，道德教育又在教育中占据重要地位。从世界发展的历史来看，德育不是狭隘的知识教育，而是牵涉

① 习近平.习近平在北京大学师生座谈会上的讲话 [N].人民日报，2018-05-03（02）.

② 习近平.坚持中国特色社会主义教育发展道路 培养德智体美劳全面发展的社会主义建设者和接班人 [N].人民日报，2018-09-11（01）.

国家强盛的事业，它涉及社会的方方面面，个人应响应国家号召，积极参与德育建设，共同创造一个良好的德育环境，促进社会德育发展，提升人们道德水平，进而促进祖国事业发展。

（二）国内背景

新时代，我们要坚持走新时代中国特色社会主义道路，在新的发展阶段，站在新的起点上迈向实现中华民族伟大复兴的征途。习近平强调："现在，我们比历史上任何时期都更接近实现中华民族伟大复兴的目标，比历史上任何时期都更有信心、更有能力实现这个目标。"① 大学生群体作为社会发展的新生力量，理应也必应肩负这一伟大使命。习近平指出"中华民族伟大复兴，绝不是轻轻松松、敲锣打鼓就能实现的"，"需要一代又一代人接续奋斗"②。可见，中华民族伟大复兴需要我们一代又一代接续奋斗，每一代人都要以实现中华民族伟大复兴为己任，中华民族伟大复兴不是一蹴而就的，而是需要我们脚踏实地地去完成。民族未来，寄寓青春力量，因此，大学生群体的教育与培养显得尤为重要，而道德教育又是重中之重。

2014 年 5 月 4 日，习近平在北京大学考察时指出，青年的价值取向决定了未来整个社会的价值取向，而青年又处在价值观形成和确立的时期，抓好这一时期的价值观养成十分重要。③ 当代青年的教育，要将社会主义核心价值观与教育实践结合起来，引导青年一代"知行合一"，用青春践行理想与担当。"青年一代的理想信念、精神状态、综合素质，是一个国家发展活力的重要体现，也是一个国家核心竞争力的重要因素。"④ 青年一代要用发展的眼光看待时代

---

① 习近平.青年要自觉践行社会主义核心价值观：在北京大学师生座谈会上的讲话 [N].人民日报，2014-05-05（02）.
② 习近平.习近平在北京大学师生座谈会上的讲话 [N].人民日报，2018-05-03（02）.
③ 习近平.青年要自觉践行社会主义核心价值观：在北京大学师生座谈会上的讲话 [N].人民日报，2014-05-05（02）.
④ 习近平.立德树人德法兼修抓好法治人才培养 励志勤学刻苦磨炼促进青年成长进步 习近平在中国政法大学考察 [N].人民日报，2017-05-04（01）.

变化，要不断充实自身，夯实基础，青年一代要全面发展，积极培育和践行社会主义核心价值观，养成良好的道德素质。大学是培养青年人放飞梦想的地方。2018 年 5 月 2 日，在北京大学师生座谈会上的讲话中，习近平指出"要把立德树人内化到大学建设和管理各领域、各方面、各环节，做到以树人为核心，以立德为根本"①。因此，在大学内不仅要开展各类道德教育课程，同时要将立德树人渗透于各领域，在生活与学习中潜移默化地影响大学生群体。

2019 年 4 月，在纪念五四运动 100 周年大会上的讲话中，习近平殷切嘱托："新时代中国青年要锤炼品德修为。"②青年强则国强，一个国家的强大离不开青年一代。广大青年要夯实自身的品德基础，要成为锤炼品德修为的先锋队，立志肩负起民族复兴的重任。

二、新时代大学生道德素养的思想源泉

（一）中华优秀传统道德思想

中华优秀传统文化强调要抑制个人私欲，由克己奉公发展为大公无私、热爱国家、肩负社会发展责任之精神，国家利益高于个人利益，要以天下为己任，为中华之崛起而读书。如孔子所言："克己复礼为仁。一日克己复礼，天下归仁焉。"（《论语·颜渊》）克己复礼，即通过道德修养自觉地遵守礼的规定。孔子曾言："发愤忘食，乐以忘忧。"（《论语·述而》）即个人要自强不息，为变革求新苦练本领、珍惜时光、努力进取。中华优秀传统道德思想有主张谦和好礼、贵和尚中、爱好和平、追求和谐之精神；有主张个人修身为本，塑造君子人格，注重修身养性，不管身处任何境地都要维持内心的善；也有主张个人将仁爱精神推广到整个社会，顺应人性，要求个人要做到"己所不欲，勿施于人"（《论语·颜渊》），还有主张个人要拥有高尚的道德情操，开放包容、勤劳勇敢的美好品德等等，这些优秀的中华传统道德思想是新时代大学生道德

---

① 习近平.习近平在北京大学师生座谈会上的讲话 [N].人民日报，2018-05-03（02）.

② 习近平.在纪念五四运动 100 周年大会上的讲话 [N].人民日报，2019-05-01（02）.

思想的重要来源。

（二）马克思主义道德思想

以马克思、恩格斯为代表的马克思主义思想家提出社会主义德育理论，该理论包含了德育目的、德育原则、德育内容等。例如，马克思在《关于费尔巴哈的提纲》中提出道德教育是实践的，要关注道德教育的实践性。对于德育，以马克思、恩格斯为代表的马克思主义思想家总结出道德的影响因素：一切以往的道德归根结底都是当时社会经济状况的产物。马克思、恩格斯认为培育全面发展的人是社会主义教育的出发点和落脚点，这也是我国德育的主要原则。关于德育的内容，他们关注的重点是共产主义理论、爱国主义及集体主义教育。列宁把社会公德和纪律等方面的教育提到了更加重要的位置。这些思想是我们进行道德教育的重要参考。总之，马克思主义道德思想是新时代大学生道德思想的重要源泉。

（三）中国特色社会主义理论

毛泽东充分肯定青年在中国革命与建设中所发挥的积极作用，高度重视青年教育，重视青年全面发展。我党有着崇高的理想信念，共产党人正是因为崇高理想信念的支撑才一步步推翻了压在人们头上的三座大山，红军战士才能爬过雪山、横跨大渡河走完艰险长征路途，播撒革命的种子，迎来崭新的中国。这样的理想信念在具有中国特色的社会主义建设中颇具价值。对当今青年人的理想信念教育，应与时代共同发展和进步，顺应时代发展的要求，同时也应加强优秀的传统理想信念教育，把优秀的传统文化思想发扬光大，用以指导青年的教育实践。新时代青年教育要将新时代的成就丰富、巩固和发展下去，也要同时加强历史传统教育、基本国情和基本路线教育。青年一代是国家的未来和民族的希望，青年一代的思想品质直接关系到中国特色社会主义事业的兴衰。[1]

---

[1] 冯刚，朱宏强.以习近平新时代中国特色社会主义思想引领青年理想信念教育 [J].思想理论教育导刊，2018（11）：79—86.

邓小平说他是中国人民的儿子①，彰显了他对祖国深沉的爱，也体现了他作为中国人的爱国情怀。老一辈革命者和建设者在实践中不断发展和完善具有中国特色的社会主义理论，这些精神财富也是新时代大学生道德思想的重要源泉。

（四）新时代道德思想

在新中国成立 70 周年的 2019 年，在打赢脱贫攻坚战的 2020 年，在建党 100 周年的 2021 年，直至抗疫胜利的 2023 年，中国都在全方位快速发展。无论是技术、政策、思想，我们都在探索新的道路，谋求新的发展。我们身处这样盛大灿烂的新时代，历史的责任已经传递到当代青年的肩膀上。新时代德育是结合中国特色社会主义核心价值观，对以往德育中存在的问题加以改进，在实践中吸取经验发展而来的教育。作为大学生，唯有不断学习，与时俱进，才能堪当使命。

自 1977 年恢复高考制度以来这几十年里，国家通过高考选拔人才。由于种种原因出现了"一场高考定人生"的社会现象。于是高考在家长心中变得非常重要，老师们也因高考录取率感到职业压力，因此应对高考的"填鸭式教育"应运而生，只注重书本知识，"只学考的，不考不学"现象在各地学校普遍存在。然而这样的教育存在一定的问题，逐渐让人们认识到这些问题并去反思。马克思提出"人以一种全面的方式，也就是说，作为一个完整的人，占有自己的全面的本质"②。马克思、恩格斯一致认为"每个人发展是一切人联合发展的条件"③。人的全面发展思想在《共产党宣言》发表后逐步走向成熟。人的全面发展思想也备受历代中国共产党领导人推崇。毛泽东强调德育、智育、体育全面发展。邓小平继承毛泽东的德育思想，与此同时强调德育、智育、体育三者的有机结合。江泽民在此基础上继续继承与发展人的全面发展思想，提出要在发展社会主义物质文明和精神文明的基础上，不断推进人的全面发展。胡锦涛

---

① 中共中央文献研究室.邓小平文集[M].北京：人民出版社，2014：1.
② 马克思，恩格斯.马克思恩格斯全集（第 42 卷）[M].北京：人民出版社，1979：123.
③ 马克思，恩格斯.马克思恩格斯全集（第 39 卷）[M].北京：人民出版社，1974：189.

提出的科学发展观中也包含着丰富的人的全面发展思想。全面发展的观点也引导着国家进行教育的改革，从政策上到行动落实，在注重书本知识积累的同时也注重大学生道德素质的培养，培养其形成良好的品质。社会主义核心价值观从国家、社会、公民三个角度提出了具体的目标与要求，学习它有利于增强对新时代道德思想的理解和对国家政策的理解，更好地规范公民行为。大学生应认真践行社会主义核心价值观，遵守公民的基本道德规范，在一系列培育自身道德素养的过程中，加强自我教育，提高自身专业素养，逐渐构建起自身的新时代道德价值观的大楼。

三、新时代大学生道德素养提升的实践依据

（一）深化教育改革与把握意识形态的要求

全面深化教育领域综合改革必须坚持立德树人根本导向。党的十九届四中全会明确提出，全面贯彻党的教育方针，坚持教育优先发展，聚焦办好人民满意的教育，完善立德树人体制机制，深化教育领域综合改革，加强师德师风建设，培养德智体美劳全面发展的社会主义建设者和接班人。[1]党和国家一直以来都高度重视意识形态工作，高校一直以来都是党开展意识形态工作的重要阵地。教育改革需要新时代德育的支持，没有新时代德育的成功，就没有教育改革的胜利。

（二）实现中华民族伟大复兴与人才培养的要求

今天，我们比历史上任何时期都更接近、更有信心和能力实现中华民族伟大复兴的目标。广大青年是实现"两个一百年"奋斗目标的主力军，对青年一代的培养至关重要。当代青年是同新时代共同前进的一代。我们面临的新时代，既是近代以来中华民族发展的最好时代，也是实现中华民族伟大复兴的最关键

---

① 中共中央关于坚持和完善中国特色社会主义制度 推进国家治理体系和治理能力现代化若干重大问题的决定_共产党员网 [EB/OL]. /2019-11-05. https://www.12371.cn/2019/11/05/ARTI1572948516253457.shtml.

时代。青年们承担着新时代重大的历史发展使命，要实现中华民族伟大复兴，实现中国梦，需要新时代大学生具备深厚的道德素养。

四、新时代大学生加强道德素养的必要性

在中国人看来，人的一生先要做人，而后成人，做好人是一生安身立命的根本。早在几千年前，我们的祖先就意识到了这一点。甲骨文中有"德"字，金文中出现了"道"字。明代思想家吕新吾说："深沉厚重是第一等资质，磊落豪行是第二等资质，聪明才辩是第三等资质。"（《呻吟语》）他把深沉厚重放在第一位，正是因为他深谙做人之道的重要性。《资治通鉴》指出，才是德的基础，德是才的统帅，德才兼备是圣人，无德无才是愚人，德胜才是君子，才胜德是小人。会做人体现在遵循所在社会的规范，扮演好自己的社会角色，去做好人做好事。做人的基础在于遵守道德规范，在道德约束下，个人能更好地培养良好的道德理想和道德良知，学会做人，就要坚守道德底线，守住道德良知。然而市场经济的发展催生了以经济思维替代道德思维的庸俗思想，这种思想冲击着大学生的思想和心灵，一旦受到这种思想的腐蚀，大学生就很难取得思想进步。个人的道德修养，人生理想的建立对人的一生非常重要。如果我们的教育太过注重智力的培养，而忽视德育，那么我们的教育就会偏离塑造人格灵魂的目标。

对于社会来说，一个人品德不好，就像潜在的炸弹，会在某天爆炸，对人民、对国家、对社会造成不可估量的伤害。道德缺失的人，做事不顾后果，由着自己性子来，我行我素，对于法律的威严更是不放在眼里，他们只想得到自己想要的结果，这样的人没有同理心，对任何事都是麻木的；道德缺失的人，没有愧疚感，因为他们觉得自己做的事情就是对的，别人指责他们，他们内心会认为别人都是错的，固守自己的想法。所以，道德缺失的人大都只想着自己的私利，不考虑别人的感受；道德缺失的人，没有罪恶感，认为自己做的事都是对的没有错的，一切问题都是别人的，在他们眼里只要是对自己有益的，不管是否影响他人，只要自己开心就好；道德缺失的人，不会被人重用，因为别人知道这

种人自私自利，随时都有可能背叛或者出卖集体，所以这样的人很难得到重用，即便一时得到重用，也会因为自身的道德缺陷难以长久；道德缺失的人，不懂得尊老爱幼，在他们看来自己过得舒服就行了，别人无所谓。所以，成为人才之前，我们必须先成人。这里所说的"成人"不是长大成人，而是成为真真正正有责任、有担当、有道德的人。没有德行空有才能，会毁掉一件事甚至一个人的一生。成就小的事情需要一些基本的能力，而成就大的事情则更需要个人良好的品质和综合能力。

　　大学生道德素养对大学生的发展有着重要的意义，大学生道德教育是其人生发展中的重要教育内容。许多学者展开了这方面的研究，大家普遍认为，当前基本国情和社会发展都需要加强大学生道德教育。整个国际社会都在迅速发展，对于大学生的道德教育也提出了更高的要求，为适应现代社会的飞速发展，大学生道德教育已成为大学教育中非常重要的环节。社会环境复杂多变，高校教育工作者要加强对大学生的道德教育，使大学生能够在社会环境中保持必要的政治稳定和道德认知。大学生道德教育是培养高素质人才，实施人才强国战略的重要方式。大学生作为人才储备的重要资源，其综合素质将会直接影响到未来国家人才储备的质量。作为人生成长的重要阶段，大学生的人生观和价值观在大学时期逐步形成，大学作为人生成长的重要环境，在大学生的培养和教育中起着举足轻重的作用。这就要求高校不仅要注重提高学生的科学文化水平，也要注重对学生思想道德素质的培养。[1]蒲清平提出，要把习近平新时代中国特色社会主义思想全面融入大学生思想政治教育中。他认为，习近平新时代中国特色社会主义思想作为马克思主义中国化的最新理论成果，是大学生思想政治教育的指导思想和主要内容。[2]青年是新时代坚持和发展中国特色社会主义的生力军，是实现中华民族伟大复兴中国梦的有生力量，是促进人类和平与发展的强大力量。要加强青年的爱国主义教育、励志教育、知识教育和实践教育。

---

[1] 李翀. 新时代大学生道德教育问题对策研究 [J]. 湖北经济学院学报（人文社会科学版），2020（07）：118—120.

[2] 蒲清平. 把习近平新时代中国特色社会主义思想全面融入大学生思想政治教育 [J]. 高校辅导员，2018（02）：18—23.

青年教育思想不仅要从思想觉悟上有所提高，在实践运用中也要发挥所长。那么如何有效地进行青年教育？德育作为教育的根本任务，一切教育发展都要以德育为基础。大学生道德教育将影响大学生一切发展。①

对大学生的道德教育，我们要汲取青年教育思想之精髓，学习习近平新时代中国特色社会主义思想中对青年道德教育方面的指导思想，广纳其他优秀的道德教育思想，不断完善大学生道德教育的理论体系，根据大学生实际学习情况和思想需要，探索适合大学生道德教育的新教育范式。当代大学生作为新时代发展的后备力量，要以习近平青年教育思想来夯实自身的思想基础，努力构建适应社会发展的思想道德体系。

（一）社会发展需要加强大学生道德素养

社会发展迅速，国际关系瞬息万变，当前时代发展的主题仍是和平与发展，多极化发展趋势更加明显，多变的情况需要我们国家更加强大，这对大学生的道德素养也提出了新的要求。我们需要培养当代大学生的社会主人翁意识，使大学生主动努力把实现理想和社会发展结合起来。如果大学生缺乏自律，缺乏对个人理想和社会理想的认识，缺乏人生奋斗目标，在同一时间制定多重目标，效率低，完成率也低，并且还有可能重视自我价值，轻视社会价值。如果大学生缺乏对自己肩负的历史使命的认知，缺少崇高的信仰，就会对我们的社会发展产生消极影响。

如今社会主义市场经济主体活跃，为大多数青年人才提供了很好的大显身手的舞台，这使得越来越多的大学生强烈意识到个人在社会进步中的作用，也给他们以强烈的压力，使其意识到努力的重要性。因此，大部分学生在这种压力下，会格外重视勤奋努力。但是如果凡事以自我为主，由我出发，而不关注他人，个人会逐渐变得追求自我，只顾个人自我价值的实现而不顾全集体利益。因此，在进行职业选择的时候，更多的是考虑收入与自我实现，这就陷入了自我主义的窠臼。大学生群体作为新生力量，对我国社会主义现代化建设发挥着

① 王学俭，阿剑波.习近平新时代青年教育思想及其价值旨归 [J].思想教育研究，2018（08）：3—9.

重要的作用。因此，新时代大学生不仅要学习我国优秀的传统文化，对于国外的文化也要取其精华去其糟粕，培养创新精神，加强自身修养。新时代大学生要勇于承担起新的使命与担当，为我国的发展与建设贡献自己的力量。

（二）建设社会主义文化强国要求关注新时代大学生道德

文化自信是支撑道路自信、理论自信、制度自信的基础，是更基础、更广泛、更深厚的自信，是更基本、更深沉、更持久的力量。新时代大学生要坚定文化自信，投身建设社会主义强国。提升大学生道德素养有利于增强大学生对文化学习的重视，对本国与外来文化形成端正的态度。新时代大学生自己要树立文化自信，认识到中国特色社会主义文化的独特性和丰富性，认识到自己有责任传承发扬优秀传统文化。建设社会主义文化强国需要培养当代大学生对学习优秀传统文化的兴趣，使其充当文化的传播者和弘扬者。大学生本身就处于青春期往成年期过渡的阶段，他们有时间、有精力、有热血、有勇气，他们敢于尝试、敢于挑战，也不畏失败，同样他们也是对现代化认识更加清晰的一类人。当然，大学生也处于人生的一个迷茫时期，是价值观、世界观以及人生观逐渐形成并渐趋稳定的一个时期，他们需要正确的道德引导，为其形成正确的"三观"奠定基础。关注大学生道德培养，通过课堂传授、实践活动等教育手段培养大学生的道德素养，也可以通过"戏曲进校园""非物质文化进校园"等一系列进校园活动，让大学生了解到、学习到中华优秀传统文化，推动大学生主动地去感悟中华文化底蕴，在潜移默化中提升其道德素养。大学生对现代化的东西掌握迅速，也愿意去接触了解现代化的事物，像现代化新媒体，是文化传播媒介，也是一种有价值的信息载体。大学生也可以通过创新新媒体传播方式等让中华优秀传统文化传播出去，让国人、让世界更多地看到和感受中华文化的魅力，不断提高中国文化软实力，推动社会主义文化强国建设。

（三）和谐社会建设需要大学生具备良好的道德素养

人类自古至今都在追求理想中的社会。古时人们追求"大同"社会，对于今天的人来说，理想中的社会是和谐社会。社会和谐与国家长治久安要求全体社会成员有较高的思想道德素质。社会主义现代化发展，对当代大学生的道德素养提出了更高的要求。大学生的道德素养在一定程度上会影响未来社会的发展。因此，深入探究提升大学生道德素养工作是建设社会主义和谐社会的关键环节之一。

如今，我国德育工作取得了巨大的成效，实现了高校德育工作里程碑式的飞跃，提升了高校德育的水平。高校德育随着改革开放的深入，不断打破僵局。与此同时，高校德育工作不断地总结经验，吸取教训，坚持和贯彻党的先进的领导路线，不断优化政策、方针，引领广大师生提高思想觉悟，向党看齐，在高校的各项工作中发挥了重要作用。

大学生的道德水平随着社会的发展和经济的进步而不断进步，但是大学生整体道德水平的提高并不代表大学生的道德教育现状令人高枕无忧。少数大学生仍需要提升道德素养，及时规范调整"修理"自我，否则放任自流，就容易使问题恶化，进而导致整个大学生道德教育的千里长堤毁于蚁穴。

大学生处于青春期后期，身体成长与思想发展等各方面还处在发展成型的关键时期，他们身体接近成人，但是其心智不够成熟，个性不够完善，正确稳定的道德价值观还没有完全稳定地建立起来，阅历和思想还无法和成人相提并论。特殊群体、复杂多变的环境等因素，导致他们在行为认知、价值取向以及是非判断等方面比较迷茫。大学生思想活跃、接受新事物的能力较强，其思想和情绪易受他人影响，他们身体荷尔蒙分泌旺盛、情绪容易冲动，可能一念之差就会造成难以补救的后果。我们应该充分关注他们各方面的发展，更为谨慎地守护他们成长。

（四）新时代大学生全面发展的需要

未来的强国需全面发展才能赢得国际社会的认可与尊重。几千年来，国人矢志不渝地追求强国之路，大学生是国家未来的栋梁，也是实现中华民族伟大复兴的中坚力量，其成才需要教育加持，由此可见，大学生教育是国家发展的关键环节。教育制度自其建立后不断完善。曾几何时，人们较多注重大学生知识教育。随着科学技术水平提高，社会经济快速发展，社会物质文明的发展推动精神文明的进步，人们也更关注大学生道德教育。德智体美劳全面发展，是新时代国家培养人才的方向。对知识人才这一观念过度强化，认为有知识就是一切的思想是不成熟的，大学生具备再多的知识，如果其道德品质低下，一旦其任意乱为将会对社会产生不可估量的伤害，这样的大学生将是社会的潜在隐患。俗话说得好：要成才，先成人。有德人才将是社会之福、人民之福和国家之福。大学生只有具备良好的道德品质，才会有一个美好的未来。大学生要在良好德育的基础上，加以知识教授，以储备未来之技能。社会人可以分为四种，第一种是有德无才的人。这样的人，文化知识水平不高，但是他有良好的道德品质，他在未来可能平平无常，但他不会危害社会，不会对国家造成伤害，在国家和社会遇到困难时也会挺身而出。第二种是有才无德的人，这一类人比较可怕，如果他的知识水平高，而没有接受过良好的德育，那么，他对社会的潜在危害就大。比如一位无德的科技博士，他对科技研究领域很熟悉，并且在国家部门工作，能够获得国家机密，如果其他国家收买了他，将会使母国陷入极其不利的境地，这是对国家危害巨大的事情。第三种是无才无德的人，无才无德的人通常都会在社会上干一些例如偷鸡摸狗的事情，这样的人通常会对社会造成危害，影响社会的安定。他们可能不像有才无德的人会给社会带来巨大伤害，但也会对人民造成一定的伤害。第四种人便是德智体美劳全面发展的人，他们将会成为国家未来的栋梁，投身国家的经济、政治和文化建设，促进社会的发展。大学生德智体美劳的全面发展需要国家、社会和个人的共同努力。国家把握大学道德教育的思想方向，制定相关政策支持德育建设。家庭和社会配合高校教育，重视在家庭和社会中营造良好的德育氛围，共同促进大学生德育的发展。高校德育对大学生道德发展有巨大的推动作用，在平时的教学过程中和学校生活中要时时刻刻警醒学生，促进学生良好道德思想品质的发展。大学生个人对自身要严加管控，严格按照老师的要求和社会的需要去改善自己，提升自我，促使自我成为德智体美劳全面发展的新型人才，为未来社会发展做出自己的贡献。国家、高校和家庭对大学生的合力教育也反过来促进各自的发展，促进未来社会的发展，推动社会的进步，最终实现中华民族伟大复兴。

五、新时代大学生道德素养提升的关注点

社会的进步不仅是物质的进步，只依靠物质的满足是无法让人真正幸福的，只有物质和精神共同滋润的人才是完整幸福的人。只有人民幸福了，国家才能安定昌盛。毋庸置疑，大学生正确的道德价值观促进其道德素养的发展，促进大学生形成高尚的道德品质。大学生道德素养提升的内容与方式不是一成不变的，需要与时俱进。那么，新时代大学生道德素养提升需要关注哪些方面呢？习近平青年修德观给了我们有益的启示。习近平在多次讲话中论述了青年修德问题，逐渐形成了内容丰富、系统完善的青年修德观。习近平青年修德观赋予了马克思主义青年修德思想新的时代意蕴。习近平青年修德观强调青年教育要弘扬中华传统美德，坚持社会主义核心价值观，以崇高的理想引领，自觉、坚定地自我修养。习近平青年修德观融入大学生道德教育的实践路径如下：1. 协同社会资源，营造大学生良好的道德教育环境；2. 整合校内资源，把立德树人贯穿学校教育全过程；3. 凝聚家庭资源，用良好家教家风培育大学生的道德品行。习近平青年修德观是新时代加强青年提升道德修养的最新理论指南，它与大学生道德教育有着共同的道德文化基础和价值取向。[①]习近平青年修德观的本质就是要求广大青年强化道德修养、立足道德实践，弘扬中华传统美德，以社会主义核心价值观为导向，树立崇高的理想，自觉引领先进的道德风尚，培养坚定的道德意志，为"两个一百年"的奋斗目标贡献力量。习近平青年修德观为大学生道德教育注入了新内涵，对大学生道德教育具有重要意义。结合新时代特点，大学生素养提升需要关注以下方面。

（一）中华民族传统的优良道德素养

中华民族历史悠久，创造了璀璨的民族文化。中华民族文化源远流长、博大精深。习近平指出："努力用中华民族创造的一切精神财富来以文化人、以

---

① 赵敬东.习近平青年修德观与大学生道德教育研究 [J].黑龙江工业学院学报（综合版），2021（07）：45—49.

文育人。"[①] 中华优秀传统文化是中华民族的根和魂，蕴含着丰富的思想道德资源。我们要不忘根本，努力挖掘传统文化中的精髓，让传统文化在新时代中开出璀璨的花，实现文化育人、立德树人的最终目标。中华传统文化为大学生道德教育提供了很多有益的启示。我们需要充分挖掘、继承优秀的传统文化，并在其原有的基础上进行创新与发展，使其努力为当今大学生道德教育服务。中华优秀传统文化是在实践中被验证符合社会发展的文化，大学生在继承传统文化提升道德素质方面可以先从自身实践做起，以便更好地接受并理解其底蕴，例如积极参加学校举办的文化主题活动、参加传统文化展等，在愉快的氛围中接受传统文化的洗礼与熏陶，提高文化认同感，增强自身的文化底蕴，这样可以在不知不觉中提升自身的道德修养，新时代大学生作为国家未来的栋梁，要在世界观、人生观、价值观形成的关键时期积极主动学习传统文化，在继承中创新与发展传统文化，接受道德教育，锻炼道德意志，养成良好的道德品质，为国家的发展、社会的进步竭尽全力。

（二）社会公共道德素养

社会公德是社会道德体系的基础层次，也是社会全体成员都必须遵守的道德规范，它具有稳定性，有很多内容渗透在公共生活中，诸如遵守公共秩序、保护公共安全、尊老爱幼、仁义有信、互帮互助、礼貌谦让、拾金不昧等。大学生要遵守社会公共生活的道德规范，维护社会公共生活最基本的道德要求，在大学生活期间要不断加强自身的社会公共道德教育，要在步入社会前培养好自身的社会公共道德素养。比如大学生的感恩思想使他们常怀一颗感恩之心，善待他人，乐于助人，在社会上形成互帮互助、和谐融洽的社会新风尚。又如，大学生的爱国思想强化了大学生的社会公德教育，加强了学生的整体观念和家国意识。再如，大学生"义"的道德思想。天下熙熙攘攘，利来利往。然而人与人之间除了利益之外，还有义气。孔子说："君子喻于义，小人喻于利。"（《论

---

① 习近平. 把培育和弘扬社会主义核心价值观作为凝魂聚气强基固本的基础工程 [N]. 人民日报，2014-02-26（01）.

语·里仁》）义与利有先后，孰先孰后，在于本人心中的义之轻重。义与利相互依存，相互影响，有时也背道而行。然而，没有义，何来利？有也是不当利益，利用与被利用，使用与被使用，构成了无义之举。建立在义之上的利，是赠予、赏识、器重与在意，君子之间的投桃报李。当代大学生在考虑事情、做选择的时候能和自身的社会价值结合起来，这本是无可厚非的。但是如果过分强调个人价值的实现，就会变成功利主义。错误畸形的义利观，又直接或间接地导致大学生学习目的不明确、价值目标走偏、职业观淡薄甚至缺失、道德失范等问题突出。因此，帮助学生树立正确的义利观，引导学生正确认识和处理好义与利、个人利益与集体利益、现实利益与远大理想的关系是非常重要的。社会公德是人类社会文明成果的沉淀和积累，是维护社会公共生活的正常最基本的道德要求。新时代大学生素养提升需要关注其社会公德的塑造。

（三）家庭美德素养

家庭美德是每个人在家庭生活中应该遵循的基本行为准则，它包括尊老爱幼、男女平等、勤俭持家、邻里互助、夫妻和睦。家是最小国，国是千万家。大学生在注重学习理论知识之外，也要注重自身美德修养。当前高校大学生有部分是独生子女，因成长环境的特殊，会形成一些独生子女特有的家庭思维方式，有些思维方式会妨碍大学生道德素养的提升。大学生也是逐渐成长的群体，要学会构建美好的家庭关系，承担起对家庭的那份责任与担当，提升家庭美德素养。比如，大学生应具备家庭文明礼仪素养，要学会理解父母、尊重父母、尊重长辈、友爱同胞，协调家庭邻里关系。我国是传统的礼仪之邦。家庭教育自古讲礼，古代基本的道德条目讲求仁义礼智信，礼就排在第三位，可见先辈们对礼貌文明的重视。应该说大学生掌握着较高的文化水平，学习过较多关于文明礼仪的相关知识，他们知道讲求文明礼貌，能够使人际交往和谐，增进人们的感情，提升人们的幸福感。他们的言行举止应该正确合理，讲求礼仪，做事应该合乎尺度。再如孝是大学生必备的家庭美德。如果大学生连生养自己的父母都不能孝敬对待，那他怎能和其他人融洽相处，为国为民着想呢？古代上有帝王汉文帝为母尝药，下有平民郯子鹿乳奉亲……无不令人动容。新时代大学生道德教育需要重视大学生孝的家庭美德。父母是孩子的第一任老师，而家庭也是孩子成长的避风港，绝大部分情况下，家庭的成长氛围、成长环境往往决定着一个人未来的发展。父母是家风建设的主力，而孩子是家风建设的学习者。父母在家庭中需要以身作则，言传身教，而大学生需要学习，学会孝敬父母、学会担当、学会勤俭、学会尊重等等。就像习近平在 2016 年会见第一届全国文明家庭代表时曾说，"家风好，就能家道兴盛，和顺美满"①。大学生不仅仅需要在课堂中学习知识，提高个人的知识素养，也需要具备良好的家庭道德素养。

（四）职业道德素养

职业道德是对各行各业工作者提出的具有职业特征的基本道德要求。随着经济的发展，拜金主义、见利忘义、不讲信用、欺骗欺诈等不诚信现象也时常出现。当一个人在发展中出现上述思想问题，而行为主体又不能跨越到崇高信仰的层面上来，个人思想和行为就会呈现以自我为中心、自私自利进而冷漠不诚信的状态。这就需要个人有强大的毅力，超越自我局限，努力奋斗，突破自我思想和行为局陷。新时代全球合作紧密，经济繁荣，职业范围广、分工细，提高从业人员职业素养、加强职业道德建设十分必要。大学生是未来各行各业的人才，要加强自身的职业道德素养，培养自身求真务实、实事求是的品德，加强内在修养，为未来工作奠定良好的思想基础。具体来说，可以从以下方面加强大学生职业道德教育。

首先，要培养大学生事业心与责任感。事业心是事业成功所必不可少的因素，也决定了一个人的人生高度。大学生有了较强的事业心与责任感，才能在职场中发挥自己更大优势，创造更多的价值。其次，大学生要有较强的学习能力与创新意识，这也是作为一个职业人所不可缺少的素质。只有不断学习学好专业知识与技能，才能在工作中稳扎稳打，逐步提升，不被社会淘汰，拥有并实践创新意识才能让自己变得更优秀。最后，要具有实干精神。现在的幸福生

---

① 习近平. 在会见第一届全国文明家庭代表时的讲话 [N]. 人民日报，2016-12-16（02）.

活是先辈扎实奋斗而来的，未来的生活需要现在的我们踏实奋斗。奋斗是时代永恒不变的话题，只有奋斗过，人生才没有遗憾。成功往往都是在奋斗之后出现的，人只有经历过奋斗，才能不断激发自己的才能，从而成为一个成功者。大学生要从小事实事做起，努力培养自身吃苦耐劳的职业精神，努力为未来的美好生活奋斗。良好的职业道德素养对于各行各业来说都具有重要的作用，它也是一个人成功的关键因素。大学生应该在今后的学习和生活中尽自己所能去提高职业素养，这样不仅使自己变得更加优秀，也能推动社会稳定发展。

（五）网络道德素养

当今社会是一个高速发展的社会，信息网络非常发达。网络平台之间的竞争异常激烈，优胜劣汰，处于劣势的公司会十万火急地寻找各种能帮助自己在竞争中取胜的手段，这时可能就会出现不道德的方式。我们需要从以下方面关注网络道德。首先，网络的使用和运行必须全心全意为人民服务，避免为追求经济、文化、政治等方面不良目的的非法行为，要以网络社会的整体利益为主，一切对网络社会的整体利益负责。个人利益要服从整体利益，整体利益要服从国家利益。我们每个人要安全合法地使用网络，不得损害整个网络社会的利益。每个网络用户都拥有使用网络的权利和维护网络安全的义务。其次，网络对每一个公民都应该一视同仁，公正合法地对待网络上面的流言蜚语。建立一套大家公认的规范标准，实现网络社会规范化。网络规范化最核心的要求就是消除由于各种原因造成的网络社会中主体间的交流障碍。再次，我们必须坚持兼容原则。兼容原则要适用于一切的网络主体和网络功能，我们要避免网络道德的强权措施，不能制定"一刀切"的道德标准，只有大家都认可的标准才是网络道德的标准。最后，大家必须明白每一个网络使用者都是网络服务的享受者，也是网络信息的生产者和提供者。信息的交流和网络的服务是互相的，用户从网络和其他用户中得到利益，也同样会给予网络和对方一些利益。网络行为的道德权利与义务相统一。作为一名使用网络的成员，个人必须承担社会赋予的责任，个人也有义务为他人提供有价值的信息，帮助他人，遵守各种各样的法规，维护网络社会的稳定。

　　新时代信息技术日新月异，大学生在利用网络学习时容易受到不良网络文化侵蚀。当前，大学生网络道德存在一些问题，如对网络价值的理解存在偏差、网络诚信问题、网络语言问题、网络犯罪问题等。新时代大学生网络道德教育任重道远，我们应该找寻新时代大学生网络道德素养提升的良好策略，尽量提高大学生网络道德素养水平，让大学生正确使用网络工具，健康地进行网络交往，养成网络自律精神，在虚拟的世界里也能很好地遵守相应的道德准则和规范，成为一名合格的网络使用者。大学生在使用网络的过程中，必须有意识地维护网络安全，使我们的网络社会更加美好。

第二章　新时代大学生道德教育

社会全面发展包括精神文明与物质文明的发展。精神文明建设与物质文明建设相辅相成，相互促进。物质文明建设是精神文明建设的基础与保障，物质文明的发展促进了人们道德水平的提高，人们道德水平越高，社会道德氛围越好，社会精神文明建设就越成功，社会精神文明的发展又反过来促进物质文明发展。21世纪，世界格局在悄然改变。亘古不变的是，人才依然是国家兴旺发达的力量之源，是国家富强壮大的坚实基础。面对复杂的世界局势与中国发展的新要求，新时代大学生作为国家宝贵的人才资源，应肩负起新时代的使命，勇于担当社会责任，在新的环境下尽力推动社会全面发展。因此，新时代大学生道德水平提升对社会发展有重大影响，新时代大学生道德教育至关重要，道德教育必然是我国教育关注的重点。

一、新时代加强大学生道德教育的必要性

（一）高素质人才培养的要求

道德教育对人的发展、家庭和谐、社会进步有重要作用。对于个人而言，德育可以提升自身的道德素质。良好的道德素质对个人自身终身发展有巨大而深远的影响。对于家庭而言，家庭成员相互影响，共同成长，家庭德育使他们提升各自的道德素养，构架子女与父母之间文明沟通的桥梁，促进家庭关系和睦，提升家庭整体道德水平。

大学生道德教育不仅关乎大学生的自身发展，还关乎大学生的家庭发展，关乎社会发展。随着全球化进程不断加快，不同国家和民族之间文化相互交流、融合。大学生如果对西方文化盲目崇拜，而对本民族文化持不恰当的态度，就会侵蚀我国文化主体，危害我国文化安全，影响大学生"中国魂"的塑造。道德教育与国家发展有密切的联系。加强当代大学生道德教育是时代发展的需要，道德教育可以提升大学生道德素养，增强大学生文化自信，进一步提升国家文化软实力，促进国家文化繁荣。在新文化运动时期，以陈独秀、李大钊为代表的一批先进知识分子，发起思想解放运动，他们提倡民主，反对独裁专制；提倡科学，反对迷信盲从；提倡新道德，反对旧道德；提倡新文化，反对旧文化。当时先进的知识分子意识到道德教育对国家发展的巨大作用，提出解放人们的思想，形成良好的道德观念。启发了民众觉悟，促进了人们思想解放。这些历史如今也启示我们关注大学生教育。加强对大学生的道德教育，宣传自由、平等、民主等思想，这些思想有利于国民解放思想，促进思想文化繁荣，加强国家认同感，促进大学生为国家的未来发展努力奋斗。

我国现在正处于社会主义建设的重要时期，对人才建设有较高的要求。高素质与高道德修养的人才是社会持续积极发展的基础。国家要可持续发展，需要持续加强高素质高道德修养人才的培养。当今社会瞬息万变，世界格局复杂变换，多元思想相互交竞，大学生群体的心智尚未成熟，各种负面信息与意识对大学生群体具有潜移默化的影响，因此对大学生的德育培养势在必行，值得引起各方重视。道德教育使大学生在面对未来纷繁的社会生活时能做出正确的选择。良好的道德品质可以帮助大学生抵制各种不良诱惑，以他们自身良好的道德品质影响社会道德，促进社会向人类精神高地不断迈进。对大学生道德教育的重视也是社会主义建设的需要。大学生人才不断增多和其能力的不断提升，促进了国家建设。加强德育教育，促进大学生全面发展，才能培养出高素质人才，使其将所学更好地服务社会、造福社会、造福国家，为建设祖国社会主义事业添砖加瓦，使其真正成为德才兼备的社会主义事业的建设者和接班人。

（二）当代大学生的幸福与德育相辅相成

当代大学生的幸福与德育有着莫大的关系。大学生德育的最终目的是使大学生拥有全面的世界观、人生观、价值观，促使他们找到正确的人生方向和目标，帮助他们拥有更美好的明天，更幸福的生活。德育有利于大学生的健康发展，进而促进社会发展，社会发展了，大学生才能更加幸福。大学生不断深入接受德育的同时，也促进了德育更全面、完善的发展。在当代社会中，经济不断繁荣发展，人们的思想水平不断提高，对德育的要求更高。新时代，人民要有信仰，人民要相信党和国家，被人民信任的国家会更有发展与壮大的力量为人民谋幸福，这样整个国家与民族才会更加有希望。国家要对人民进行思想政治教育，提高人民的思想觉悟、道德修养，进而提高整个社会的道德与文明程度，使人们具有获得感、幸福感、安全感，从而促进社会和谐发展。

作为实现中国梦的主力军，大学生思想道德水平的提升显得尤为重要。在计划生育的影响下，当代很多大学生是独生子女，独生子女家庭中缺乏竞争与分享的环境，这样会导致一些大学生在人与人交往中产生问题。兄弟姐妹的缺乏与父母的溺爱往往会造成他们更多地考虑自己，以自身利益为重，较少考虑他人，影响了他们与人的正常交往。还有很多其他因素要求大学生提升道德素养，比如大学生自身的不成熟、社会环境的复杂影响等。当代大学生想要更加全面地发展，离不开德育。德育是人类迈向更高精神境的途径，做好德育工作对大学生未来发展更加有利。大学生的道德教育，让他们体会到做有道德的人的快乐，有利于大学生正确理解人与人之间交往的意义，有利于促进他们思想道德水平的提高，使他们拥有更加美好灿烂的未来。当代大学生的幸福与德育是相辅相成的，我们一定要重视当代大学生德育工作。

（三）培养大学生亲社会行为的要求

亲社会行为是指对他人或社会有益的积极的利他行为。大学生作为社会高素质建设人才应当具备高水平亲社会行为。一个人如果道德水平不高，就不能较多地共情他人而产生道德的行为。研究发现，高道德认同的个体更多地表现出共情。^① 共情（empathy）指个体能够感知或想象其他人的情绪情感，并且能够真实地体验其他人感受的心理过程，由此被广泛认为是个体亲社会行为产生的重要引发与促动因素。^② 温特里奇（Winterich）等人认为每个人都有自己一定的道德关注圈，在道德关注圈内，个体会在道德层面对圈内的人表现出更高的关注程度。^③ 高关注程度又会使得个体间的道德行为可以被互相借鉴与学习，共情在其间就起着中介作用，以此推动个体拥有高度的道德认同，从而带来亲社会行为的发生。^④ 个人道德水平决定了个人因共情而行动的行为，道德水平低下的人，亲社会行为也会较低，他在社会上的发展也会受限。大学生作为中华民族伟大复兴的建设者和接班人，同时也是社会主义现代化建设的后备军和主力军，大学生的道德修养水平不仅影响着个体的发展水平，还将对整个社会的道德氛围产生至关重要的影响。站在更高的高度上看，他们将会直接影响整个中华民族的思想道德素质水平。道德教育有助于培养大学生亲社会行为。德育的历史悠久，但历久弥新，党的十八大以来，习近平对提升大学生群体的思想道德水平有了新的观点与要求，包括大学生群体为什么要加强思想道德修养、进行道德教育，大学生群体应该强化什么样的道德修养以及通过什么样的方法与途径来加强大学生群体的道德修养等一系列问题。提升整个社会的道德水平，尤其是大学生群体的思想道德修养，是立足当前变幻多端的世界格局，实现中华民族伟大复兴的中国梦的要求，我们需要在继承学习的同时丰富德育内容，并使它与当代社会接轨，更为长久地发展下去，促进大学生良好的道德素养的

① Kaur，S. *Effect of religiosity and moral identity internalization on prosocial behaviour*[J]. Journal of Human Values，2020（26-2）：186—198.

② Van der Graaff，J.，Carlo，G.，Crocetti，E.，Koot，H.M.，&Branje，S. *Prosocial behavior in adolescence: Gender differences in development and links with empathy*[J]. Journal of Youth and Adolescence，2018（47-5）：1086—1099.

③ Winterich，K.P.，Aquino，K.，Mittal，V.，&Swartz，R. *When moral identity symbolization motivates prosocial behavior:The role of recognition and moral identity internalization*[J].Journal of Applied Psychology，2013（98-5）：759—770.

④ 郭英，陈灿杰，胡东，袁安怡.道德认同对大学生亲社会行为倾向的影响：共情的中介作用和正念的调节作用 [J]. 心理与行为研究，2022（01）：80—87.

提升，进而加强大学生亲社会行为。

二、新时代大学生道德教育的价值

《左传·襄公二十四年》云："太上有立德，其次有立功，其次有立言，虽久不废，此之谓不朽。"可见立德对于个人发展很是重要。教育作为促进人发展的重要手段，对人的道德教育颇为重视。教育根据不同的分类方法可以分成许多不同类型，例如我国常说的"五育"——德育、智育、体育、美育、劳育。这五种教育都有自己的重要性，德育可以提高人的道德修养，智育可以增长人的学识与智慧，体育可以增强人的体魄，美育可以提升人的审美水平，劳育可以锻炼人的劳动技能，它们相辅相成，相互促进，共同促进人的全面发展。而其中，德育被称为"五育"之首，显得尤其重要。正如，一个人可以缺少智慧、审美水平不高、劳动能力不强，但他的道德水平不能低下。道德水平低下的人是极具危险的，没有了道德的约束，好人变成坏人的概率会大大增加。道德水平低下的人很容易变成危害他人与社会的人，成为社会的不稳定因素。大学生作为祖国的建设者和接班人，要更好地肩负起实现中华民族伟大复兴和振兴中华的历史使命。因此，探讨对大学生群体进行什么样的道德教育以及如何进行思想政治教育研究，具有重要价值与意义。

（一）学术价值

一是进一步推动新时代道德教育的研究。新时代是继往开来的时代，社会有新发展，社会也面临着新任务。新时代要求社会创新发展，新时代有什么样的变化，社会要承担什么样的新任务，新时代会使我们的道德教育做何种转变，这都是值得我们深思的问题。新时代与道德教育是一个动态变化的关系，道德教育必须顺应新时代的发展，审慎研究时代需要，判断社会要求与育人要求的最佳结合点，与时俱进，使其自身符合现代社会的发展要求，同时进一步促进社会发展。青年是社会进步与发展的坚实力量，在历史与社会的发展中起着重要作用，青年群体终将在时代发展中奏响时代的最强音。恩格斯在《致国际社会主义者大学生代表大会》的信中号召青年学生要勇于寻找与发挥自身优势，在革命运动中发挥最大力量。^①习近平继承与发展了马克思、恩格斯的道德观，同样重视青年人的地位和作用，其有关论述是对马克思主义道德观的创新与发展。一个国家的青年有道德、有能力、有担当，国家就会兴旺。道德的发展是与时俱进的，每个时代都有自身独特的符合时代发展需求的精神与内涵，每个时代也都具有自己独一无二的价值观念与发展理念，以往时代思想观念已不能完全适应飞速发展的世界。习近平对新时代的中国青年们寄予了厚望，他希望新青年们要有家国情怀，也要有人类关怀，发扬中华文化崇尚的四海一家、天下为公精神，为实现中华民族伟大复兴而奋斗，为推动共建"一带一路"、推动构建人类命运共同体而努力。^②新时代的青年们需要自觉更新观念，紧跟党和国家的步伐，自觉践行贯彻新时代的社会主义核心价值观。习近平关于大学生道德修养的重要论述进一步推动着新时代道德教育的研究，在新时代背景下，学者们纷纷结合新时代研究道德教育，新时代大学生道德教育研究成为热点与潮流，推动了新时代道德教育的研究。

二是促进大学生思政教育与道德教育关系研究。道德教育是塑造人心灵的教育，道德教育的发展关乎人的发展、国家的发展乃至世界的发展。党的十八大以来，不论是从理论研究的角度还是从实践开展思政教育的角度来看，大学生道德修养建设上升到了一个新的高度。在价值层面上，国家强调了大学生道德教育的重要性，大学生群体的道德修养建设不仅可以展示国家道德教育的面貌，还关系到一个民族的精神风貌，建设社会主义现代化强国与中华民族伟大复兴的实现。因此，对大学生道德教育的重视不仅有利于大学生群体自身，也有利于道德教育发展、国家发展。在内容层面，大学生群体的思想政治教育紧随道德教育发展需要、社会发展需要。社会需要什么样的人才，就培养什么样的人才。社会主义核心价值观顺应时代发展，其中个人层面的爱国、敬业、诚

---

① 马克思，恩格斯.马克思恩格斯选集：第 4 卷 [M]. 北京：人民出版社，2012：301.
② 习近平.在纪念五四运动 100 周年大会上的讲话 [N]. 人民日报，2019-05-01（02）.

信、友善是每个人都应该做到的，也是对大学生进行思想政治教育的重点内容。[①]大学生处于人格塑造的关键时期，大学阶段也是部分大学生即将进入社会且为社会发展贡献力量的关键阶段，这个阶段大学生的道德素养直接影响到社会的道德发展。深入探讨大学生道德教育的新时代发展规律，其现实意义与实际应用价值重大。在制度建设上，国家出台了一系列关于青年发展与青年思想政治教育的文件，从制度层面给予大学生道德教育制度保障，体现了国家教育对大学生道德教育的重视。

三是有利于丰富对大学生道德教育的新方法与新模式的研究。新时代大学生的道德教育是结合新时代特点和大学生群体特点，在新的方法与模式基础之上不断发展的符合新时代大学生教育规律的科学。比如，大学生道德教育是一项巨大的系统工程，仅仅停留在研究者的单项研究上是无法推动其发展的，新时代要求人与社会生态平衡、协调发展，生态系统理论视域下的大学生道德教育则是通过道德教育大系统中最重要的三个子系统——学校、家庭、社会交互合作来探索大学道德教育生态化协调发展的运行规律。学校、家庭、社会三方相互配合、相互促进、共同发展，三方之间的合作、沟通与交流建立起有效促进大学生道德行为的反馈机制或者其他反馈模型，形成共享互补，从这个生态化角度来探索大学生道德教育，形成了新的研究方法与模式，丰富了对大学生道德教育新的方法与模式的研究。

（二）应用价值

道德是一个人最为重要的品质，正所谓"修身齐家治国平天下"，修身是置于第一位的，一个人如果没有高尚的品德和良好的修养，就很难拥有使家庭和睦、治理国家的能力。习近平尤其强调道德教育对于大学生群体以及整个社会的重要性，他将大学生道德建设的重要意义与建设和谐社会、树立大国形象、实现中华民族伟大复兴中国梦紧密结合，阐述了加强大学生道德修养教育的战

---

① 仲天宝，王新影，葛骁欧. 习近平总书记关于大学生道德修养重要论述的三重维度 [J]. 学校党建与思想教育，2021（20）：16—18.

略地位。^① 新时代对大学生群体进行思想道德教育具有以下应用价值：

1. 促进现代大学精神建设。大学精神是在长期的办学实践中逐渐积淀下来的独特气质，即人文精神与科技精神并存的气质。大学生群体是中国高等教育的主要群体，他们的精神面貌体现了大学精神，展现了这所学校道德教育水平。大学生良好的道德素养，是他们正确思想道德认识和良好道德品质的一种外在表现，大学生具有什么样的道德意识，就决定了他形成什么样的道德品格。当代大学生良好的道德品格状况与大学思想政治教学工作息息相关，大学思想政治教学工作使大学生具有良好的道德素养，是当前大学生进行思想德育工作的重点，同时它也是习近平所指出的进行思想政治教育工作中的一个重点内容和任务。一所高校思想政治教育开展的成效就体现在当代大学生道德行为水平上，在大学生良好道德行为的养成方面，高校思想政治教育具有高度的指导与引领作用。高校思想政治教育要立足客观现实状况，结合大学生自身的道德行为特点，从理论上不断探索与发现，在实践上不断尝试与实现，以此通过提升大学生良好道德行为的频次与质量来建设高校良好的精神风貌。^② 大学生道德素养和大学生道德教育二者相辅相成，青年成才社会才能更好地发展，所以做好大学生道德教育是十分关键的，这影响着整个大学的精神风貌。大学要努力优化学术道德环境，营造良好的环境，促进高校的道德氛围建设。高校道德教育推动了现代高校精神文化建设。

2. 大学生德育教育使新时代大学生形成正确的家庭理念。家庭由个人构成，各个家庭又构成整个社会。家庭作为社会的细胞，被看作社会道德发展与养成的起点。家庭美德对家庭内成员的人格与行为塑造、家庭和谐幸福、社会稳定发展具有最基本又高度重要的影响。2019 年 10 月，中共中央、国务院印发《新时代公民道德建设实施纲要》，明确要把社会公德、职业道德、家庭美德、个人品德建设作为着力点，并提出推动践行以尊老爱幼、男女平等、夫妻和睦、

① 仲天宝，王新影，葛骁欧. 习近平总书记关于大学生道德修养重要论述的三重维度 [J]. 学校党建与思想教育，2021（20）：16—18.

② 张玉奇. 提高对大学生思想道德行为引导的实效性 [J]. 中国高等教育，2020（21）：43—44.

勤俭持家、邻里互助为主要内容的家庭美德，鼓励人们在家庭里做一个好成员。新时代大学生德育教育高度重视大学生家庭美德培育，充分考虑其状况特点与影响因素，充分从不同主体角度出发，利用多种途径与方式来发挥不同主体的培育功能，以此提高家庭美德培育的针对性与实效性，使新时代大学生形成正确的家庭理念。

3. 加强对大学生德育教育是构建和谐社会的客观要求，也是涵养优良社会风气的必然要求。随着改革开放的不断深入，经济全球化深度发展，各国之间的文化相互交融，国民大众接触到的文化也越来越多样。在文化融合发展的过程中，一些不良文化对正处于道德品质形成阶段的大学生产生影响。在这样的社会背景下，高校作为培养高层次人才的主阵地，要着重加强当代大学生的道德教育，发挥道德教育在塑造人的心灵秩序和人格结构方面不可替代的作用。加强大学生道德修养、建设文明和谐社会是党和国家的建设目标，也是党和国家建设文明和谐社会中重要的一个环节，更是全国各族人民共同的期待，实现这一目标需要全社会的共同参与，更需要大学生群体发挥榜样带头作用。大学生作为主力军担当时代先锋，要担起时代责任，引领道德建设新风尚。习近平强调："青年是引风气之先的社会力量。一个民族的文明素养很大程度上体现在青年一代的道德水准和精神风貌上。"① 大学生群体都有着各自不同的专攻领域，他们毕业后，将会在各行各业发挥重要的促进道德素养提升的关键作用，那些优秀的思想观念也将由他们带领并贯彻实施到工作和生活中去，发挥其辐射和带动作用。②

4. 道德教育可以塑造大学生良好的道德品质，推动他们形成正确的价值观和健全的人格。随着时代的发展与社会的进步，世界发展多元化，社会思想与利益关系交织影响而逐渐呈现出复杂的态势。学生是社会中的一员，社会为青少年健康成长提供了良好的条件，但是也有一些扭曲的价值观和丑陋现象潜移

---

① 习近平. 在同各界优秀青年代表座谈时的讲话 [N]. 人民日报，2013-05-05.
② 仲天宝，王新影，葛骁欧. 习近平总书记关于大学生道德修养重要论述的三重维度 [J]. 学校党建与思想教育，2021（20）：16—18.

默化地影响学生的思想和生活方式，如"读书无用论"、功利主义价值观等观念，无形侵蚀学生的灵魂，对学生的成长造成负面影响，对正面道德教育带来阻碍。

德育是对人心与灵魂的教育，是以培育广大学生的健全人格与全面发展能力为目标的教育。新时代的大学生将是推进中国特色社会主义事业建设的主力军与后备军，针对目前在学校教育改革和发展过程中出现的一些问题和不足，我们要强化大学生道德教育，培养大学生成为一群有知识、有品德的优秀人才。

5. 加强中国大学生思想道德修养教育，可以提高我国形象和国际声望。国家形象与信誉不仅仅是指一个国家的文化软实力，同时更是一个国家综合国力的重要成分和外在表现，而这种重要的文化软实力又和中国大学生的文明意识、文化素质、道德修养等密不可分。青年形象是国家形象的人格化和具象化，青年国际形象是国家国际形象的重要组成部分及其在青年群体中的投射。我国大学生在一定程度上是国家形象对外传播的代表，充当着形象大使和中国人文明形象建构者的角色，大学生形象关系着世界对国家的认识。如果大学生能够严守道德底线，展现出宽容友善、自觉自律、和平共处等良好的道德形象，并且将这些良好的道德形象体现在学习和生活当中，以此促进整个社会道德形象的建立，那么国家必定会赢得世界的尊敬。①

6. 加强大学生道德修养教育是实现中华民族伟大复兴中国梦的必然要求。实现"两个一百年"这一奋斗目标需要大学生这一主力军与后备军，大学生群体是社会主义事业的接班人与建设者，在实现中国梦的过程中，大学生们的道德素养显得尤为重要，学校教育者要做好对学生的思想道德教育工作，如诚信教育、爱国教育等，助力学生品德情操提高，具有良好道德修养的大学生们会将民族利益置于个人利益之上，会以振兴中华为己任，将青春奉献给祖国。因此，为了中华民族伟大复兴中国梦的实现，对大学生群体进行思想道德教育是必要的。中华民族伟大复兴的中国梦就是要把我国建成富强、民主、文明、和谐、美丽的社会主义现代化强国。而富强、民主、文明、和谐、美丽的社会主

---

① 仲天宝，王新影，葛骁欧.习近平总书记关于大学生道德修养重要论述的三重维度 [J].学校党建与思想教育，2021（20）：16—18.

义现代化强国需要通过提高青年大学生这一代人的道德修养来实现。新时代的广大青少年都需要全方位、多学科、多维度、深层次地学习道德教育。大学生群体终将褪去一身稚气，带着对未来美好生活的期望以及建设社会主义强国所必备的综合素质走向社会，在这个过程中他们虚心向前辈请教、勇于坚持己见，用汗水浇灌青春，以担当肩负起中华民族伟大复兴的光荣使命。大学生群体经过对道德修养的锤炼和对世界观、人生观、价值观的修正，才能从容应对当前来自国内外的巨大冲击和挑战，以实现中华民族伟大复兴的梦想。

三、新时代大学生道德教育的作用

（一）提高大学生道德素质

新时代大学生道德教育有助于大学生树立正确的"三观"，培养大学生高尚的道德情操，进而逐步净化社会环境。为了应对经济全球化、信息全球化带来的各种挑战，加强大学生的道德教育已经成为各大高校的共识。通过道德教育，可以引导大学生树立正确的世界观、人生观、价值观，帮助他们在面对社会上流行的各种价值观念中保持独立。大学生有自己的想法和判断能力，才能在今后面对人生重大选择时做出正确的判断。

（二）培养高素质人才

随着世界经济、文化等领域的快速发展，大学生的高素质已不仅仅体现在知识水平、理论知识和专业素质上，而且体现在其优良的思想道德修养上。特别是现在面对复杂多变的国际环境、世界科技的迅速变革等众多挑战，社会对大学生提出了更高的标准，更严的要求。高等教育除了注重理论学习，也要加强思想道德教育。知识渊博、头脑灵活固然重要，高智商、高知识水平的人才如果思想道德修养低，他们可能会为了一己私欲而利用自己的知识做危害社会、危害国家安全的事情，从而给人民带来巨大的伤害。所以，大学生的教育，不仅要培养能力强的社会主义事业的接班人，更要培养高素质、高修养的国之栋梁，这样的大学生教育才能使大学生未来真正成为民族的希望。

（三）发扬社会主义核心价值观

党的十八大提出了"富强、民主、文明、和谐，自由、平等、公正、法治，爱国、敬业、诚信、友善"的社会主义核心价值观。仅仅24个字，却完整地、系统地从国家、社会、个人三大层面为当代大学生们确立了基本道德行为准则，引导大学生们形成正确的道德价值观。社会主义核心价值观是当代大学生必须学习和践行的。道德教育活动便是推动大学生学习社会主义核心价值观的重要环节，它推动大学生践行社会主义核心价值观，促使大学生更好地为实现社会主义事业贡献自己的力量，促进社会的和谐发展和社会文明的进步。

（四）继承中华优良传统文化

千百年来我们民族创造出了光辉灿烂的文化，中华优秀传统文化延续至今是历代中国人不断传承转化的结果，这些文化通过教育传承下来，现代人又通过教育将中华传统文化传承下去。当代大学生作为祖国未来的接班人，身上肩负着中华民族伟大复兴的历史重任，应坚定文化自信，弘扬中华优秀传统文化。中华优秀传统文化作为教育的一个重要资源，应将其运用到高校教育中。传统文化融入高校教育可以增强大学生文化自信，使大学生坚定弘扬中国特色社会主义文化的信心；对培育大学生崇高的理想信念，形成良好的品德修养具有促进作用。当然，中华传统文化要实现其时代价值，其中最根本的要求即是要对其进行有效利用——取其精华，弃其糟粕，古为今用。高校教育要加大对优秀传统文化的深入挖掘，积极发挥优秀传统文化的作用，从而抵御多元思潮的负面影响、提高大学生人文道德修养、展现中华优秀传统文化的当代魅力，为新时代发展社会主义先进文化提供深厚的文化滋养。

（五）提升学生道德素养

最近社会上报道的失德现象，如老人摔倒不扶、高铁霸座、违规吸烟等反映了社会中一些人的道德问题。在中国传统文化中，扬善除恶是一种老少皆知的优秀传统美德。新时代的大学生，应该积极应对社会上的类似问题，不能以冷漠的态度旁观。加强对大学生的思想道德教育，不仅有利于促进学生自身形成优秀的思想道德品质，还能够为中华优秀传统美德的继承和弘扬奉献自己的力量。

与此同时，在大学生活中，大学生需要对自己的生活进行自我规划，这对大学生的自我意识形成有重要作用。面对未来的生活，很多大学生感到迷茫，不知所措，而通过对学生进行道德教育，他们的世界观、人生观、价值观也会变得清晰和明朗起来，不至于走上歪路、偏路、错路……道德教育可以让他们对自己正确评价，并形成健康的评价体系。大学生能够对自己的能力进行合理估量，这样才能制定出更加适合自己的人生目标，成为社会主义现代化建设的优秀建设者与接班人。

（六）促进和谐社会建设

高校道德教育对建设和谐社会具有促进作用，和谐社会建设需要有良善的社会道德，而高等学校的德育工作对培养全面和谐健康发展的高层次优秀良善人才发挥着不可替代的作用。如果高校不注重加强道德教育，将不利于新时代社会优良精神风貌的建设，还有可能破坏社会的和谐与稳定。高校道德教育必须为构建和谐社会提供重要的支持，从物质和精神上多方面、多角度、多元化地帮助学生树立远大的理想目标，激发他们创新创造的无限潜力。高校加强大学生道德教育需要贯彻落实具有时代化和中国化意蕴的中国特色社会主义马克思理论，让其深入人心，发挥马克思主义主流意识形态在当代大学生道德教育、思想发展领域中的引领作用。高校要帮助学生形成正确的"三观"，培养学生良好的社交能力，使学生能够与人友好相处。这些工作会为大学生今后进入社会奠定良好的基础，帮助大学生在社会中更好地生存和发展，进而为建设中国特色社会主义和谐社会奉献自己的一份力量。

四、道德教育对大学师生的要求

大学生要会分辨中华传统文化中的优秀思想，继承中华传统文化中的精华，在日常的生活学习活动中，主动践行并传承中华民族传统美德。虽然当今社会飞速发展，科技水平不断进步，但是无论社会如何发展，中华传统文化不能被丢弃。中华传统文化中包含许多道德教育的精华内容，中华传统文化教会国人如何根据不同的环境和具体情况做出最佳判断，进而做出相应的道德行为，帮助个体适应多变的社会，养成良好的社会道德素质。良好的社会道德素质是大学生日后职业良好成长、发展的必需品，是他们个人发展与成长的核心内容和主要目标。因此，大学生道德教育应把培养良好的道德素质作为一项重要的工作指标来完成，以帮助和强化大学生的成才动机，引导其树立科学的人生观、价值观、职业观，培养百折不挠的精神和虚怀若谷的胸怀。具体来说，新时代大学师生需要培养以下方面的素养。

（一）大学教师要具有教育情怀

教师需要有教育情怀，有教育情怀的教师会用心教书育人，对教学工作充满热情，喜欢自己的工作，喜欢自己的学生们。有了教育情怀便有了理想和激情，便有了追求和坚守，便有了快乐和幸福，也便远离了疲惫、倦怠与焦虑，使教师始终对教育充满激情，对学生充满热爱，对课堂充满智慧，使其永远保持一颗纯净的童心、智慧的爱心和强烈的责任心，享受工作带来的快乐感和幸福感。

举例来说，在笔者学习成长过程中曾遇到过很多拥有教育情怀的老师。学前阶段印象最深刻的是一位刘姓老师，孩提时代的印象中她很温柔，喜爱幼儿，她会密切关注孩子，及时安抚孩子。刘老师多才多艺，教会了孩子们很多知识和技能。离开幼儿园的那天，几乎所有的小朋友都抱着刘老师哭。初中时，笔者所在班级的班主任是至今所见最称职的班主任，他热爱自己的事业，将每一名学生都当作自己的孩子看待，这不仅仅表现在对学生们学习的督促上，也表现在他对学生的鼓励上。他从不放弃任何一名学生，在他的眼里，每一名学生都有希望考上高中。不仅如此，他更关心同学们的生活状态与心理健康，平时会和学生们像朋友一样相处。中考结束后他并没有解散家长群，还会在假期和学生们聚一聚，记得他说过："你们知道家长群什么时候解散吗？等你们上了大学，我才会放心解散家长群。"后来他真地说到做到，临近高考时他还在家长群里发考试注意事项并为学生们加油助威。因为他，笔者始终愿意相信有无私奉献的道德高尚的老师。这些老师有着让人如沐春风的教育情怀，这种教育情怀使道德不再是高高在上的条例，而是具有人情味，使社会更加美好。我们的社会需要这种教育情怀。自强首在储才，储才必先兴学，欲成第一等学问、事业、人才，必先砥砺第一等品行，大学生道德教育要把"立德树人"作为教书育人的先行，成为集价值引领、人格养成、知识探究和能力培养于一体的有情怀的道德教育。

（二）大学生要具有政治素养

中国共产党作为中国特色社会主义事业的领导核心，始终代表中国先进生产力的发展要求、代表中国先进文化的前进方向、代表中国最广大人民的根本利益。新时代的大学生如果没有正确的政治思想，不能坚定地维护国家的利益，就无法承担祖国发展的重任，自身也不能得到良好发展。前些年的"台独"事件中，我们为台湾爱国人士积极维护祖国统一感到自豪，但与此同时也为那些被"台独"分子洗脑的大学生感到痛心。我国正处在现代化建设迅速发展的重要阶段，一方面由于全球化快速发展，大量的国外文化与我国文化相互碰撞融合，致使这些多元文化带给大学生不同的思想体验。另一方面大学生们刚刚脱离简单、朴素、紧张的高中生活，恍然进入大学校园，学习方式的巨大差异容易使大学生产生不适应感，这也使得有些学生产生孤独、躲避的心理，或是出现相应的心理问题。综上来看，面对复杂的社会环境，大学生会产生一些思想上的问题例如道德畏惧、社交畏缩等。为此，高校在日常教学活动中，要经常开展思想政治教育活动，及时传递党的方针、政策，组织大家共同学习，帮助他们树立正确的思想观念，从各种思想危机中解脱出来，成为道德高尚的人。大学时期是大学生人生中形成自己的世界观、人生观、价值观的重要时期，这个时期要接受正确的政治素养的熏陶，坚持正确的政治思想，谨防被社会上的不良现象影响或误导。

培养高素质人才，是人才强国战略的主要任务。因此，大学生应该不断提高自身综合素质，以适应跨世纪人才竞争的环境。提高大学生的文化素养是大学生进行全面素质教育的基础。一个人的文化水平可以用量来表示，但是一个人的文化素养没办法用量来衡量，因为文化素养的培养是一个质的问题，是一项长期的系统的工程。文化素养与文化水平的不同之处在于文化素养表现为一种儒雅的气质，就如同"腹有诗书气自华"。文学素养是大学生人文素质培养中的重要一环，好的文学素养对提升大学生的职业道德、思维能力、审美能力，以及阅读、写作、口语交际等能力具有重要作用。一个人的文化素养是个人素质，一群人的素养则会成为一个社会的缩影。文化素养体现的是人的文化层次和精神境界，也体现了人的审美情趣和品位。高校依托自身平台，推进文化素养教育，提高大学生的文化素养，不仅使学生受益，从长远来看则可以惠及全社会。良好的文化素养对当代大学生的思想观念、人格发展、情感健康都能够起到无可替代的作用，大学生文化素养的高低关系着整个民族精神的建构与传承。因此，我们应大力培养大学生的文化素养。

五、新时代大学生德育原则与途径

（一）新时代大学生德育原则

1. 坚持以马克思主义思想为指导的原则

习近平强调："在坚持马克思主义指导地位这一根本问题上，我们必须坚定不移，任何时候任何情况下都不能有丝毫动摇。"[1]高校是进行思想宣传的主要场所，同时也是意识形态工作的前沿阵地，在这个前沿阵地上，教育工作者必须环环相接，共同肩负起培养社会主义事业合格建设者和可靠接班人的历史使命，毫不动摇地坚持马克思主义指导思想并创造性地将其中国化和时代化。高校道德教育工作必须坚持党的领导、必须坚持社会主义办学方向不动摇、严格贯彻落实新时代立德树人的根本任务、承担培养担当民族复兴大任的时代新人的时代使命。高校要重视并做好高校意识形态工作，同时落实立德树人的内在要求。

---

[1] 习近平. 习近平在庆祝中国共产党成立 95 周年大会上的讲话 [N]. 人民日报，2016-07-02（02）.

2. 坚持创新原则

习近平在欧美同学会成立 100 周年庆祝大会上强调："创新是一个民族进步的灵魂，是一个国家兴旺发达的不竭动力，也是中华民族最深沉的民族禀赋。"① 大学生道德教育的教育理念以及方法实施需要进行创新创造，只有这样才能够适应新时期环境的变化，培育和践行社会主义核心价值观。大学生作为国家建设的主要生力军，是社会前进与发展的动力。他们的道德水平直接关系到社会整体道德水平，关系到社会主义现代化建设的成败，关系到中国未来发展的前途命运。当前，随着社会主义市场经济的快速发展和改革开放的逐步深化，政治、经济、思想文化等方面发生了许多新的变化，这些变化对大学生道德教育提出了新的问题和要求，也带来了新的挑战与机会。如何迎接新的挑战、抓住新的机遇、适应新的变化，适应社会发展的新需要，实现德育创新，完善新形势下德育发展的创新体系，是当前我们必须认真思考的一个重要问题。为应对新时期环境变化以及培育和践行社会主义核心价值观，我们有必要对大学生道德教育理念与方法实施创新。②

3. 坚持高校、社会、家庭、个人四位一体的原则

高校不是大学生的道德教育的唯一阵地，大学生道德教育需要高校、社会、家庭、个人四方合力。教育需要全社会共同努力，充分挖掘和开发社会资源为教育助力；家庭也要配合学校教育，通过家校合作形成一致的教育力量促进教育的和谐发展；当然个人也要努力奋发、锻炼身体、磨炼意志来提升自我修养。

（二）新时代大学生德育途径

1. 建立健全大学生德育保障机制

习近平指出，加快推进教育现代化、建设教育强国、办好人民满意的教育……要努力构建德智体美劳全面培养的教育体系，形成更高水平的人才培养

---

① 习近平在欧美同学会成立 100 周年庆祝大会上的讲话 [N]. 人民日报，2013-10-22（02）.

② 冯倩. 新时期大学生道德教育理念和方法创新研究 [D]. 天津：天津大学，2015：10—13.

体系。① 建立健全大学生德育保障机制是提高当前大学生道德教育水平的保障之路，有了保障机制的支持，大学生道德教育才能够有的放矢。

2. 打造高校内部德育闭环系统

高校作为大学生道德教育的主要阵地，必须发挥主要作用。高校德育教育不仅仅是教师的工作，高校中的任一组成部分都应发挥其在德育工作中的重要作用，要充分利用高校中的人文资源与物质环境资源，做到物尽其用、人尽其责。使得大学生道德教育形成一个完备、科学、系统的教育闭环，在这个闭环中形成良性循环与发展。

3. 弘扬社会主义核心价值观

良好的社会氛围对培养大学生群体的道德素质来说必不可少。社会群体是由不同的个体组成的，个体组成家庭，家庭构成社区，社区造就社会。小个体、小群体间的氛围会在很大程度上影响整个社会的风气，因此，重视对个体良好价值观的构建，可以有效弘扬社会主义核心价值观。

4. 加强家风教育

父母是孩子的第一任老师。大学生价值观的形成直接受家庭氛围的影响，家庭教育对大学生道德教育发挥着不容忽视的作用。从"孟母三迁"的故事中我们可以看到家庭对孩子的影响是潜移默化、深远持久的。部分大学生的家庭状况特殊，如单亲家庭、父母感情不和睦等，这样的家庭现状往往容易导致家庭教育出现一定的缺陷。正是这种家庭教育方面的缺陷以及社会不良风气的影响，导致大学生出现了一些道德问题。针对这些问题，大学要加强对大学生的家庭道德教育，营造良好的家庭美德氛围，使大学生不断发展良好品德。高校在对大学生进行道德教育时，要注重家庭美德教育。大学生可以充分利用父亲节、母亲节、家人的生日等具有特殊意义的日子，通过自己制作一些小礼品来表达对父母的爱，在日常生活中，可以多与家人聊天，而不是让手机、电脑等电子产品阻挡沟通。如果不在家居住，可以经常抽空回家看望父母，或者经常

---

① 习近平. 坚持中国特色社会主义教育发展道路 培养德智体美劳全面发展的社会主义建设者和接班人 [N]. 人民日报，2018-09-11（01）.

与父母通话、视频，与父母之间加强联系，增进感情。同时大学生可以积极参加一些感恩活动，观看相关影片等，在"润物细无声"中促进美好品德的发展。

5. 大学生群体加强自我教育

高校、社会、家庭等方面的影响归根到底只是外在影响因素，要想从根本上提高大学生群体的道德素养，需要大学生群体的自身努力，相比于他律，大学生良好道德品质的提升更重要的是自律。

六、新时代大学生道德教育的瓶颈

（一）新时代大学生道德教育的失衡

新时代大学生道德教育问题有待改善与提升，这也是新时代道德教育需要努力的方向。一些学者进行了相关研究并在研究中提出大学生道德教育失衡问题，主要表现为：1.道德教育模式上的失衡；2.道德教育环境上的失衡；3.道德教育层次上的失衡；4.道德教育手段上的失衡。研究其原因发现，社会环境、学校教育体制、家庭教育以及国家政策等方面，都在不同程度上影响了大学生的道德素养。研究者提出以下对策：1.道德教育理论与实践相结合；2.学校教育、社会教育和家庭教育紧密结合、协调一致；3.道德理想教育与基础教育共同发展；4.道德教育和法律教育同道德管理教育相互呼应。

就当前大学生道德教育而言，学校在大学生道德教育中仍占主体地位。尽管家庭和社会在一定程度上影响着大学生道德教育的发展，但毕竟社会环境是客观存在且不断变化的；家庭环境也不可能在短时间内发生变化。因此，大学生道德教育必须统筹社会环境和家庭环境，三者紧密结合、协调一致。因此，大学生道德教育必须适应社会环境和家庭环境。营造良好的校园环境，实施校外行为引导，协调整合教育资源，实现三位一体，促进共同发展。[①]

---

① 王梓翔.大学生道德教育的四个失衡问题研究 [D].长春：吉林大学，2016：32.

（二）新时代大学生道德教育的创新不足

党和国家高度重视道德教育，在 2004 年 8 月，中共中央、国务院颁布的《关于进一步加强和改进大学生思想政治教育的意见》中明确指出："要以基本道德规范为基础，深入进行社会公德、职业道德和家庭美德等公民道德教育，引导大学生自觉遵守'爱国守法、明礼诚信、团结友善、勤俭自强、敬业奉献'的基本道德规范。"此文件中将大学生的道德规范与社会公德、职业道德、家庭美德等提到相同高度，明确指出提高大学生基本道德规范的基本发展方向。2010 年，《国家中长期教育改革与发展规划纲要（2010—2020 年）》中再次指出："坚持以人为本、全面落实素质教育是教育改革发展的战略主题，是贯彻党的教育方针的时代要求，其核心是解决好培养什么人、怎样培养人的重大问题。"文件表明，开展并提升大学生道德教育是贯彻落实党的教育方针、促进教育改革发展的一大重点工作。大学生群体作为青年一代建设祖国的重要力量，就应具有较高的道德素养，如此才能将青年的力量正确地投入到建设祖国的工作中！

但在实际的教育教学活动中，新时代大学生道德教育还存在一定的问题，还缺乏一些时代发展的新气息。因此，学者们对现今大学生道德教育的创新开展了一定的研究，总结并提出了具有创新性的解决对策。比如：1. 创新教材，丰富道德教育内容；2. 提高教师素质，加大道德教育主体队伍建设；3. 改进教育方法，追求道德教学艺术。[①]随着时代的发展，大学生道德教育应该不断创新，以便更好地适应并促进社会的发展。

---

① 宋雪丽 . 提升我国大学生道德教育有效性研究 [D]. 长春：东北师范大学，2015：21—27.

第三章　新时代大学生道德教育
需要面对的问题

　　想必很多人心中都有一个疑问，为什么要那么重视大学生德育？这是因为时代在不断发展，世界局势风云变幻，我们不知道明天将会发生什么，但是我们要与时俱进地为未来发展做好充足的准备，推进国家持续快速发展。青年是国家发展的重要基础，青年的健康发展也是国家持续发展的不竭源动力。国家的建设和发展需要德智体美劳全面发展的高素质人才。国家兴旺教育先行，教育发展德育先行，德育被摆在首位，更说明其重要性。德育促进大学生个人发展、社会进步、国家繁荣富强。大学生需要加强自身德育建设，不断督促自我，提高对自己精神层面的要求，提升自身道德素养。人总是不断向前的，每个大学生都有义务和责任让自己更优秀，促使自己全面发展，适应社会的需要，以高尚的道德品质和丰富的学识促进社会繁荣发展。

　　随着时代的发展变化，我国社会安定，人民安居乐业，繁荣昌盛。吃饱穿暖的基本生存问题解决后，国家不断思考向更高层次发展。新时代大学生作为祖国未来的建设者与接班人，他们身上肩负着中华民族伟大复兴的历史重任。随着新时代文化的繁荣，当代大学生理应更加重视自身道德培养。新时代大学生的道德教育为大学生树立起正确的思想观念，帮助他们构建正确的世界观、人生观、价值观。大学生德育不到位会影响当代大学生的未来发展，道德教育者应该理性思考，从环境、教育者、学生等多个角度探究适宜的策略，促使大学生未来更好地发展。

人是组成教育活动的核心因素，因此人才是教育的核心问题。人必定要处于特定的生存境地之中，受生存中的各种因素影响，被其他因素关涉。作为生存的核心要素，人并非孤立地生存在社会生活之中，所以由人作为核心因素的教育也不例外，其他存在也将对教育中的人之存在产生各种影响。

与教育息息相关的环境可以分为三种：教育周围的世界（现代存在）、教育公共的世界（现代存在影响下的教育的存在）和教育自我的世界（教育之为教育的本身性存在）。这三种世界互相关联构成了复合的教育世界"拉索式"教育，教育在这三种世界的干涉下产生了教育当下实际的方向性。这并不是一方强迫挤压而引发的畸变，而是教育处于社会现实与生存压力下，恰恰采取了奇特的自行改变的存在方式，其实它既是教育此在自己的运行存在，是在际遇过种种外力影响后，教育在实际生存中的展现。我们本认为教育是客观地独立于我们的存在物，可是从教育的动态变化来看，它却是一个根本依赖我们自己解释的存在，无法像以往我们认为的那样客观。我们认为作为对象性的存在的教育，在本质上它是先行构建过的，就是说，教育的周围不是客观的序列对象结构，不是物理时空中被留等搁置的固定环境，教育周围的存在并非客观地按一定秩序存在的存在物，这些存在物不是固定不变的自然物，它们是已经被解释过的产物。海德格尔认为，关涉与返照教育生活而得的物、公共与自我相对的世界都在此构境中产生。客观发生的实际生活并不像以往我们认识体验的对象那样存在，而是在复杂的相互影响下形成的。教育的建构动力倾向并非完全迫于外部，而往往主导的力量是其自身，对于外在物质名利，教育自己把外欲真正变为了自己的本欲，正像非道德主义思想者的行为方式，是他们自己对生活物欲与权力的追求，而不是外界强加给他们的。

一、经济因素对大学生道德教育的影响

道德教育的产生和发展是和社会经济的发展紧密相连的。在现代社会中，各国政府对经济发展都格外重视，特别是两次科技革命改革浪潮以后，科技的

发展推动着经济快速发展，同时，经济全球化的趋势给各国经济的发展带来了巨大的挑战和压力，如何在这场经济大战中不被蚕食，迫使国家、企业、个人不得不做出选择。经济基础一直决定着社会发展的各个方面，这也迫使人们不得不把经济的发展作为人生存发展的重中之重，因此反映于经济压力之上的思想和行为，在现代社会中渐渐成为一种可以被接受和理解的思想和行为，但是，这也给社会带来了问题。

（一）市场经济诱发的道德问题

随着计划经济的退隐，市场经济在我国经济生活领域占据了重要地位的同时也显现了其难以克服的弊端。市场经济的目标是追求利润最大化，其逻辑在于效益最大化：在最短时间内赚最多的钱。随着市场的扩大，人与社会中的物质关系乃至各种关系都渐渐被卷入其中，他们被商品化，成为可供交易的对象或谋取利益的工具。市场中的人被物化而渐渐失去了原本的初衷。当市场把人也等同于物品、利益等物质的资源，道德、情感、良心等人之为人的高贵品性就随之消损了。因此，传统的道德信仰诸如道义、廉耻、诚信等受到了强烈的冲击，信仰理念被现实弱化，道德规范有时也无法协调利益冲突，而无法使人们过上好日子，传统德福一致的幸福观被现实生活冲击。波兰尼指出："契约自由原则的推行，意味着非契约关系，诸如亲属关系、邻里关系、同业关系和信仰关系等都将被消灭掉，因为这些关系要求个体的忠诚并因而限制了他的自由。"[①] 波兰尼表达了他对经济理性取代道德信仰的深深担忧。他认为在市场经济鼎盛、经济理性盛行的现代社会之中，人成了单一面孔的社会动物。经济理性在处理人际关系上，以经济利益标准代替了道德标准，其结果必然是德行的后退。甚至极端情况下，个体利益在市场运作中被不断强化，个人为了自己的利益不择手段、唯利是图。当人与人的关系只关注单一的利益关系，社会群体就会展现不信任、怀疑、冷漠的一面。因此，它也极容易诱发一些人的拜金

---

① [英]卡尔·波兰尼.大转型：我们时代的政治与经济起源[M].冯钢，刘阳，译.杭州：浙江人民出版社，2007：14.

主义、个人主义和享乐主义思想，诱发一些人的自私自利思想和贪得无厌的欲望。^①个人主义、利己主义的极端发展导致个人脱离他人和集体，人际关系因此降维，造成了一些不好的社会现象的发生。极端实用的个人主义强调绝对的个人自由和个性解放，使人与人、个人与社会之间失去了平衡，造成多种关系的不和谐，社会也因此出现了更多的问题。

凭借物质替代教育情感、凭交易代替教育道德、用漠然代替教育良心，这种背离教育本真的做法就在生存之中出现了。在实际教育生活中，人的种种欲念遮蔽了教育自身，对物质的占有意义替代了教育此在本有的存在意义。现代物质繁荣的生产方式，及其同时带来的物质逻辑强加在人的精神上，使其被压迫直至冷漠，而人的存在价值远超过其拥有物质的价值，冷漠的物质世界却怀疑与批判了人的本真价值。物欲霸权使人被迫旋转在非自我的空间内，人的自由与权利渐渐被经济理性的标准蚀尽，人的思想与生活恐怖地被禁锢于外物之中，精神无奈地沉沦以便于兑换外在的菲薄利益^②，这就成为教育周围的世界（现代存在）对教育的作用。以教育体系为例，有的人不择手段地获取个人名利，教育者对学生的兴趣与发展不屑一顾；教育的崇高价值被遗忘甚或被有意抛弃；科学研究蜕变为低俗的获利工具，等等。凡此种种教育中背离教育价值的现象越来越多，其本身又对教育产生侵害，这就是教育公共的世界（现代存在影响下的教育的存在）对教育的"拖扯"。教育是人的教育，人有着生存存在的特性，对于生存的需要是每个人都无法回避的，它体现着人本真存在的一面。这正是"人的教育"背离"教育的人"的一面，它体现了教育而又把教育撕裂为人或教育，这是教育的悖论，教育和人怎能分开？

海德格尔曾经指出："如果真理原始地同存在联系着，那么真理现象就进入了基础存在论的问题范围之内。"^③如此看来，真理和现实本然相关，但在现实中，对真理的理解就会依照人们理解的现实来被主观地阐释，因此，真理

---

① 罗国杰.新时期思想道德建设的问题与对策 [J]. 中国人民大学学报，2000（5）：1—4.

② 尚云丽，于洪波.教育中的后现代犬儒主义思想阐释：基于海德格尔"构境论"视角的解读 [J]. 教育学报，2014（2）：21.

③ [德]海德格尔.存在与时间 [M].陈嘉映，王庆节，译.北京：生活·读书·新知三联书店，1987：247.

就有可能被曲解。海德格尔认为真理在现代被人们误解了："我们所说的真理与人们在这个名称下所了解的东西是大相径庭的；人们把真理当作一种特性委诸认识和科学，从而把它与美和善区别开来，善和美则被表示为非理论活动的价值名称。"①诠释"不轻信"的思想态度，由此产生了怀疑主义的态度，这窒息了人对外在存在感觉的愿望，一些人的思想中，思考是无所依据的、模糊的，历史的经验在消解中心话语下变得不再占据真理地位，因此，意义的真实性也不再被肯定，被排挤掉本有存在的教育被一些人认为即是真实的教育存在。在这里，人的生存真理已脱离了美和善，遮蔽了本源而误入歧途。"存在者之敞开状态被粉平为表面的虚无，那种甚至不止于无关紧要而只还被遗忘的东西的虚无。"②生存意义呈现的是生存展开的现实，现实经济化的控制，使生存向度偏离存在的本有价值维度。存在个体被效率压制在"类存在"中，但即便是类存在，存在者也被钳制在物欲经济化的洪流中，存在精神被整个地谋杀了，存在的心灵无处安放，存在成了行尸走肉，存在脱离了形而上的价值，也拒绝个体"形而上"价值在内心的安顿。存在者认为根本不存在道德真理，存在者个体的人格在现实中严重扭曲，丧失了精神追求，于是便催生了对信仰、理想持虚无态度的犬儒主义。

（二）消费主义对生存意义的贬损

贺雪峰指出，"改革开放以后，市场经济为导向的发展战略，农村人口的自由流动，消费文化的普及，使老规矩难以发挥作用……农村社会逐渐地由一个熟人社会转变为半熟人社会，传统的价值观被金钱诱惑力所打碎，人际关系迅速理性化，地方性的传统和文化，被一个扩展的市场导向和消费导向的大文化所取代"③。消费主义是通过消费来体现人生的意义与价值的一种意识形态。消费主义扩大了人们实际的需要（人对物实际效用的追求），它迎合了不断制

---

① [德] 海德格尔. 路标 [M]. 孙周兴，译. 北京：商务印书馆，2000：69.
② [德] 海德格尔. 路标 [M]. 孙周兴，译. 北京：商务印书馆，2000：221—222.
③ 贺雪峰. 中国农村社会转型及其困境 [J]. 东岳论丛，2006（3）：59.

造消费者，用以获取商业利润的市场经济的需要。消费主义鼓励人扩张自身不断膨胀的私人欲望，把人的价值建立在个人欲望的不断满足上，即人通过不断消费，以达到个人对人生意义的追寻。它体现在人对物质的追求上，体现在人对感性欲望的追逐上，也体现在人的一定精神的满足上。总之，是人通过消费来解释美好生活的样式。消费主义制造各种虚假需要，使人不能辨别自己的真实需求，把消费当作人的生存本质：不顾一切拼命挣钱、大把花钱、尽情地享受，这就是消费主义所主张的"美好"生活。比如有的人追求奢侈品炫富，追求炫耀和新潮，以此来展示自己的生活质量和社会地位，以此来表现自己活着的价值和意义。消费主义明示或暗示地刺激受众，使受众陷入高档消费（炫耀、奢侈消费等）或低俗消费之中，消费主义的泛滥对社会和个人是极其有害的，这表现为它会导致人沦为消费的奴隶，而忘却了人生真正的意义；消费主义会导致社会享乐主义、物质主义（以获得过多的物质来体现人生的幸福感就表现为物质主义，比如：一个人因为自己有几百双鞋子，就认为自己是幸福的）、个人主义等风气的盛行。

　　个人的自我满足不断被消费社会的商品利益链推动，各种类型的消费品被不断制造出来，这些消费品刺激了个人的欲望，使人陷入自我满足的旋涡中，各种假想的需要被制造出来，真真实实地呈现在人们的面前，个人不断被各种需要纠缠，无论这种需要是否是必需的。马尔库塞认为："诸如休息、娱乐、按广告宣传来处事和消费、爱和恨别人之所爱和恨，都属于虚假的需要这一范畴之列。"[①] 人被这些真真假假的需要诱惑着、牵引着。虚假需求、过度需要成了新的社会顽疾。社会上各式各类的商家狂热地追逐着高额的利润、员工们蜂拥而至地赚取和追求高额佣金、消费者也在各种宣传和渲染中迷失自我而盲目地追求着自我欲望的满足。图像、符号等信息爆炸式地复制和仿造，人被笼罩在大量信息覆盖的"超现实"之中，与此同时应运而生的是，精英文化被大众文化抵触，色情、占有、自私等这些人类的生物本能的体验欲念冲击着道德精神世界。在此情境下，人类几千年来努力抗争而奋力争取和积淀下来的高贵

---

① [美]赫伯特·马尔库塞.单向度的人[M].刘继，译.上海：上海译文出版社，2008：6.

人性道德品质在这些欲念和现实中被一些人毁于一旦，人的一些生物本能下的生存价值被提升到前所未有的高度，并一度凌驾于美和善之上，人的一些高贵精神在生存中被遮蔽了，丧失了应有的道德感与道德素养。

（三）个人主义对道德生活方式的漠视

在现今繁荣的商品经济主导的社会环境下，人的生存方式发生巨变，利润与效率推动个体挣脱群体，寻求自身的满足，以自我的满足来显示自身的存在。人通过满足这些需要来确认自己的存在，确认自己的价值和自己生存的意义，正如有学者所言，"他愈是独一地把自己当作主体，当作一切存在者的尺度，它就愈加弄错了。人类猖獗的忘性固执于那种对他而言总是方便可得的通行之物来确保自己"①。

个人把自己当作中心，把个人的利益看得高于一切，不考虑他人和社会，长此以往，以自我为中心的追逐物质与名利的肤浅生活会掩盖人们所追求的高尚生活意义，这样的"降落"会阻碍人们追求并接近美善"精神人"的生活。因此，有学者分析，"没有了理想主义和道德信仰的犬儒们陷入物质主义和享乐主义，对一切都麻木、冷漠。支配他们行为的，与其说是'知'，不如说是'欲'，一种被深深压抑，又永远不可能满足的'欲求'"②。单一面孔的"欲望人"成了人类生存的本质归属，这就会掩盖人生存的其他可能的归属。同时，当自我不断陷入追逐自身欲求满足的进程之中，个人就会没时间和精力来反思自己的生活。"在消费的普遍化过程中，再也没有灵魂、影子、复制品、镜像。再也没有存在之矛盾，也没有存在和表象的或然判断……再也没有先验性，再也没有合目的性，再也没有目的：标志这个社会特点的，是'思考'的缺席、对自身视角的缺席。"③

在现实生活中，道德教育的主体把对欲望的追求放在人生的最高追求上，

---

① [德] 海德格尔. 路标 [M]. 孙周兴，译. 北京：商务印书馆，2000：225.
② 郑富兴. 道德教育：从童话精神到悲剧意识 [J]. 教育研究与试验，2006（3）：16.
③ [法] 让·波德里亚. 消费社会 [M]. 刘成富，全志钢，译. 南京：南京大学出版社，2000：225.

贬斥了高贵精神的价值，这种对人的生存意义的颠覆，无疑也会致使道德教育的目的被异化，使道德教育在"形而上"价值的陨落中无奈地退场，由此陷入被动的状态之中。教育源于实践，只能在实践中把握教育的关系。教育周围是关联着的世界，此世界是由现实生活解释圈定的视与听的结果，此在的教育是先在地拥有其前提的，因此教育总是面对教育应该面对的周遭境遇。"在关涉活动中，生命阻断（Abriegelung）了自己，而在阻断中恰恰不脱离自己，它不断地掉转目光，而且大都以其面具性（幽灵）寻找自己，并且恰恰是在意想不到时与自己遭遇。"① 对教育现象的解释离不开实践中的真实情境。正是教育所处的环境与教育自身的关联与牵绊使教育呈现出一定的形态，而教育之所以表现出当下的面貌，也和教育自身有密切的关系。教育周围的环境其实就是教育已经自行建构过的环境，这种环境已是带着某种需要、倾向而建立起来的。正如一个家庭的两个孩子，一个向往自然宁静的乡村，而另一个追逐繁华的都市，他们以后面对的就是他们自己选择后的环境。他们为什么会有选择的不同呢？这是因为以往的经历给他们的启示，孩子面对的环境正"返照"了他们原本的追寻之路。这个例子可以用来解释，教育所面对的周遭境遇即由教育解释圈定过的结果，因此教育总是面对教育应该面对的周遭境遇。

从某种意义上讲，教育自我的世界（教育之为教育的本身性存在）本身建构了"格式塔式"场景，种种关系下生成的活生生的教育自身的倾向将教育固定下来，背离了教育的本体价值。在表象中，教育陷入了沉沦，享乐于其中，构成自身自足散漫。非道德主义思想影响下的教育在"散漫"的状态中疏远自身，产生"间距"（教育与其被异化后的自身之间的差别）。教育在诸多诱惑中，逐渐远离了其本来的存在面目。教育中的个人在这种环境中就会陷入错误的选择，不再选择有德行的生活方式，而陷入对道德的漠视中。比如，教师不以教学的成就为荣，而是计较教学背后自身的利益得失；教研不是为了研究教育，而是个人成功获得名誉地位的手段；教学设施的目的不是更好地服务教育，而是面子与利益获取的摆设；学生学习什么、怎么学并不重要，重要的是名次

---

① [德] 海德格尔. 对亚里士多德的现象学解释 [M]. 赵卫国，译. 北京：华夏出版社，2012：93.

和胜出；教育管理不是为了好的教育，而是为了管理便利与管理者自身欲望的满足。"就生活以其关涉而迷失在意蕴中而言，疏远性（Abstandscharakter）将存在于此。"① 这种渐进的疏远，达到了令教育面目全非的地步。

二、现代文化对现代教育价值观的影响

教育生活原本依据自身的美德和价值去抵御世俗观念，教育自身的本有价值指引着教育之为教育的本真体现，也是确保教育走在自身轨道的基础。随着进化论和相对论等新理论的涌现，人们对科学的信任开始动摇。诸多现象使人类感受到了前所未有的生存困境及危机。在浮躁的现象表层，人生及其前途的不确定性激增，传统中占主流地位的中心话语正在被逐渐消解，多元、差异、非中心、零散化、混沌等观念正引发人们对世界看法的改变。价值和道德随着这样的精神潮流亦发生了变化，相对主义乘虚而入，赋予非道德以合理性依据，致使人的道德认知及其判断发生偏颇。

海德格尔认为，生存的世界不是盛放自身的容器。"世界并不是指这样那样蜂拥着和逼近着的存在者本身，也不是指这一切存在者的总和，而是意味着'状态'（zustand），也即存在者整体于其中存在得如何。"② 世界在海德格尔的视域中，不是一个静态存在，而是不断动态发展的存在意义呈现。"人的'实体'不是综合灵魂与肉身、精神，而是生存"③，世界把生存的无限潜在展现出来。在当今社会，解构主义、相对主义、怀疑论、科技理性、后现代主义思潮等思想影响着人们的生活，解构着传统的道德价值观；多元价值、多元文化的生存现实以前所未有的态势冲击着人们的思维，阻碍人们建立起新的道德价值观，自由主义退却了启蒙时期的人本光环，却毫无底线地启示无限的自由，使教育维度严重脱离本体的价值。

---

① [德] 海德格尔. 对亚里士多德的现象学解释 [M]. 赵卫国，译. 北京：华夏出版社，2012：90—91.

② [德] 海德格尔. 路标 [M]. 孙周兴，译. 北京：商务印书馆，2000：165.

③ [德] 海德格尔. 存在与时间 [M]. 陈嘉映，王庆节，译. 北京：生活·读书·新知三联书店，1987：136.

（一）科学理性导致人文精神的疏离

人文精神是对人存在的思考，对人的价值、生存意义的关注，对人类命运、人类痛苦与解脱的探索。人文精神是形而上的，属于人的终极关怀，显示了人的终极价值。① 西方一度依靠对科学的重视发展壮大起来，科学也在强有力地引导我们反对愚昧和落后。然而，科技理性强调的是冷冰冰的规律和原则，讲求精确和秩序，科技理性把事物看成可以解剖、切割、实验的工具和对象，社会在此种理性掌控下就会成为"一个管理着人所创造的机器技术的复杂的社会机器"②。用科技理性去思考问题，就会忽略人的感受、情感、尊严等人文精神，把人等同于毫无生命、可供实验的死的物品，诸如石头、铁片等无生命的东西，忽略了人的生命价值。单一运用科技理性去思考问题会导致人性的冷淡，会对人的生命属性、尊严、情感等人文精神进行背离和践踏。"这种单一地把科学的思维作为认知世界、解决问题的思维一旦扩散就会给人类带来巨大的灾难。然而人们在终止形而上学的同时，也陷入了'形而上学'，现实技术化的控制，终止了超越与终极关怀的价值维度，从而陷入'犬儒主义'。"③ 遗憾的是有些人还在错误地运用科学理性去思考和解决现实中的问题，这就有可能导致非道德主义思想的发展，造成人类良知的坠落和道德的沦陷。

（二）解构主义对道德价值与意义的瓦解

解构主义源于 20 世纪中后期。1967 年，法国哲学家德里达对结构主义进行批判，他认为价值中心理论是不正确的，突出整体的意义必然会造成对个体意义的伤害，他认为使一个部分成为一个中心，必然会拒绝其他组成部分成为中心，但是事物的每一个部分都应该是重要的。我们以往总相信事物的结构和秩序的稳定，相信一个事物具有一个整体的意义，但是解构主义告诉我们，事

---

① 袁进. 人文精神寻思录之二 [J]. 读书，1994（4）：3—13.

② [美] 弗洛姆. 资本主义下的异化问题 [A]. 国外学者论人和人道主义 [M]. 北京：社会科学文献出版社，1991：226.

③ 刘宇. 超越"反"的逻辑：论乌托邦精神的失落与重建 [J]. 教学与研究，2009（12）：27.

物的每个部分都有着自己的意义，都可以成为一个中心，都可以是中心就意味着没有中心，我们以往对中心的臆想是错误的。另外，意义只是一种意见的表达，每个人都有每个人的意见，一个意义不能代表所有的意见，价值也是如此。这就说明，我们以往几千年来所认同的确定的"真理""意义"也不是完全没问题的，如此推断下去，传统的形而上学在其根基上根本就是错误的。世界上不存在统一的中心、意义或是价值，"并没有人们通常认为存在着的关于'意义'的单个概念，因而你可以在一种始终一致的意义上说'所有符号都具有意义'，但是，有无限多的不同的意义方式，这就是说，符号对于所标记的客体的关系有不同的种类，这一点是绝对确实无误的"[1]。

解构主义告诉我们：世界没有本质，对本质的探讨是毫无意义的，因为世界上的每个事物都是多元的，这样一来，权威也是不存在的，我们需要多角度地解读事物。这样，道德自然地被解构主义消解了，在解构主义看来，对于道德应该讲对谁、从何种角度讲是道德的，道德并非一种至高无上的价值观，而且，从某种角度看，道德就根本不存在。解构主义为人们不遵守道德提供了理由，这就导致了社会道德的陨落。

（三）存在主义对个体自由与解放的影响

人们在征服自然的过程中，一直相信知识和理性是最正确和强大的征服自然的武器和力量，由此，世界被人为地划分为主体和客体，知识成为连接世界的纽带，人类理性则成为人类改造社会、创造美好生活的工具。随着世界的发展，知识和理性所代表的宏大叙事渐渐掩盖了个体存在的意义，压迫人的情感、价值和尊严，绝对理性导致了理性主义灾难，人们开始反思先前的生存路径，知识和理性的作用被人们质疑，理性主义渐渐式微。从此，人的存在的表现、境遇、感情等各方面受到世人的关注。人生的想象、焦虑、潜意识、荒谬、希望、信仰、抉择、沉沦、意志、死亡等与自身密切相关的处境就成为人们关注人生的新的思考方向。人的归属感由外界的理性知识过渡到自身的感受。人类在现实生活

---

① 汪子嵩，范明生，陈村富，姚介厚.希腊哲学史：第1卷[M].北京：人民出版社，1997：576.

中的消极、悲观、失望、孤独、苦闷、颓废等情绪促使人们标榜个人自由的生活。存在主义就由此产生了。存在主义宣扬以人为中心，尊重人的非理性、个人的意识活动、个性和自由，由此可见，以往人们信仰的上帝、神、真理、科学、道德、理性等先于个人存在的本质来规划个人的人生是错误的，失去存在，这些人们认为的本质没有任何意义，人们不能用本质来干预人的生活。存在主义还指出人是孤独地面对着混沌的未来，死亡是人的最后归宿，荒谬是世界和人生的特点，人生没有必然，没有人们以往认为的那种必然地适用于一切的法则，人总处于无法掌控的偶然之中，在实际的生存中人的存在价值优于必然法则的价值，人需要自由地选择自己的人生道路，而且，每个人在选择时是自由的，存在主义否认任何预定的规则、必须遵守的标准、信仰或是道德，因为它们压制人的自由生存，使人失去自我。存在主义认为人与人天然地相互斗争，一个人的自由选择会影响他人，因此存在主义认为他人是自我的地狱。这些观点在一定程度上强化了个人与群体的脱离，促进了个人的自由与解放。大学生来自五湖四海，文化与背景差异大，他们聚集在一个学校，南北差异、文化差异甚至是民族差异，每个地域都有每个地域的文化和习惯，而每个家庭的教育方式也不同，所以每个人都是不同的，每个人都有自己的个性，而且每个人接受的传统文化道德也各不相同，所以说存在的问题依然不少。

（四）后现代主义开启了新的生存理念和方式

启蒙运动过后直到现代，就是整个现代化的过程。当启蒙运动把人们从感性的对外部力量的笃信中解放出来，人们因此更为相信自我理性的力量，相信自我对社会发展的力量，人们用自我理性的力量不断努力改善现有的生活。在此过程中，人们相信理性和启蒙的正确性，相信随着社会的发展，社会物质生活和精神生活会获得极大改善，人们会逐步脱离现有环境的束缚，改变被自然压迫的状态，过上自由幸福的生活。人们在现代化的过程中也确实感受到了前所未有的解放和活力，但是，现代化也给人们带来了巨大的苦难。大多数人失去土地，不得不接受资本的剥削和压榨；在现代化的进程中，人类为了自身利益无节制地开发自然，使得自然资源锐减，动植物的生态环境遭到严重的毁坏，环境污染严重，环境变得越来越差，严重地威胁人的生存；现代人相信科学的力量，科技主义压倒人文主义成为解决一切问题的手段，而科技主义忽视人类精神的力量，使道德信仰备受冷遇；同时，科技发展恰恰促成了人的异化，人有着各种精密的科学知识，却缺乏人能生存繁衍的最基本的人性与良知。

商品经济的商品市场指导属性，把人变成了商品。随着金融市场的发展，经济这只无形的手，泯灭了人善良的本性，使人成为技术的座驾，社会越来越像一台精密的机器，受着层层管理体系控制，受制于人们曾经无限认同与向往的市场的公正体系。人们在此进程中却遭遇了并非公正的"礼遇"，人成了社会这个机器中可有可无的螺丝钉，渐渐失去了人性与感情。在商品经济发展的大潮中，许多大学生出现了一些不良的道德倾向，具体原因可能是当今有些大学生心灵上精神的缺失，有的需要用物质来充实自己，还有现在网络各大博主的"种草"，有些女生经受不住诱惑，冲动之下就开始疯狂地买买买。

现代社会用新的技术、新的沟通与交往方式、新的产品的分配形式使人类从自然的压迫走向了社会的压迫。社会的进步使人们却越发感到自身对自我未来的迷茫。第二次世界大战使人们陷入痛苦的深渊，人们看到了随着现代技术的发展，人们并没有因此获得幸福的生活，现代技术反而给人类带来了灭顶之灾。战后各国经济有了新的发展，科学技术长足进步，社会进入了由信息、商品、消费等要素构成的"后工业社会"，人们的物质生活变得非常丰富，但是经济危机、贫富分化、环境污染等社会问题也日益突出。

社会矛盾促使人们开始反思现代生活，支持人们前行的启蒙的力量备受质疑，人们找不到可以改变现状的方法，感到前途渺茫、悲观绝望。在这样的情况下，与现代思想对立的思想随之就有了巨大的号召力量。"对将来还要进行尝试的成功可能性抱悲观态度，正是他们的一种防卫机制，使自己将来不至于再次失望。"① 于是消极颓废代替了积极奋进，无视真理与价值取代了对其坚信等一系列反现代的思想就不断涌现出来，这些思想构成了后现代的思潮。后现代体现了对现代思想的反抗，它与支撑现代发展的理论意识彻底决裂，并积

---

① 闻桦．组织变革中员工的犬儒主义研究 [D]．北京：北京交通大学，2007：7．

极行动以希望从现代的痛苦状态中解脱。由此，传统价值的确定性丧失。后现代主义既不相信历史的经验、现代的意义，对未来也无所希冀，它怀疑一切，想超越以往对这个世界的一切固有的理解，后现代主义中由非理性代替理性、由对个体的重视代替对整体的青睐、解构现有的结构、放弃中心强化边缘等思想消解了以往对事物固化的理解。后现代主义对人的主体性被剥夺，对感觉丰富性的死板僵化以及一元中心进行批判与解构。后现代主义对事物价值的评判全然模糊，它以人生存的多方面的舒适度思考问题，有折中主义取向，使思想不拘泥于传统道德，现代思维多元化，价值取向多元化。多元价值使单一理性统治瓦解，这导致了相对主义、怀疑主义、虚无主义的产生，后现代主义思想的多元性和开放性为其自身发展带来了巨大的能量。后现代主义思想融汇了相对主义、多元化、解构主义、自我中心主义、物质主义等现代各种新的思想。后现代主义思想成为一种新的对生存方式的思考，也引发了巨大的问题。"由于众所周知的原因，启蒙思潮遭到挫折；之后，迅速勃起的经济大潮推动大众通俗文化走向前台，被片面解读的西方'后现代'解构思潮涌入中国，从另一个侧面解构启蒙理性，并造成启蒙理性的严重衰退和道德价值的局部崩溃。以最小的付出（最好是不用付出）获得最大经济收益的观点，似乎正在成为社会普遍的价值准则。"①

三、传统文化与新时代进一步融合的紧迫性

（一）传统文化与新时代融合渐进

几千年来，中华民族祖祖辈辈对民众之间如何相处，如何协调各种关系和矛盾形成了一整套的理解和共识，这些观念是贯穿在我国的传统文化之中的。大学生道德教育存在问题的一个原因，就在于大学生没有认识到道德教育的重要性，大学生没有深刻地了解到道德教育对自己的人生有着什么样的意义和影响。所以他们对道德教育并没有很大的关注，并且对道德教育的态度也并不是

---

① 姚新勇. 犬儒的生存状态与启蒙理性的再思考 [J]. 探索与争鸣，2006（5）：13.

很积极，他们没有认识到道德教育对他们性格的形成、"三观"的形成有着很重要的意义。有的同学对一些传统文化的内容不是很理解，认为其很深奥，难以真正理解其要义，有同学就说过，"我对古文的印象可能是古代的东西好深奥啊。有些理念可能在当时的情境下是可以理解的，但脱离了当时的情境可能就会产生理解的误区"。传统文化博大精深，古文也是需要一定的文学功底才能更好地理解的，如果大学生对一些文本内容不理解，就可能导致其无法认同这个理论及实践。

（二）流行文化影响大学生德育

当今时代，网络信息交流十分发达，一打开手机各种信息扑面而来，有些人为追求热度博眼球，各种行为标新立异，与众不同，或是做出一些违背美德的行为，这会造成不良影响，不利于社会主义现代化建设。如汉字被恶意改写，男生男性阳刚之气减弱，娘娘风气盛行，个人出现种种负面思想，这些都不利于社会发展。德育如果不被人们重视，人们没能形成良好的品德，人的思想就容易被不道德思想左右，缺少自己的正确判断，导致网络暴力的出现。各种明星粉丝不理智看待事情，遇事"帮亲不帮理"的态度，对公众人物泼脏水、扔鸡蛋，对其骚扰，影响公众人物的正常生活。流行文化对每个人都有着不同影响，需要通过德育帮助人们尤其是大学生理智对待。

（三）外来文化和中华文化的融合对大学生德育的影响

当今世界，文化全球化十分繁荣，各国文化相互交融和冲击，造成本国一些思想文化的动荡，也会影响大学生的思想。文化的动荡增加人们文化自信的不确定性，许多高校聘请外国老师到学校教授课程，带来众多的外国文化，学生容易受老师的影响，思想不坚定的同学容易生出缺乏祖国意识的思想，造成对国家的伤害。崇洋媚外，过许多西方的节日却把中国传统节日淡忘；热烈追求外国品牌，否定中华民族所创造的历史，影响大学生的价值观，造成思想危害。应坚持社会主义核心价值观，做好自己本分，牢记自己是中国人，要有强烈的国家意识、民族意识。

（四）文化传播方式的改变对大学生德育的冲击

如今社会文化传播方式丰富多彩，信息来源广，为促进人们日常信息交流提供了许多便利，但同时也带来了许多不良影响，负面消息的传播速度加快，容易造成人们心理恐慌，甚至社会动荡。一些不法分子会利用新媒体做违背社会主义核心价值观的事情，危害青年一代的思想，对国家造成了危害。如果大学生能利用好网上资源，则可以促进自己全面发展，成为国家新时代人才。

儒家文化的发展融汇了儒、释、道的思想，也贯通了中华民众对于道德、人情、规范的理解，它的思想深入中华民族的精神血液之中，成为国民的精神源泉，成为中国民众长期以来共同接受的为人处世的原则。但在 20 世纪初，中国的新文化运动激烈地批判封建文化，以儒学为代表的我国传统文化备受诟病，在西方"民主"与"科学"的口号下，西方的各种理论和思想被当时强烈要求民族复兴的知识分子传入国内。在民族生死存亡关头，中国热血青年来不及深思熟虑就完全抱着西学的思想批判我国的传统思想，国内对我国传统文化的否定也越加决绝。随着时间的推移，外界的各种文化和人们对事物的新的看法不断对传统文化进行影响和更改，传统文化思想失去其主导地位，各种理论观点涌入中国社会。

传统文化的式微，加之西方的一些思想传入，对我国的文化产生了巨大的影响。比如：相对主义使各种事物的价值变得等同化，使判断失去可供参考的贵贱标准；多元化、解构主义使单一宏大叙事消解，人们思考问题不再遵从原有的唯一判断事物的标准，增加了人们对事物判断的难度；自由主义、自我中心主义使人的个性张扬，人们在乎自我感受、需求、欲望、利益而很少从他人的角度思考分析和评判问题；科技主义使人们沉浸在科技至上的虚幻中，失去了从人文方面思考问题的意识，使一些人奉行科技理性，信奉死的、硬邦邦的教条，思维僵化，无法全面思考问题；物质主义、功利主义、实用主义等观点使人缺失崇高思想指引，仅从低层次思考问题，导致了庸俗化的人生理想和信念。

社会道德评价趋见宽容，很多事情被划为个人的事，不再关涉社会道德，这给大众的道德心理解了套，使社会人的行为处事不再顾及社会道德。这种思想一旦成为一种风气，就会带来示范效应，使社会道德发生紊乱。反常的社会道德风气使社会对不道德行为的精神惩罚丧失，群体对不道德的个人依旧赋以安全的群体归属感，对个体的不道德选择起到暗示的鼓励作用，社会丧失了群体对个体不道德行为的约束和引导，这使社会道德文化得不到良好的导向和控制。人们对道德的神圣信仰消失，社会良知泯灭，社会道德自然被冷漠和麻木地对待，道德仅在实用主义、工具主义层面上"被"履行。陶东风在论及相关话题时中肯地指出："大话文学与大话文化是思想解放的一枚畸形的果实。一味的游戏、戏说态度是一把双刃剑：它一方面消解了人为树立偶像、权威之类的现代迷信、现代愚民的可能性；另一方面，这种叛逆精神或怀疑精神由于采取了现代式的自我解构方式，由于没有正面的价值与理想的支撑，因而很容易转向批判与颠覆的反面，一种虚无主义与犬儒主义式的人生态度。"①

在道德教育系统中，某些道德教育者和受教育者自身就对道德没有坚定的信仰，用相对主义模糊的价值观解释世界，用存在主义对生存痛苦、无奈、悲观的解释来理解人生，主张人生无限度的自由和解放，用解构主义的观点来解构传统的道德观，使一切陷入平庸和均质，使卓越的价值观无法主导社会。他们用现代的颓废的一面理解世界和人生，融汇了反现实的消极的力量，由于没有崇高的价值体系的指引，他们陷入低俗的精神状态中，极端的个人主义和自由主义盛行。这种风气降低了道德的地位，构成了道德缺乏、道德伪善、道德冷漠的导火索，致使道德可信度降低，教育中的道德原理真实性备受质疑，道德信念丧失，道德虚无化。由于参与道德教育的个体自身道德素质、道德意识的欠缺，自然对道德教育产生怀疑和否定的态度，自然无法倾心参与。道德与道德教育成为工具，成为达到一定利益、权势、名望的扶梯，自然有表无实，变成摆设，走入形式化、功利化、名实背离的非道德主义思想境地。这些都对大学生德育带来了一定的冲击。

---

① 陶东风.大话文学与消费文化语境中经典的命运 [J]. 天津社会科学，2005（3）：92.

四、道德教育实践中的现实问题

（一）道德教育自身的难点

1.知易行难

道德教育本来就是一个实践性的问题，它包括知、情、意、行几个部分。我们学习知识很容易，但是养成自觉的行为习惯却不是容易的事情。笔者在教学过程中曾问及学生，有学生就指出确实是这个问题，就是到底是知难还是行难，说实话知也难行也难，如果非要比较的话，认为是知易行难。道德教育是个长期的过程，其效果不是立竿见影的，教育的过程中又有很多不确定因素的影响，就算有效果，其心理和行为的变化也不是当时那么容易就能评估出来的。道德行为也需要个人长期坚持一致，道德教育和个人的道德行为本身需要长期坚持，这个坚持的过程本身是需要付出长期毅力和耐力的。现实中，有些人对美德的认知停留在知识层面，在实践中却跟不上，明明知道怎么做才是对的，但就是很难去做到。这就是典型的知易行难。

2.行为惰性影响德育效果

惰性是人很常见的一个习性，当一个人知道这一步，他走出了这一步，那他剩下九十九步不就很好走了吗？所谓"行百里者半九十"，如果一个人迈出了第一步，然而在第九十步时坚持不下去了，那么最后的结果依然是失败的。人们往往在知道前一步做错时也会有懒惰的心理，懒得推翻过往，从头再来；同时人们也有侥幸心理，想象自己还有后来"翻牌"的概率；有时还会固执地去验证错误等等，于是就会将错就错地走下去，这种行为惰性是我们成为一个具有美德的人的阻碍。

如果教育周围的"格式塔"世界，也就是教育周围世界、教育公共世界和教育自身世界一起侵入教育，而教育周围的格式塔世界与教育具有不同的存在价值观时，这一矛盾就会导致"教育"被"支配"，并呈现与过去截然不同的趋势。这可以说是一种必然的反应，它必然会形成一种新的价值观念，从而改变教育本身的格式塔式场景。这种格式塔式场景的力量一旦强大到一定程度，必然会影响到教育，"生活在其倾向性中，以被裹挟的方式出现，生活听任其世界的某种压力"①。在此背景下，教育的道德价值观发生了巨大的变化，市场逻辑与怀疑论被滥用于教育道德，从而妨碍了教育向主体美善的方向发展。当然，这种趋势在以前的教育中是从未有过的，也是各种力量一定能到达的方向。在犬儒主义伦理价值观的建构下，教育因其自身所处的环境所裹挟、改变，从而产生了教育的异质性。这种异化导致了无法控制的教育状况，从众成为必然的选择，被支配和强迫，偏离了原本的道德准则。② 比如，"范跑跑事件"中的范某在危急关头抛弃了自己的学生，他却义正词严地宣称，他有权利保护自己的生命；学术弄虚作假的老师们以为人人都这样做，只不过是自己碰上了枪口；为了升学找工作，父母和学生将"跑成绩"视为合法竞争，诸如此类。这一进程反映了教育与世界的关系，也反映了教育变迁的现实，它使教育环境更加真实，也影响着教育。

我们可以用海德格尔的"返照"概念来理解这个过程，"在这些关系中关涉着生活的自我返回，以当时最亲切的关涉关联语境塑造出被照亮的周围环境。我们把这种富有特色的、沿着自我遭遇的方向的生活之运动称为返照"③。教育从运转开始就是被先行意义安排过的。"生活从这个世界出发或为了这个世界而在其面前建造着，它在其先行—对待或先行拥有了的意图的意义上安排着；它借助先行意图确保自身，以明确或不明确地考虑其意图的方式自行关涉，生活在其返照中同时就是事先建构的。"④ 如海德格尔所言，"返照"促成了"事先建构"，关涉性的关系动态造就了现实的人生。教育本身与生存的关系，导致了对现实教育的逆向决策与预先约束。逆向关涉的结果会影响到教育自身的态度。因此，教育预先建立了保证自己的目的，而这种目的本身就是对教育本身的一种异化。海德格尔认为，教育既是对自我的构建，也是对周围环境的构建，教育对周围的环境进行了阐释，从某种程度上来说遭遇就是教育本身，教

---

① ［德］海德格尔.对亚里士多德的现象学解释 [M].赵卫国，译.北京：华夏出版社，2012：89.

② 尚云丽，于洪波.教育中的后现代犬儒主义思想阐释：基于海德格尔"构境论"视角的解读 [J].教育学报，2014（2）：21.

③ ［德］海德格尔.对亚里士多德的现象学解释 [M].赵卫国，译.北京：华夏出版社，2012：104.

④ ［德］海德格尔.对亚里士多德的现象学解释 [M].赵卫国，译.北京：华夏出版社，2012：104—105.

育并不是一个固定的存在，而是一个循环的过程。教育塑造出的世界与教育自身有关，这个由教育诠释的情景，以最真实的关系与境况来映衬。"先前"教育的拥有，在返照遭遇的世界中被改变。教育中真正为教育而工作的人，常常肩负着很大的责任，他们不能轻易绕开教育的良心和道德，但在周围的环境和情况下，他们却不能战胜那些倾向于自我利益的人，他们会感到痛苦和绝望。在真实的情况下遇到了"真的没有假的真"的情况，当教育道德价值被推翻，一个人在周围的环境中忍受着不道德的折磨，在教育中的人被数次欺骗和背叛之后，他的经验就会使他不能按照他的道德行为行事，他的行为会使他的行为变得不合乎伦理，这就是以非道德来应对非道德，由此产生了这种教育文化。此种教育文化回归教育，是教育的一部分，这里既有对教育自身的不信任，也有对教育道德的不信任，还有对教育回报的虚无化、对现实的不认同、对周遭环境的认知的异化等转变。这种文化又构成了一种回溯，使教育的存在目的发生了改变。教育者事先在心中设定了自己的目的，即按照非道德主义思想的标准保证将来的教育生涯能够平稳地进行，因此，受过教育的人就不再承担起教育的责任，而要按照轻便的方向进行"教育"活动。[①] 在这种虚无价值观本质下，对任何事件都不可能做出善恶美丑的价值判断，即什么都是没有价值的，在这样的思想指引下，道德和道德教育的意义被完全取消了。海德格尔认为个人的生活方式就是生存的现实，是整个存在者的生命形态。人的精神层面生存意义的缺失，人与人之间的紧密联系被弱化，造成整个人类共同体力量的削弱和萎靡。人与人、个人与社会无法真正和谐发展，人与人、人与社会的价值意识没有被真实地唤醒。这时候的人就易生长在"野兽"的层面上，难以实现和体会作为人的真正意义。当工具价值被泛化，人生价值自然处于缺失状态中，人类共同感和责任感被削弱，导致人类自我的丧失。人的尊严与价值的丧失，总是伴随着人的生命价值的缺损。这种高贵的超越价值丢失的无聊状态会把人们的精神需求降低到过度消费、通过奢靡的占有来得到补偿，导致了亵渎、玩世不恭、

---

① 尚云丽．于洪波．教育中的后现代犬儒主义思想阐释：基于海德格尔"构境论"视角的解读 [J]．教育学报，2014（2）：25.

自暴自弃、自卑和自我放弃等不良情绪，以及自身的异化和对人类崇高精神的丧失。高贵的超越价值丢失的无聊状态使人陷入非道德主义思想中，使人在实际生活中蔑视和践踏人性，道德极度堕落，道德廉耻心被撕裂，表现出放荡无耻的言行。

回顾并审视各种影响道德教育的因素，可以看出外部环境的影响是导致教育变异的基础，尤其是人类生存的压力在人们的观念转变中扮演了重要角色。我们认识到：教育是在周围世界、公共世界和自我世界的共同作用下产生的异变，然而，我们也不能忽略环境中人的主体性的表达，当教育人由本身对道德的怀疑、不确定走向道德丧失、麻木，最后陷入丧失精神的生存方式时，心灵的匮乏会导致人们的厌倦，失去精神家园的团体，必定会遭遇道德精神上的无趣感。道德是人与人的关系的一种表现，当教育中人与人的关系仅限于工具的相互使用时，人与人的相互关怀、相互扶持等人的"类"的素质与情感都消失了之后，便不可避免地会感到无聊。当无聊在教育人群中蔓延开来时，社会中的道德冷漠就会成为整个群体的精神世界，于是，在教育中出现了道德冷漠的非道德主义思想。总的来说，正如海德格尔所言，"当'某人莫名地无聊'时，真正的无聊便开始了，这种深刻的无聊犹如寂然无声的雾弥漫在此在的深渊中，把万物、人以及与之共在的某人本身共同移入一种冷漠的状态中。这种无聊启示出存在者整体"①。正是通过自身与环境的"循环建构"，酿成了非道德的行为表现。

道德教育虽然在我国一直受到广泛的重视，每逢考试就必定对道德方面有所考察，但是大学生道德教育还有提升的空间。第一，扩大国家对于道德教育的宣传和倡导。第二，提升教师自己的教育定位，随着新时代的发展把自己定位在一个更为适当的位置，教师应该利用自己的职位优势来帮助大学生认识到，道德教育对他们习惯和行为的养成有着很重要的推动作用，加强大学生对道德教育的重视态度，同时教师应该通过各种各样的方式来宣传道德教育，让他们理解道德教育在生活中以及学习中的促进作用。第三，在社会上，国家应该采

---

① [德]海德格尔.路标[M].孙周兴，译.北京：商务印书馆，2000：127.

取适当的措施，实行正确的方式方法，颁布一系列关于道德教育的方案或法案。社会上的人士也应该为大学生营造一种崇尚道德教育的氛围。让大学生感受到道德教育多彩生活中各处的美好，同时可以让大学生的行为习惯向道德生活看齐。

（二）道德教育的目标偏离本位

就当前来看，道德教育的实际实行就是让学生对各种道德规范进行了解，能辨识具体道德情境下如何做才是符合道德的，能够正确回答试卷上的各种问题，能够背诵一些法律条例和时事政治。在实践上无非就是没有违反学校的管理条例，能参加一些给道德行为加分的活动，这些评判成绩组成了所谓的品德成绩，但问题是，学生做到了这些，就达到道德教育的目标了吗？显然非也。道德教育的最终目标是培养真正有道德的人，是在真实实践中真正把道德当作自身内在处事依据的人。道德教育的目标不是表面的高分和外在的表象，把取得各种外在的成绩作为道德教育的目标并不能体现道德教育的根本目标。道德教育是改善被教育者内心的事业，我们定的各种能达到的道德规范的具体目标也不能完全体现道德教育目标的根本。这种目标的设置与执行无疑忽略了受教育者自身的主体性，它能在道德教育的表面起作用，但可能对受教育者的心灵的改善毫无意义。教育者往往把各种规范的培养作为教育学生的目标，认为把培养实际品行高尚的人作为目标太虚，无法实际操作。他们认为使学生遵从各种规范很实际，学生就会自动地把规范化为自身的品德。可是，学生并没有将其内化为自身的品质，这样简单粗暴的道德教育很容易被扭曲甚至变形，这样就有可能教育出表面上言语和行为非常道德的伪君子，成为非道德主义思想的表里不一的人。

（三）道德教育的内容走样

道德教育的教育内容的设置直接关系到道德教育的教育结果。道德教育的内容联系着教育者和受教育者，是道德教育成败的关键。但是如今的道德教育内容的设置还是有待改善提高。首先，道德教育内容的设置与教育缺乏一定的整合性，道德教育不仅要关注知识传授，也应该重视解决实际问题，特别是现代社会生活中的实际道德问题。这些道德问题可以是关系全球发展的大问题，诸如人口问题、环境问题、战争问题等等；可以是一些中观的问题，比如种族问题、民族问题等等；还可以是一些微观问题，比如实际道德行为践行、行为规范的遵守等问题。但是目前的情况是，各科课程均关注自己的学科知识，各科教学整合的意识不足，也忽视在各科教学中贯穿道德教育的教学，无法使道德教育体现它的生活性与实践性。其次，道德教育对我国传统道德教育的内容挖掘不够。我国的道德教育内容丰富，它关涉到社会、国家、家庭、个人等生活的各个方面。道德教育内容是我国几千年来对人与人关系的经验教训，体现了我国民族深层的文化心理结构，对我国道德教育的发展起到了关键的作用，是我们研究道德教育绕不开的实际问题。

现实的情况是，自西学东渐以来，我国传统文化有段时间被冷落，如果无法正确评价我国传统文化的正确价值和地位，就会造成我们对民族文化的深层根基的抛弃，造成无根的道德教育，这对国民道德的发展是极为不利的。大学生对道德教育没有那么明显的界限，他们道德实践中践行的只是自己所了解到的，自己认为对的，自己认为是可以践行下去的，如果没有对传统的道德教育进行过系统地了解和理解，就无法理解一些传统的道德教育理念，使一些好的传统道德教育理念不能很好地实践在现实生活中。大学生所理解道德教育的程度还是需要提升的。他们的年轻的不经世事的灵魂使他们还不能够完全理解并践行道德所表达的全部意义。这需要社会、家庭的教育，还有老师、学校对学生持之以恒地进行系统深入的教育。如果在当今社会他们不能够真正地认识到其重要性，不能用坚定的信念完成道德坚持，他们就难以具备强烈的道德信念，遑论促进社会和国家的发展。很多大学生在上了大学之后感觉自己所受的道德教育已经够深入了，认为自己的观点已经形成了就很难再改变，但是大学教育工作者不能松懈，新时代教育要求我们推动大学生的道德水平更上一个台阶，要使大学生的道德教育更上一层楼。我们的大学道德教育还需要进一步加强，跟随时代发展更新教育的内容、途径和方法。虽然现在大学比较注重或者更加注重科学文化知识，但是现代大学更应当加强大学生的道德教育。

我们需要重新认识传统道德教育的教育内容的价值，深入挖掘其精华部分，古为今用。但是，现今的道德教育课本中对我国传统的道德文化涉及较少，对于传统道德教育的内容还应更为系统和完善，其内容设计比较松散，多是一些例子的列举，还应提取出较为核心的内容，探讨核心问题的溯源、比较、变迁和深刻的内涵。这当然是一个工程浩大而且考验道德教育者洞察力和思考力的内容设置问题，其解决也不是一蹴而就的。随着时代的发展，这个过程也是不断持续的。对道德教育的教育内容的评价还需更为全面。以模拟考试来考察对道德教育内容的掌握，这种"实验"性质的考试缺乏真实性和可信性，会造成学生考试与实践不一致的结果。评价决定了教学内容的发展和教学过程的合理，我们要思考用更适宜的评价方式来促进道德教育内容的合理提升。

（四）道德教育的方法困境

老师教育方式和方法运用得恰当与否影响着教学的效果。如果高校教师教育方式和方法运用得不恰当，就会大大影响道德教育的教育效果。不良的道德教育表现在以下几个方面。

其一，教育方法死板。道德教育的教育方法主要采取讲述法，道德教育的评价方式主要是依靠考试。道德教育只局限于理论传授，授课形式过于单一，过于形式化。这种单一的教育教学形式很难培养好大学生对于道德教育的兴趣，会造成大学生对道德教育的重视程度不是很高，兴趣也不是很大。教师通过考试强迫学生死记硬背各种答案。这样学生背诵着教育家认为必须得让学生记住的知识点。为了能考高分，学生做大量的作业，在广阔的题海中"奋战"，仿佛这样的努力能使学生成为道德高尚的人。可是对学生来说，这种面子考试只能激发学生对道德教育的反感和厌恶，大量的背诵占用了学生宝贵的时间和青春，反而使学生无法真正思考人生的意义、人与人的关系，更没时间去体会周围的仁爱和正义，当然也不能及时反思自己的人生，改正自己的不足。这种"实验室"的道德教育与真实的道德教育相差颇大。在强迫和命令学生提升自己的成绩时，学生自身主体感受被忽略，学生感受不到真实的关爱，这种对人本的关怀的缺失很容易导致个人道德的冷漠。

其二，教育方法被动。被迫接受美德的方式与方法忽视了学生的主动性，这使学生没法自主地创造和选择。道德选择往往是个人提升道德能力的重要一环，这体现了被教育者对知识的理解和内化。但是我们提出的问题也往往不具有开放性，有的只是固定的答案，我们的道德教育往往不需要学生自主地思考，也不要求学生去探究社会真实道德问题的解决，这直接导致了学生对自己应该担负的社会道德责任感的淡化，在实际生活中，只能造就出无社会道德责任感的自私的个体。

教科书里的道德教育处处可见，好像在时刻提醒每一位老师和学生我们要这样做那样做，要有这样那样的情怀。但实际上学生的学习效果和兴趣度已经很低了，他们对这种洗脑式的教育方式显得麻木且心怀反抗之意，反抗的不是美德本身，而是被迫接受美德的方式。一个人如果真的想学一件事情是不需要逼迫或不需要强迫的，强迫学习是一种填鸭式教学。

其三，教育方法狭隘。道德教育是牵扯到教育整体事业的问题，每门课程有不同的道德教育的意义与作用，如果道德教育主要是由专门的思想政治课来实现，其他课程中很少有渗透，会影响道德教育的教育效果。需要把道德教育渗透到整个教育体系中，这样才能体现道德教育的真正意义，才能使道德教育事半功倍，所以需要在道德教育方法上有所改善。道德教育方法使用不当会使道德教育实践失利，这种失利会造成个人对道德及道德教育的否定。

（五）应试教育的窠臼

应试教育只关注学生学业成绩，导致美德教育并没有真正做到美德教育。在小学就有思想品德教育课来对学生进行美德教育，但这个思想品德教育课还可能会被其他老师占用，而初、高中阶段又可能因为学业的问题，大家都在拼命地学习，就容易忽略一些挺重要的东西。也就是说，小、初、高阶段都没有特别强调美德教育。基本上一直在说要好好学习，天天向上，发愤图强，因此很多大学生在上了大学之后感觉受过道德教育的影响小，虽然有可能是因为自己的观点已经形成了就很难再改变，但这不是主要原因，主要原因还是在于大学关于道德教育的教育比较少。这个问题可能就是因为现在大学比较注重或者说更加注重科学文化知识，然而道德教育比较少。

　　在大学应该多多关注一些道德教育，或者说"做人"这种教育，做人要比学知识更重要。自古以来就有"先成人再成才"的说法。不成人何以成才？如果学生不理解这个道理，否认道德教育的价值与意义，当个人对道德和道德教育的否定一再被强化，个人就会形成对现实的否定心态，这种对道德和道德教育的否定心态的链接一再被加强后，就会形成个人内心固有的心理定式，这种心理定式就成为人看待道德以及道德教育的"有色眼镜"，教育者"戴上了有色眼镜"（非道德主义思想）看待事情，自然而然地将教育本身异化，教育也被"有色眼镜"观看着，被"有色眼镜"对待着，建立起了教育及其周边的世界。就像一些学者对教育中的非道德主义思想的解释，"对于道德教育的虚假、腐败等敏感问题，作为普通百姓也只能以一种非道德主义思想的态度对待，心里清楚，却只能冷漠对待，长此以往就衍生成为对待其他事物或整体社会生活的习惯。这不仅仅是因为现实生活中充斥着避无所避的虚假，而更是因为在这样的社会大环境下难以寻找解决此类不满的途径"①。

---

① [英]提摩太·贝维斯.犬儒主义与后现代性[M].胡继华，译.上海：上海人民出版社，2008：89.

第四章　现代犬儒主义导致的新时代大学生道德教育困惑

　　人类出现至今，人们共同生活的社会状态促使人与人之间学会相互协调，这就使道德在规范人与人之间关系中发挥作用，不断向前发展，而道德教育也伴随着道德和人类的发展而逐渐发展。在漫长的历史演进过程中，道德教育历经沧桑变化、曲折发展，其中融汇了众多先哲的思考和实践。一直以来，人类为了生存，在进行物质文明建设的同时，也要进行精神文明建设。人类也总会面对人与人相处不和谐的问题，以及由此带来的比自然灾害更严重的威胁人类生存的人为灾难（比如人类战争）。古往今来，在很大程度上，社会道德状况决定了人们生活的幸福程度，因此，道德教育从未真正地淡出人类的视线，道德教育也成为人类不得不关注的事业。

　　我国一直以礼仪之邦著称于世，然而经历了现代经济的迅速崛起之后，人们曾经憧憬的普遍高尚的理想道德社会并未如期而至。近些年来，诸多不道德的事件在社会中发生，诸如"范跑跑"事件、彭宇案等。在这些事件中，曾一向被道德光环笼罩的校长、班主任等"教育人"让人大跌眼镜，那些被牵扯其中的孩子也让人倍感痛心，而且，社会人的基本良知也受到了大众的质疑。

　　这种社会道德状况并非我国独有，国外也早有先例。当我们追溯其成因时，犬儒主义则进入了我们的考察范围。犬儒主义在古希腊指摒弃一切物质与世俗规范，从而获取有德行的生活的生存方式。有学者指出，"在古希腊、古罗马时期，犬儒主义（Cynicism）是崇尚自然且坚守简朴生活方式的一种哲学流派"①。随着时代的变迁，犬儒主义发生了根本的变化。现代犬儒主义是指现代性后期蔑视道德、持负面态度的生存哲学，它在现实中体现为道德虚无化、功利化、冷漠化和媚俗化，现代犬儒主义者就是按照这种蔑视道德的生存哲学生活着。现代犬儒主义逾越了道德规范，直接背离了道德应有的价值，对道德危害甚大，现代犬儒主义正是引发现今道德问题的主要因素之一，它已引起社会的关注，社会对现代犬儒主义大量的现实评述不胜枚举。这种现代出现的犬儒主义先是渗透到社会、政治、经济、文化的各个层面，进而超越职业和行业的障碍，影响到社会各个角落，最终波及教育这块最后的精神家园，影响了道德教育。现代犬儒主义的思想与作风悄然侵蚀道德教育，从而使道德教育呈现出一种蔑视道德规范，急功近利的现象。吊诡的道德教育中不道德的事件也随之而来，直接背离了道德教育应有的价值规范。它使道德教育缺乏应有的合法性，进而受到质疑。现代犬儒主义对道德教育危害的日益严重，迫使我们必须直面这种现代犬儒主义现象。

一、犬儒主义概说

犬儒主义产生于古希腊，它历经久远，几经沉浮，延至今日。现代犬儒主义思想和它诞生初期的思想迥然不同，判若两物，呈现出鲜明的现代特质。近年来，社会出现了诸多令人瞠目的社会现象，诸如"范跑跑"事件、彭宇案等，引发了人们对道德危机的思考。在人们热议的社会道德事件中，越来越多地提及"犬儒主义"这个词，犬儒主义也成为一些研究者的研究议题，成为道德教育研究领域的一个研究热点。随着研究的不断推进，研究者们逐渐认识到犬儒主义对现今道德问题的影响不可忽视。当今中国的道德失范和现代犬儒主义有很大关联，现代犬儒主义正是引发现今道德问题的主要因素之一，它引起了学

---

① 尚云丽，于洪波.教育中的后现代犬儒主义阐释：基于海德格尔"构境论"视角的解读 [J].教育学报，2014（2）：20.

术界的关注和反思，有关现代犬儒主义的大量的现实评述不胜枚举。

现代犬儒主义者视道德为儿戏，怀疑、嘲弄甚至否定实然抑或应然的道德规范。这都导致了个人内在价值感的崩溃，造成了人的精神贫困和病态。现代犬儒主义的大肆流行与滋生蔓延，使社会道德正陷入分崩离析的状态，从而使处于其中的人们产生了强烈的焦虑和痛苦感。这种现代犬儒主义先是渗透到社会政治、经济、文化各个层面，影响到社会各个角落，乃至波及教育这块最后的精神家园，使道德教育呈现出一种逾越道德规范的不正常现象，直接背离了道德教育应有的价值规范。现代犬儒主义对道德危害的日趋严重，迫使我们必须直面并深入思考这种现代犬儒主义现象。犬儒主义自产生之日起，其发展错综复杂，几千年来对社会的道德发展产生了十分深远的影响。我们需要对犬儒主义进行深入的研究，以应对犬儒主义带来的社会问题，从道德教育的现代犬儒主义问题中寻求突破，才能解决现今一些社会道德问题。

从德性的角度解决社会道德问题还是从外部规范的角度协调社会道德？由此引发的争论不断，这一直是道德研究的焦点问题。从古至今，德性伦理与规范伦理一直是道德研究的最初分水岭，引领着道德哲学的不同方向。道德教育也同样面临着德性伦理与规范伦理的选择问题。因为规范伦理主要是从外在的制度层面上对人的外在行为加以限制，而对人内在的精神领域、价值领域的道德动机却难以涉足，难以起到从人内心促进道德教化的作用。而今，现有的道德问题更多地体现了人的基本德性逐渐丧失。现代犬儒主义背离了古典犬儒主义道德哲学的德性伦理，消解了价值的普遍性，直接背离了道德的价值规范，这些问题更多地体现了道德哲学上的德性伦理缺陷。规范伦理本身对人内在规范约束无力的缺陷是无法改变的，现今的社会问题引发了对规范伦理反思和德性伦理回归的渴望。

从德性伦理的角度审视现代犬儒主义德性与现今道德现象，准确细致地把握犬儒主义的内涵，对其产生、起因、演变及特征等予以系统梳理和分析，进而拓展犬儒主义与道德教育的研究领域。从犬儒主义德性的成因、嬗变、批判以及道德教育重建的角度，考察犬儒主义的演变及其对道德教育的影响，可以突破以往人们对犬儒主义认识的空洞化和抽象化的局限，生动地展现犬儒主义的衍生脉络，全面揭示其多样性、复杂性，进而理清对犬儒主义予以德性批判与道德教育重构之间的内在逻辑，以期从理论和实践层面深化对现代犬儒主义的德性批判与道德教育研究，丰富犬儒主义与道德教育研究的理论成果，这将有助于我们积极探讨如何解决现今道德教育的问题，也可以为我们改变现今道德现状提供一些方案。

犬儒主义最早出现于古希腊时期，当时社会上哲学派别林立，犬儒学派就是当时的一种哲学派别，它属于小苏格拉底学派，犬儒学派倡导的思想便是犬儒主义。但是，犬儒学派的著作多数已在漫长的岁月中流失，现在能找到的多是后来的思想家对犬儒主义零散的介绍。对于犬儒主义的叙述与研究，西方直到近代才开始重视。对于犬儒主义现象的研究，大多数以西方国家为背景进行。国内外的研究均对犬儒主义的发展分期、表现、内容、成因探讨等有一定评述。古典犬儒主义研究的中文文献资料较少，在相关研究中几乎都是把犬儒主义描述为小苏格拉底学派之一，不作具体论述。关于现代犬儒主义的研究，国内研究成果整体来说比较少，其理论研究成果大多集中在对犬儒主义思想的探讨、解析、批判等方面，也有少量有关犬儒主义的实证研究，其实证研究较多集中在对组织犬儒主义的心理学研究方面。国内外现阶段犬儒主义的研究依然零碎、分散，缺乏全面、系统的研究。

（一）犬儒主义的相关研究

1. 犬儒主义的定义与思想研究

（1）犬儒主义的定义

汉语中原来并没有"犬儒主义"这个词，犬儒主义是我国学者对西方词汇Cynicism的汉译。在英语中，Cynicism通常的含义为讥讽、冷笑（癖）、玩世不恭、愤世嫉俗、怀疑、悲观、讥诮话、挖苦话，等等。不同研究领域的学者从各自研究视角出发，提出了种种不尽相同的定义。综合各种定义，大体上可以分为四类。

第一种，认为犬儒主义是一个哲学流派，即犬儒学派，其哲学思想与苏格拉底的哲学思想有着不可割断的亲缘关系。犬儒主义作为一个哲学流派，主要指公元前 4 世纪兴起的古希腊古罗马时期的犬儒主义。如有的学者分析的那样，犬儒主义学派作为古希腊四大学派之一，活跃于公元前 4 世纪至公元 6 世纪。当时信奉这一主义的哲学家最主要的特点就是放浪形迹、目中无人、行为洒脱，同时忠诚可靠、身上富有战斗精神。他们的行为如同狗一样，被称作"像狗一样的人"——犬儒，因此这一学派叫作犬儒学派。①

第二种，认为犬儒主义是一种哲学思想。公元前 4 世纪左右兴起的古希腊的犬儒主义者提倡抛却物欲的生活，追求有高尚德行的人生。在古罗马中期，社会动荡不安，社会道德沦落，这时的犬儒主义者则不再提倡自我的道德修为，不再恪守苦行僧式的修炼，转向玩世不恭地讥讽社会传统，反叛主流生活方式。在古罗马后期，犬儒主义越来越背离原有的道德操守，不再追寻高尚的道德情操，逐渐融入世俗的大众生活之中。只是其中的一些思想和生活方式偶尔出现在一定时期的一些人中，比如：基督教的戒律、清教徒的生活方式，等等。现代犬儒主义不再指代某种哲学流派，而是指一种非道德的思想。如坎特（Kanter）和米尔维斯（Mirvis）将犬儒主义等同于幻灭，"犬儒主义是一种哲学形式，在这其中，生活方式与诚言这二者径直地、直接地互相交织在一起"②。第欧根尼·拉尔修在其《名哲言行录》中论述犬儒学派的专门章节末尾说道，"如果我们认定犬儒主义确实是一种哲学，而不像某些人所认为的，只是一种生活方式"③。许苏民认为：今日之所谓犬儒主义，并不完全是作为古希腊伦理学的一个很小学派的犬儒主义。古希腊的犬儒主义者崇尚自然，提倡人应该过原始的简朴生活，后来的犬儒主义则完全抛弃了古希腊犬儒学派关于德行本身就是幸福的观点，融汇了为了达到目的可以不择手段，以及极端的利己主义等恶劣因素，摒弃了一切道德心和羞耻心，从而成为一种彻底的非道德主义的思潮。④

第三种，把犬儒主义看作一种生活方式。例如有学者认为，犬儒主义是"一种放浪形骸的生活态度和奇形怪状的生活方式，表现了希腊和雅典走向没落时

① 刘惠.中国当代大众文化中的犬儒主义倾向研究 [D]. 济南：山东师范大学，2011：4.

② [古罗马] 爱比克泰德.哲学谈话录 [M]. 吴欲波，等，译.北京：中国社会科学出版社，2004：15—16.

③ [古罗马] 第欧根尼·拉尔修.名哲言行录 [M]. 马永翔，等，译.长春：吉林人民出版社，2003：392.

④ 许苏民.论自由与责任：兼论反对价值相对主义和犬儒主义 [J].福建论坛，2001（1）：36—42.

期人们愤世嫉俗的反常的悖逆自然的生活意趣"①。

　　第四种，把犬儒主义归为个体人格的一部分，这种人格特征比较稳定。犬儒主义一般来说是对他人持排斥和贬抑的看法，这种看法很难被改变。诸如：《牛津词典》认为犬儒主义"对人类动机和行为的忠诚或好意表示不信任，习惯于用嘲笑和挖苦的方式表达其态度；是一类用挖苦的方式挑错误的人"②。史密斯（Smith）和波普（Pope）将个人对他人的"犬儒敌意"（cynical hostility）看作其人格的组成部分。③亚伯拉罕（Abraham）提出"犬儒主义的一种形式，它是一种反映为对人的行为总体性呈负面认知的内在稳定特质。其特征是玩世不恭的蔑视和人际联系的脆弱性，同时也是对这个充斥着不诚实、自私的外部世界的不信任感"④。"对他人没有信心，将他人看作是不诚实的，非社会的，不正常的，丑陋的人。"⑤贝尔福特（Barefoot）和道奇（Dodge）等人承认了库克（Cook）和梅德莱（Medley）研究的价值和结论，并且描述到，犬儒主义视他人为讨厌的、欺骗的和极度自私自利的，这种看法构成了个人负面的人格特质。⑥

　　（2）犬儒主义的思想研究

　　在研究视角上，以往研究更多地倾向于从宏观角度分析讨论犬儒主义的产生、发展和影响，对著名精英人物的思想进行研究。就国内学者而言，对于当前犬儒主义思想的研究寥寥无几，杨巨平研究了古希腊罗马时期犬儒主义的发展背景、发展缘由和发展变化及其各个时期的思想。美国的路易斯 E. 纳维亚

---

① 汪子嵩，范明生，陈村富，姚介厚. 希腊哲学史：第 1 卷 [M]. 北京：人民出版社，1997：566.

② James，W. D. J.，Pamela，B.，Ravi，D. *Organizational Cynicism*[J]. The Academy of Management Review，1998（23-2）：341—352.

③ 白艳莉. 组织犬儒主义：一个员工—组织关系分析的新框架 [J]. 兰州学刊，2011（3）：85.

④ Abraham，R. *Organizational cynicism: Bases and consequences*[J]. Genetic，Social，and General Psychology Monographs，2000（126-3）：269-292.

⑤ Cook，W. W.，& Medley，D. M. *Proposed hostility and pharisaic-virtue Scales for the MMPI*[J]. Journal of Applied Psychology，1954（38）：414-418.

⑥ Barefoot，J. C.，Dodge，K. A.，Peterson，B. L.，Dahlstrom，W. G.，& Williams，R. B. *The Gook and Medley hostility scale: Item content and ability to predict survival*[J]. Psychosomic Medicine，1989（51）：46-57.

（Luis E. Navia）著有《Classical Cynicism》一书，在此书中路易斯 E. 纳维亚详细介绍了古典犬儒主义的发展和思想，对古典犬儒主义的研究较为具体和全面。先行成果对于犬儒主义思想成因的探讨，大都止步于政治的视角、大众文化的视角、消费的视角和关注于犬儒主义的神学思想、自由思想、虚无主义思想、物质享乐思想，等等。

其一，犬儒主义社会政治思想。如杨巨平在《古希腊罗马犬儒现象研究》一书中，提出犬儒主义对现实的政治法律制度持否定批判的观点，犬儒派对现实政治法律制度的态度可以归纳为两点：一是对其持否定批判态度，认为必须对其进行改造或代之以新的政治形式。这种观点以第欧根尼为代表，反映了犬儒派对现实政治的基本态度，是其主流政治思想。二是在对现行政治不满的同时，在适当的时候，以适当的方式亲身参与政治。[①]

其二，犬儒主义宗教思想。古典犬儒主义对社会中的宗教持反对态度，对现世认可的神持反对态度，提倡新神主导，只承认一个神的主导，反对多神论。如有学者认为，从整体上看，犬儒主义对社会上流行的宗教信仰、宗教仪式、宗教活动均持批判态度，甚至他们对诸神的存在也产生了怀疑。然而，他们在反对现实宗教的同时，却在建构着一种新的宗教；他们在否认希腊、罗马多神教的同时，却在树立着自己的"神教"形象。[②] 现代犬儒主义者不相信宗教，他们对一切理论都持怀疑态度，信奉价值虚无主义。

其三，犬儒主义社会价值观。希腊罗马时期的犬儒主义鄙视金钱、甘于清贫；反知识、反教育；主张男女平等；在社会生活中实践苦行，以苦为乐；主张遵循自然规律，看透生死。第欧根尼的反知识态度与他的反物质态度相一致，都是对现实社会的否定。在他看来，知识、学问、研究，如果没有大的实用价值，不仅无用，而且有害。[③] 犬儒派既是苦行主义者，又是乐生主义者。犬儒主义抵制世俗欲望的满足，他们崇尚有道德的生活。犬儒者对生命不依恋、对死亡

① 杨巨平. 古希腊罗马犬儒现象研究 [M]. 北京：人民出版社，2002：86.
② 杨巨平. 古希腊罗马犬儒现象研究 [M]. 北京：人民出版社，2002：103.
③ 杨巨平. 古希腊罗马犬儒现象研究 [M]. 北京：人民出版社，2002：118.

不恐惧、对死者不遗憾，主张生死顺其自然，坦然接受每一天的到来与结束。

其四，犬儒主义的人生理想。古典犬儒主义提倡自然、自由、自足地生存，其对社会有强烈的使命感。赵灿认为，在犬儒主义那里，唯一的法律就是自然、本性，唯有符合自然、本性的生活才是"正直的生活"。因此，犬儒主义拒绝婚姻，排斥家庭，认为这都是礼法的产物。第欧根尼甚至主张妻子和孩子都应共有。在犬儒主义看来，唯一的、真正的国家就是宇宙本身，法律不应该像现在一样只局限于某个城邦，所以没有任何事情是绝对禁止的。[①]汪子嵩、范明生等人认为，"犬儒这个名字象征一种道德上的警觉性，老是猎犬似的吠叫提醒人们节制禁欲，同时也表明这派人物宣扬和践行一种最简单粗鄙的生活方式，像狗一样。这一学派将苏格拉底作为人生最高目的的善解释为顺应自然，将个人欲望抑制到最低限度，摈绝一切感性的快乐与享受"[②]。

2. 犬儒主义的发展分期与代表人物

关于犬儒主义的发展分期，主要有"两分法""三分法"和"四分法"。两分法把犬儒主义分为早期犬儒主义与晚期犬儒主义。比如黑格尔就把犬儒主义划分为两个阶段。[③]三分法一般把犬儒主义的早期建立阶段单列出来，然后再把古希腊时期的犬儒主义和古罗马时期的犬儒主义区分开来。比如策勒尔就把犬儒主义划分成三个时期。[④]而四分法则划分得比较细致，杨巨平就把犬儒主义分为四个阶段。美国学者路易斯 E. 纳维亚（Luis E. Navia）在其《古典犬儒主义》中分为四个部分介绍了古典犬儒主义，分别为安提司泰尼、第欧根尼、克拉底以及希腊化时期和罗马时期的犬儒主义。

韦廉臣记述了犬儒学派两个代表人物言行的概貌。他对第欧根尼等的生平、思想观点、家庭出身、人生经历、怪异的生活、奇闻逸事等情况进行了介绍，还介绍了当时社会上对第欧根尼言行的反应。其文中对安提斯泰尼也作了简要

---

① 赵灿."诚言"与"关心自己"：福柯的古代哲学解释研究 [D]. 上海：复旦大学，2010：96.

② 汪子嵩，范明生，陈村富，姚介厚. 希腊哲学史：第 1 卷 [M]. 北京：人民出版社，1997：565—566.

③ [德]黑格尔. 哲学史讲演录：第 2 卷 [M]. 贺麟，王太庆，译. 北京：商务印书馆，1981：142—150.

④ [德] E. 策勒尔. 古希腊哲学史纲 [M]. 翁绍军，译. 济南：山东人民出版社，1992：224—229.

描述，他认为安提斯泰尼"苦练身体，淡泊衣食，坚受困苦，乃至大之德行"①。郭嵩焘在巴黎日记中介绍了第欧根尼独特的生活方式，"第欧根尼隐居一岩穴中，敝衣草履，负暄以为温"，也记述了他会见亚历山大和白昼提灯寻好人的逸事。② 杨巨平的《古希腊罗马犬儒现象研究》一书是介绍犬儒主义学派代表人物比较全面的一本，介绍了安提斯泰尼、第欧根尼、克拉底、美尼普斯、彼瓮等诸多人物，从思想观、社会价值观、学说、行为等方面对他们做了较为系统的评述。

3. 犬儒主义研究范围及研究方法

关于犬儒主义的研究，西方有关犬儒主义的理论研究与实证研究均较多，其实证研究多是探讨犬儒主义在环境中的表现，而一些理论研究多是与同时代的社会现实结合紧密。如《犬儒主义与现代性》（提摩太·贝维斯，2008）、《理性地捍卫科学：在科学主义与犬儒主义之间》（哈克，2008）等，这些作品多是从政治的角度研究犬儒主义。在我国，相关研究以理论研究居多，大多出现在文化、文学与影视评论和组织犬儒主义的研究中，同时现代教育中也有少量的犬儒主义研究。如《古希腊罗马犬儒现象研究》（杨巨平，2002）、《告别犬儒：香港自由主义的危机》（许宝强，2009）、《告别犬儒续编》（许宝强，2012）等，对犬儒主义思想及其在现实中的表现加以评述。此外还有很多文化、文学与影视的评论方面的研究。如：《〈Q版语文〉流行原因初探》（邱鹏，2011）、《"大话文化"与文学经典的命运》（陶东风，2005）、《〈更多的人死于伤心〉中犬儒主义的戏仿解读》（段良亮、单小明，2011）、《〈可以吃的女人〉与现代犬儒主义》（严启刚、潘守文，2005）、《不仅仅是犬儒主义：对昆德拉的再解读》（殷素珍，2009）、《穿越犬儒主义黑暗的尊严之光：评毕飞宇的小说〈推拿〉》（李斌，2009）、《从补天神话看儒家终极追求的悖论意义》（付丽，2000）以及《反类型战争片中的犬儒主义倾向：电影〈欢

---

① 韦廉臣. 续希利尼贤哲记略 [A]. 清末民初报刊丛编之四（万国公报）[M]. 台北：台湾华文书局影印本，1977：4035—4036.

② 郭嵩焘. 伦敦巴黎日记 [M]. 长沙：岳麓书社，1984：373—374.

迎来到东莫村〉评析》（杜眺雯，2012），等等。研究方法上主要采用了文献研究法、历史研究法、比较研究法、实证研究法等。比较研究中主要是与中国的庄子学说进行比较。比如，杨巨平对比了犬儒学派和中国传统学派的思想，他把犬儒学派和庄子学派的思想进行了比较研究，分析出犬儒学派和庄子学派的思想的异同。周作人也有类似比较，他认为"犬儒学派认为不论是什么英雄美人，他们一律以枯骨看待，这有似庄子的一种说法"[①]。刘惠也在她的博士论文中比较了古典犬儒主义和老庄思想的内涵。她认为："犬儒主义的精神内涵与中国春秋战国时期老庄思想的精神有着相似的地方。二者所处的都是人类文明的鼎盛期，同时也是社会的转型期，在思想本质上有着惊人的相似之处。他们强调的都是自然人生，都是对理想社会与人生的追求。二者都是通过特殊的行为方式来否定对物质的享受，但这些追求只停留在思想层面。"[②]

4. 犬儒主义的影响

古典犬儒主义者提倡简约的生活，追求高尚的道德品质，他们对现世进行批判，对社会有较强的责任感，他们语言和行为较为极端等等这些特征影响了当代以及现代很多人，使人们反思自身与社会道德问题。对现代犬儒主义的影响研究，国内外观点比较统一，认为现代犬儒主义道德负面影响很大。诸如：现代犬儒主义会产生非理性的判断；现代犬儒主义会致使社会道德败坏；现代犬儒主义会使人身心俱损等等。实证研究已经证实，高度的员工犬儒主义会增加情绪耗竭[③]，对角色内和角色外行为产生负面影响[④]。坎特（Kanter）和米尔维斯（Mirvis）指出，犬儒主义者感到失望、消极、挫折[⑤]，个体的犬儒主义特

---

① ［古希腊］卢奇安. 卢奇安对话集［M］. 周作人，译. 北京：人民文学出版社，1991：129.

② 刘惠. 中国当代大众文化中的犬儒主义倾向研究［D］. 济南：山东师范大学，2011：9.

③ Jonathan L. J. & Anne M. O. *The Effects of Psychological Contract Breach and Organizational Cynicism: Not All Social Exchange Violations Are Created Equal*[J]. Journal of Organizational Behavior，2003（24-5）：627—647.

④ Andersson L. M. *Employee Cynicism: An Examination Using a Contract Violation Framework*[J]. Human Relations，1996（49-11）：1395—1418.

⑤ Abraham R. *Organizational Cynicism: Bases and consequences*[J]. Genetic, Social, and General Psychology Monographs，2000（126-3）：269—292.

征会推动道德脱离。现代犬儒主义就是对社会的一种不信任感，所以高犬儒主义的人对别人信任感很低。他们更倾向于怀疑别人各种行动的动机以及承担责任的决心。高犬儒主义的个体，其信任感更低，更容易觉得别人缺乏诚实和可靠性，普遍认为人生来自私、不负责任。因此，当一些不良事件发生后，他们更可能去责备那些受害对象，而不是去谴责那些施暴者，觉得受害者受到伤害的后果是理所应当的，这样的结果会让他们更容易产生道德脱离现象。①

综上所述，国内更多的是研究犬儒主义思想及在文学评论中的相关零散特征表现。关于犬儒主义研究的中文文献资料十分匮乏。国外关于犬儒主义的实证研究较多，多是研究犬儒主义在环境中的表现。对犬儒主义研究的侧重点或者说切入点，更多的是研究犬儒主义思想及在文学评论中的相关零散特征表现。以往研究较少涉及其具体的道德哲学的实质分析，较少分析犬儒主义的生成过程、对社会及其对道德教育的实际影响。

以往的研究多为对犬儒主义的思想的一部分进行分析，缺乏对犬儒主义思想整体、全面和深入的分析和研究，在一定程度上存在简单化、抽象化的现象，仅对现象作以肤浅的研究，导致对犬儒主义理解的泛化和空洞化。作为小苏格拉底学派之一的犬儒主义学派，它与其他小苏格拉底学派的比较，是研究犬儒主义的很重要的方面，但没有相关的比较研究，实属缺憾。对犬儒主义系统深入的研究几乎没有，更没有深入全面探讨犬儒主义道德哲学与道德教育关系的研究。以往的研究把犬儒主义等同于道德相对主义，将道德虚无主义与犬儒作风相混同，既不能全面反映犬儒主义道德哲学的本质内涵，也不能完整地认识犬儒主义道德哲学与社会道德以及道德教育之间的关联。

（二）现代犬儒主义影响下道德教育的相关研究

国内外对犬儒主义影响下的道德教育的表现、内容、成因探讨有零散的评述，而对犬儒主义的道德教育研究均比较少，更没有较为系统的研究。犬儒主义影响下的道德教育大致涉及以下内容：研究认为，公元前 4 世纪最初兴起的

---

① 韦慧民，潘清泉. 组织内非道德行为探析 [J]. 人民论坛，2011（34）：109.

古希腊的犬儒主义者，主张极为节俭和简单的生活，追求高尚的品德修养，崇尚自由，摒弃感官的享乐，他们藐视政治权威，有着一种很强的道德绝对主义或者洁癖主义倾向，并以自身的清贫的生活，教育人们追求高尚德行便可以保证自身幸福。如龙成认为早期的犬儒主义十分强调德性，并且有一种很强的教育使命感。鄢烈山认为古典犬儒主义的生活极尽简朴，古典犬儒主义放弃了对外在欲望的追求，以此希望达到对道德的生活的追求。在公元前 3 世纪罗马社会道德堕落期间，犬儒主义逐渐放弃了对德性的坚守。杨巨平、路易斯 E. 纳维亚（Luis E. Navia）等人认为这时的犬儒主义已发生了巨大的变化。后来的犬儒主义甚至融汇了不择手段达到目的以及极端的利己主义等恶劣因素，摒弃了一切道德心和羞耻心，从而成为一种彻底的非道德主义的教育思想。其主要特征是情感麻木、冷漠，崇尚个人主义等等。提摩太·贝维斯认为，现代犬儒主义不相信一切现有的价值，从而滑入了虚无主义的深渊。其主要特征是情感麻木、冷漠、冷酷无情，缺乏同情心。陶东风《大话文学·犬儒主义》一文，从大话文学着手，得出其实质为现代犬儒主义德性的结论。赵灿认为现代犬儒主义基本上已经成为蔑视普遍价值，颠覆传统习俗，取消绝对真理的代名词。[①]在教育中，有一些关于教育与犬儒主义的少量研究。研究内容如下：任玲认为教育要摆脱犬儒主义，阻止教育异化。李镇西认为教育要追寻失却的教育理想，在价值多元的年代应对现代犬儒主义教育危机。房玲波认为大学生出现了以信仰危机为代表的现代犬儒主义，提出以审美的教育来解决大学生中的现代犬儒主义问题。

综上所述，以往研究较少涉及具体的犬儒主义影响下的道德教育实质生成分析和对道德教育的实际影响分析。对犬儒主义影响下的道德教育研究，大多零星散见于对犬儒主义的思想与行为在环境中的相关零散特征表现的研究。国外学者主要是从传媒课程的教学、校园管理、教师与学生发展的角度对犬儒主义进行研究，国内对犬儒主义研究的侧重点或者说切入点，更多的是研究犬儒主义思想及在文学评论中的相关零散特征表现。在现代教育中有少量的犬儒主

---

① 赵灿．"诚言"与"关心自己"：福柯的古代哲学解释研究 [D]．上海：复旦大学，2010：96.

义研究，以往研究较少涉及其具体的道德哲学实质分析。国内外的研究方法上主要采用了文献研究法、历史研究法、比较研究法、实证研究法等。

犬儒主义的道德教育演变是犬儒学派的重要历史变迁，但对犬儒主义的道德教育系统的深入研究几乎没有，对犬儒主义的道德教育成因分析较少，缺乏说服力。系统的犬儒主义道德教育的研究学术价值颇丰。值得一提的是，对犬儒主义的道德教育的演变及成因的全面、系统的研究较少，对犬儒主义的道德教育存在一定误解，不能完整地认识犬儒主义道德哲学与道德教育之间的关系。

因此，从犬儒主义的德性与道德教育的角度考察犬儒主义的演变及其对道德教育的影响，全面揭示犬儒主义与社会联系的多样性、复杂性，以及犬儒主义的道德哲学批判与道德教育之间的内在逻辑与重要性，进一步从理论、政策和实践层面深化犬儒主义的道德哲学批判与道德教育重构研究，可以丰富犬儒主义的德性与道德教育研究的理论成果。犬儒主义对道德教育影响深刻，没有深入系统探讨犬儒主义影响下的道德教育问题的研究，实属缺憾。

犬儒主义的德性思想演变是犬儒学派的重要历史变迁，犬儒主义的德性思想演变对道德教育影响深刻，运用存在哲学、人性论、德性伦理等理论，以独特的视角分析现代犬儒主义对道德教育的影响，揭示其原因，有利于实现道德教育对现代犬儒主义的超越。

二、犬儒主义的产生

（一）犬儒主义的渊源

现代犬儒主义是古希腊犬儒主义发展到现代的结果，想要全面地理解现代犬儒主义，还必须从了解整个犬儒主义的发展历程开始。"犬儒"是个外来词，其英文为 cynic，cynic 被翻译为如下诸多含义：愤世嫉俗者、认为人皆自私的人；悲观者、怀疑者、犬儒学派的；犬儒主义者、玩世不恭者、愤世嫉俗的人。犬儒主义的希腊语是 κυνισμός，其英文为 cynicism，被译为玩世不恭、讥诮（癖）、冷笑（癖）、愤世嫉俗、（古希腊的）犬儒哲学。

公元前 4 世纪，小苏格拉底学派在古希腊活跃起来。小苏格拉底学派包括三个分支（犬儒学派、麦加拉学派、昔列尼学派）。这个学派在古希腊和罗马时期颇具影响力，对当时的社会产生了很大的影响。该学派的代表人物有安提斯泰尼、第欧根尼、莫尼摩、俄涅西克里图、克拉底、美特洛克勒、希帕基亚、麦尼普斯、美涅得谟、美南德尔、赫格西亚等。[①] 其创始人是苏格拉底的学生安提斯泰尼。犬儒主义在古希腊城邦内有很高的知名度，在当时曾被认为是一个独特的哲学流派，被人们誉为犬儒学派（the Cynic School）。

为什么这个哲学流派被称为犬儒学派？对此，学界有不同的解释：其一，有人认为其是由希腊词"狗"（σκύλος）转化而来，犬儒学派常活动于雅典的居诺萨格（Kunosarges）小镇，而 Kuno 在希腊语中有"狗"的含义。其二，也有人认为该学派代表人物曾经常在"快犬"（Cynosarges）这样一个运动场内倡导犬儒主义思想，与他人交流和辩论。全增嘏认为，"由于这一学派的创始人安提斯泰尼住在一个当时被称为'犬健身房'的地方，所以这一学派被冠之以'犬儒'之名"[②]。杨巨平认为，"'快犬'（Cynosarges）就为这些人提供了一个聚集之地，供他们锻炼身体，崇拜神灵。安提斯泰尼本人就是这样一位地地道道的 bastand，因他的母亲是特雷斯人，他经常光临此地，且在此授徒讲学，还是可能的。"犬儒"一词来自 Cynosarges 作为一说是可以成立的"[③]。不管是安提斯泰尼常住在此，还是经常光顾于此，"犬儒"一词看来是与 Cynosarges 有一定的联系。其三，从犬儒学派的生活方式和作风来看，该学派生活苟简，如狗一样风餐露宿。犬儒者摒弃礼仪规范，无论何种场合，旁若无人，当众便溺和交合。他对待非道德言行机敏敢斗、嘲笑讥讽（安提司泰尼因此被称为"纯种猎狗"）。犬儒者不介意别人称他为犬，反而自称为犬，犬儒学派的代表人物第欧根尼就曾直言："我是第欧根尼，那条狗。"[④] 基于这些特点，人们把这个学派称为犬儒主义。无论是何种看法，"犬儒主义"这一名词被公众

① 杨巨平. 古希腊罗马犬儒现象研究 [M]. 北京：人民出版社，2002：9—17.

② 全增嘏. 西方哲学史：上册 [M]. 上海：上海人民出版社，1983：164.

③ 杨巨平. 古希腊罗马犬儒现象研究 [M]. 北京：人民出版社，2002：3—4.

④ [古罗马] 第欧根尼·拉尔修. 名哲言行录 [M]. 徐开来，溥林，译. 桂林：广西师范大学出版社，2010：270.

认可下来，直到今天仍然未被人们遗忘。

（二）犬儒主义产生的背景

公元前 8 世纪，希腊开始实行城邦民主制度，在城邦中，公民掌握城邦的公共事务，每个公民均有平等参与决策事务的权利，公民作为城邦的主人，掌握着城邦和自己的发展。在雅典，希波战争胜利后，雅典的实力迅速膨胀，成为希腊的中心，雅典人对城邦民主制度颇为骄傲、充满信心。城邦民主制度的包容、自由、公正与民主使雅典公民可以公开表达自己的观点，使公民个性充分发展。在稳定、和平时期的雅典人，在良序道德秩序的延续发展中，多数人都维护着普遍的道德标准，按道德的原则生活。

公元前 431 年至公元前 404 年，雅典人与斯巴达人为了各自获取更大的利益爆发了暴力冲突，战争的双方都是非正义的，战争使交战双方面临巨大灾难，这就是所谓的伯罗奔尼撒战争。雅典在伯罗奔尼撒战争惨败，千疮百孔，元气大伤。战争中，大量农民的土地遭殃，农作物被破坏，城市中，工商业凋敝，权贵和投机者利用战争聚敛财富。修昔底德指出，伯罗奔尼撒战争对社会经济的破坏严重，使人类遭受巨大的灾难，"雅典生活中一切基础都被毁坏；雅典的乡镇土地为斯巴达人所烧，需长年才能成长的橄榄树被焚毁……国库已罄，私人财产亦为苛税压榨殆尽；公民三去其二"①。战争的第二年，雅典战争失利，雅典同时遭受瘟疫，雅典人民处于痛苦的生活之中。

而战争期间雅典权力斗争加剧，历经多次制度变革，政体任意更迭，政治主张飘摇不定，缺乏明智的领导，例如，当时成立的"三十人委员会"是一个暴力的罪恶寡头政权，它的统治使希腊陷入更加不见天日的黑暗之中。"三十人委员会"垮台后，雅典恢复了民主政权。可是这个民主政权也是荒唐无序，善恶不分的，比如这个民主政权处死了无罪的苏格拉底。当时的各个政权成为少数人争权牟利的工具，残酷的权力斗争用阴谋、陷害、报复排除异己，不受正义、理性约束，原有的公正的法律、道德、制度等都丧失了规范力。

---

① [古希腊]修昔底德.伯罗奔尼撒战争史 [M].谢德风，译.北京：商务印书馆，1997：226.

　　公元前 4 世纪，喀罗尼亚战争后马其顿国王统治了雅典，雅典虽然实行城邦自治，但公民成为臣民已是不争的事实。人们感到无法掌控自己的命运，不能享有往昔的政治和经济的安全保证。由民主到专政的失落让人们感到了巨大的心理落差。希腊人失去了国家，也失去了政治权力，其繁荣的文化也随之分流，社会普遍道德滑坡，美德不再是社会的规范。比如普鲁塔克指出，"公民的普遍道德亦一步步滑下深渊，恃强凌弱成为勇敢的象征，像色诺芬这样师从苏格拉底的哲学家都卷入了以利益为目的的雇佣兵战争"[①]。由此可见，当时人的理性被战乱掏空，放纵、违礼、违法成了生活的正常状态。

　　就在雅典社会产生巨大变迁的时候，雅典社会的繁盛与衰亡、生活的动荡让那些饱受苦难的哲学家陷入对人生的思考。社会大变革的时代正是思想迸发的时代，哲人们在社会的变化中重新建构自己的哲学思想用以理解巨变的人生。这时，苏格拉底学派的思想产生分化，出现了一些小苏格拉底学派，比如麦加拉学派、昔列尼学派、犬儒学派，每个学派都对人生和社会进行自己的反思，在前期思想的基础上来解释社会体系的变革，进而重建出人们的生活哲学和人生哲学，并以之应对惨淡的人生。蒙受大起大落与生活诘难的犬儒们，见证了社会的道德沦陷，他们看到政治制度的变革没能挽救城邦民主制度的辉煌，也没使社会走上德性正义之路，只是导致权力的争夺和政体无休止的更替。犬儒们认为依靠自身心灵自由、自然地生活，不依靠外物才能成就人生的幸福。有学者认为当时的犬儒学派，"寄希望在现实社会价值体系崩溃的局面之下，通过对人本性深处的挖掘，寻找人性能够享有的新的自由观和伦理观，进而重新构建出人们所追求的善、美德、幸福这些概念的价值体系，并以之处理人与客观存在之间的关系"[②]。

　　希腊城邦民主制度统治下的宽容的社会氛围，留给人们以自由思考和自己解决问题的传统。没有专制的权威意见，不同意见可以相互平等地讨论、反抗与不服从，这就形成了社会对多样性与个性的包容。这种社会氛围形成了一种

---

① [古希腊]普鲁塔克.希腊罗马名人传[M].陆永庭，吴彭鹏，译.北京：商务印书馆，1990：106.
② 胡晨."自由的狗"：希腊犬儒主义自由哲学研究[D].南昌：南昌大学，2012：7.

对个性发展极为包容的思想氛围。这种包容的思想氛围给犬儒个性思想的发展提供了丰厚的土壤，促使人能够脱离共性，没有后顾之忧地发展个性。城邦民主制度的名存实亡，社会的腐败与不公、社会道德的沦落，使犬儒们更加怀念社会民主、公正的传统思想，刺激了犬儒们极端的个人主义思想，"这些犬儒主义者，将自由和独立定为他们的天职；在他们看来，自由就是通过消极的方式获得的，犬儒的实质就是要摒弃一切"①。犬儒们当时放弃世俗的一切，过着无比清贫的生活，并且用自己的过激言行来捍卫民主与公正，反对专断统治。

在此后的发展过程中，希腊不断地积聚着来自各方的社会文化思想。从上古时期的神话传说到上古后的哲人思想以及所传导的一些价值观念、生活思想，他们伴随着文化的世代相传，一些文化思想被传继下来，比如神话人物赫拉克勒斯、普罗米修斯等，他们善智善勇、除暴安良、敢于对抗权威势力、坚忍勇敢、对美好卓越的德性（arete）的追求，以及对英雄人生意义的诠释等等，人们对此精神的褒奖无疑会影响世人的价值观。②赫拉克利特、德谟克利特等一些朴素的唯物主义哲学家对后世的影响巨大，比如他们对自然的崇尚、对社会习俗的反叛、认为美好精神生活比个人欲望生活更幸福。其诚实、关爱他人等思想，也成为希腊的思想传递下来。上述传统都可以从犬儒主义思想中找到端倪，希腊时期智者学派以兜售智慧知识向世人传播文化思想，他们以语言为利器，善于雄辩，他们看到了社会政治、权力倾轧形成的黑暗的社会状态及其带来的社会不公，希望建立新的秩序，他们的思想被其子弟广为传播。苏格拉底和柏拉图是当时古希腊享有盛名的哲学家，犬儒派的创始人安提斯泰尼就是苏格拉底的学生，在苏格拉底死前一直跟随着苏格拉底学习。苏格拉底关注人的价值与尊严，要人们关注自己，一改希腊传统哲学不关心自身的人生之风。他关心人如何获得真正的幸福，关注个体社会生活中的诸多关系。苏格拉底处事严谨自控，他直言正行、生活简朴、轻视钱财，言辞雄辩、无偿传授自己的知识，他对待权势刚正不阿、大义凛然。苏格拉底无辜受死之后，社会弊端更是昭然若

---

① [德] 黑格尔. 哲学史演讲录: 第 3 卷 [M]. 贺麟, 王太庆, 译. 北京: 商务印书馆, 2004: 146.

② 杨巨平. 古希腊罗马犬儒现象研究 [M]. 北京: 人民出版社, 2002: 40—43.

揭，引发了有识之士对社会的思考。柏拉图隐秘传授他师父苏格拉底对社会人生的思考，犬儒主义的创始人安提斯泰尼更是深受苏格拉底的观念影响，像发了疯的苏格拉底过着自我苦修的生活，正是他，创立了犬儒主义学派。我们在犬儒主义的诸多特点中都能找到以上这些思想的影子，诸如，古希腊神话中善于诡辩的神仙、智者派唇枪舌剑辩论的高超技艺、苏格拉底的反讽话语等和犬儒主义的冷嘲热讽很是相似；犬儒主义倡导的自然主义的节制生活；犬儒主义浓厚的"怀疑主义"、反对现有秩序、我行我素等思想，这些思想和赫拉克利特、德谟克利特、苏格拉底、柏拉图的一些观点颇有一致之处。

三、犬儒主义的流衍

犬儒主义的发展变迁，大致经历了创立期（公元前 4 世纪到公元前 3 世纪初）、转型初期（公元前 3 世纪中期到公元前 1 世纪）、转型后期（公元 1 至 5 世纪）、现代时期四个阶段。

（一）创立期

公元前 4 世纪在希腊的雅典出现了一群特立独行的哲学家，他们抛弃了富贵的生活，散尽钱财、居无定所。该时期的代表人物有安提司泰尼、第欧根尼、克拉底、希帕其娅、梅特罗克勒斯、莫尼姆斯等。"所谓犬儒主义，是古希腊的一个学派，提倡克己节欲，回归自然，蔑视物质享乐，身穿破烂衣服，吃的是粗恶食物，手拿行乞拐之棍。"[①] 他们像乞丐那样不修边幅，甚至比乞丐还贫穷（只有随身的衣服、一根棍杖和一个袋子）。他们白天在公共场合游荡，与人辩论，晚上露宿街头或是神庙里，靠乞讨为生，言语犀利、行为原始（可以像狗一样当众裸露身体、排便、吃弃食等），他们摒弃世俗规范，无拘无束、粗俗傲慢、蔑视权威统治，思想尖锐深刻，关注人生和社会，对社会发生的一些不道德的人或事深恶痛绝，冷嘲热讽。他们的生活像狗一样自由，对自己关

---

① 刘绪源．"怪圈"与"传统犬儒主义"：拟答戚方、姚雪垠先生 [J]．文艺争鸣，1989（3）：73.

心的事件与他人"吠叫",他们宣扬苦行的生活方式,仅追求生活最低的必需的物质满足,追求精神的卓越和道德的完美,被当时的人称为犬儒学派。"这个名字象征一种道德上的警觉性,老是猎犬似的吠叫提醒人们节制禁欲,同时也表明这派人物宣扬和践行一种最简单粗鄙的生活方式,像狗一样。这一学派将苏格拉底作为人生最高目的的善解释为顺应自然,将个人欲望抑制到最低限度,摈绝一切感性的快乐与享受。"① 犬儒主义的得名,绝不是因为犬儒者人生方式的独特,而在于其内在的精神力量。他们"反对的是世俗的快乐,肉欲的满足,感官的刺激,追求的是精神的快乐,心灵的满足,生活得充实"②。该学派反对当时"文明"风俗,倡导自然的生活。他们放下私欲追寻精神卓越,用极端的生活方式来表现对社会的不满。犬儒者对社会的否定,体现着他们对幸福生活的理解,对国家、制度的应然追求,他们相信高尚的德行对幸福生活的重要性。

(二)转型初期

希腊化时期,犬儒主义保持着原来的生活传统,依然保持着颇为醒目的社会生活方式。犬儒者依然穿着破外套、拄着拐杖、背着破袋子,一边乞讨一边流浪,同时讥讽世俗的生活方式。他们依然对现实社会存在种种不满,对社会不公正讽刺、攻击,期望以此来唤醒世人、改变社会现实。

但是这时的犬儒已经不再具有早期犬儒者那样决绝的反叛态度、坚定的精神理想。犬儒中出现了一些妥协转型的犬儒,他们可以随时缩减自己的精神目标,与社会现实妥协,不再期望完全改善社会问题,只是试图在合适的时机改变一点现实的小问题。他们也具有伸缩性,可以放弃大的目标,从小的理想的实现入手,可以和唾弃的城邦政治合作。他们对生活也不再履行苟简的态度,也一改舍弃金钱权力的品质,开始收取金钱和委身政府。大多犬儒无法坚持犬儒的作风,不会一辈子做彻底的犬儒,只是在一定时间、某些方面可以称之为

---

① 汪子嵩,范明生,陈村富,姚介厚.希腊哲学史:第1卷[M].北京:人民出版社,1997:565—566.
② 杨巨平.古希腊罗马犬儒现象研究[M].北京:人民出版社,2002:126.

犬儒，有时甚至等同于世人。这时的犬儒褪去了理想的光辉，背负着原教旨犬儒主义的外表，实质上缺乏早期犬儒的思想支撑，表现出名实不符、言行不一、变化无常的特点。

（三）转型后期

这一时期的犬儒派不只是希腊人，还有外地人、罗马人等。罗马帝国地域分布较广，但是雅典还是犬儒们活动的中心。这一时期代表人物主要有以下几个人：马克西姆斯（原为君士坦丁堡基督教的主教）、萨鲁斯提乌斯（反对基督徒和基督教化的犬儒派）、德米特里等等，他们大都居住于罗马。这时犬儒的人数众多，达到了顶峰，其中的大多数犬儒是奴隶和佣工，他们处于社会的底层，生活比较艰辛，处境艰难。他们做犬儒的原因主要是期望改变现有的生活，有的甚至通过乞讨而获取更多的钱财。很多犬儒有其名而无其实，他们没有一定的知识和文化修养，不能形成早期犬儒的内在精神气质，理解不了犬儒的精神内涵，只是在模仿犬儒的外在生活方式，即便是有些有思想的犬儒，也有融入世俗生活的转向，在环境恶劣难以应对时，就去当犬儒，而有适当的时机，环境允许时就不做犬儒，成为与世人无异的人。这时的犬儒思想与其他社会思想产生融合，它受到伊壁鸠鲁流派的快乐幸福论或是柏拉图的学院派等思想影响，有的甚至与东方的犹太教、基督教有所接触，比如，它有着和基督教一样的思想：财产共有，提倡一神统治，提倡人与人的相互平等。犬儒主义还受到了东方思想的影响，比如有的犬儒就采取东方自焚的方式自杀，他们相信亡灵的存在，相信可以召唤亲属的亡灵等，他们有着东方神秘主义倾向，他们有的和印度裸体智者一样裸体，他们有时会向父母亡灵呼唤，这都使人感到他们的神秘主义特征。这一时期古典犬儒主义日益衰亡，犬儒主义独有的特征渐渐消退，建立起的精神内涵渐渐变得模糊，以至全无。犬儒们只是具有早期犬儒的表面特征，其思想却向相反的方向变化，丧失了独具魅力的道德力量。

公元5世纪，西罗马帝国灭亡，古希腊、罗马时代结束。古典犬儒主义随着希腊罗马古典时期的消亡，作为一个学派也消亡了，但是犬儒主义的思想却变化、流传了下去，影响了中世纪、近代甚至现代。中世纪的基督教会制度，近代的文艺复兴、无政府主义、先锋学派、现代主义等思潮，依然可以依稀看到犬儒主义的影子。

（四）现代时期

第二次世界大战以后，社会经济遭受重创，平民伤亡惨重，世界前途渺茫，人们悲观绝望。社会的灾难引发了人们对于自我感觉的进一步肯定，私有制的发展更促进了人的自私性的发展，促使人把个人的利益凌驾在群体的利益之上。随着科学技术的发展，社会进入由信息、技术、商品消费主导的社会。科技主义与理性主义的发展导致了新的思想的禁锢和压迫，科层化的控制压迫着人的自由，导致了人的异化，生态环境被严重破坏，人无力应对社会的压迫，陷入了痛苦和绝望。在此社会现实下，以往人们思考所依靠的历史的经验和理性地探讨人生意义，已不能再提供给人们信任的思考框架，人们认为人生和未来的意义是不真实的，人们开始质疑于一切现有的思想，在此种社会境况下，现代犬儒主义产生了。

四、现代犬儒主义之诠释

第二次世界大战后，犬儒主义又作为一种思想被人们热议，很多报纸、论文、书刊中频繁出现犬儒主义这个名词，但很多是小写的"cynicism"，这种小写的犬儒主义（cynicism）主要是指现代犬儒主义，它有着古典犬儒主义的特征，但思想上已成为一种相反的、非道德的含义。

（一）现代犬儒主义的概念

古希腊犬儒主义是大写的，即 Cynicism，而现代犬儒主义是小写的，即cynicism。虽然只是大小写的不同，但其含义截然不同。现代犬儒主义（cynicism）不再单指一个学派，而多指一种思想和以这种思想为指导的生活方式。在查阅文献时，笔者收集了相关概念，为了了解现代犬儒主义内涵，本文对诸多概念的关键词及语义进行分析。

表 1-1 现代犬儒主义概念及分析

概念	关键状态描述词
"犬儒主义者能够在他或她所鄙视为毫无意义或更糟的系统中继续工作，并且将不为改变这种系统而做任何事情！"[①]	麻木、顺从、不反抗、不作为
"cynic（犬儒主义者）不相信人，cynic 不会认真，cynic 只愿意证明一切真善美的虚无。最重要的一点，cynic 没有把人当人。"	不相信人、不会认真、真善美的虚无、没有把人当人
"把对现有秩序的不满转化为一种不拒绝的理解，一种不反抗的清醒和一种不认同的接受"[②]	对现有秩序的不满、不拒绝的理解、不认同的接受
"这些人的行为无拘无束，我行我素，无所顾忌，不知羞耻，无动于衷，粗俗无礼，虚荣自负，傲视一切，自我欣赏。"	无拘无束、我行我素、无所顾忌、不知羞耻、无动于衷、粗俗无礼、虚荣自负、傲视一切、自我欣赏
现代犬儒主义者抛弃了古希腊犬儒主义者的斯多亚精神和道德理想，片面地将愤世嫉俗和玩世不恭发展到极端。[③]	愤世嫉俗、玩世不恭、抛弃了道德理想
"今日之所谓犬儒主义，并不完全是作为古希腊伦理学的一个很小学派的犬儒主义。古希腊的犬儒主义者崇尚自然，提倡人应该过原始的简朴生活，后来的犬儒主义则完全抛弃了古希腊犬儒学派关于'德行本身就是幸福'的观点……融汇了'为了达到目的可以不择手段'以及极端的利己主义等恶劣因素，摒弃了一切道德心和羞耻心，成为一种彻底的非道德主义的思潮。"[④]	极端的利己主义、不择手段、非道德、无道德心、羞耻心

---

① 陈振波. 中国文化的现代转型时期的知识分子角色 [J]. 文学界（理论版），2011（4）：279.

② 徐贲. 当今中国大众社会的犬儒主义 [J]. 二十一世纪，2001（65）：82—88.

③ 严启刚，潘守文.《可以吃的女人》与现代犬儒主义 [J]. 四川外语学院学报，2005（6）：45.

④ 许苏民. 论自由与责任：兼论反对价值相对主义和犬儒主义 [J]. 福建论坛，2001（1）：36—42.

续表

概念	关键状态描述词
"说一套做一套成了当今中国犬儒文化的基本特点。它成为社会普遍的欺诈、虚伪和腐败行为不成文的规范。"①	说一套做一套
"可以说，现代犬儒主义的重要表现就是丢弃自己的尊严感。他们圆滑世故，不分善恶却并非不知善恶，不积极抗争只消极嘲讽，失望然后放弃希望，嘲讽希望，头脑发达却良心萎缩。尊严感与犬儒主义的处世态度是水火不容的，拥有尊严感者不会表现出犬儒主义的处世哲学，犬儒主义者是已经在内心深处放逐了尊严感的人。"②	圆滑世故、丢弃尊严、不分善恶、并非不知善恶、不积极抗争、消极嘲讽、失望、放弃希望、嘲讽希望、头脑发达、良心萎缩。
"犬儒主义"基本上已经成为蔑视普遍价值，颠覆传统习俗，取消绝对真理的代名词。③	蔑视普遍价值、颠覆传统习俗、取消绝对真理
"犬儒主义在俄语中不同于我们一般所说的哲学中的犬儒学派，而是指公开蔑视道德、伦理和其他行为规范。"④	公开蔑视道德、伦理、其他行为规范。
"犬儒主义的一种形式，它是一种反映为对人的行为总体性负面认知的内在稳定特质。其特征是玩世不恭的蔑视和人际联系的脆弱性，同时也是对这个充斥着不诚实、自私的外部世界的不信任感。"⑤	玩世不恭的蔑视、人际联系的脆弱性、不信任感。
对人类动机和行为的忠诚或好意表示不信任，习惯于用嘲笑和挖苦的方式表达其态度；是一类用挖苦的方式挑错误的人。⑥	嘲笑、挖苦、挑错误

① 汪雨涛."后全能时代"与犬儒主义：评陈世旭的两部长篇新作 [J]. 当代文坛，2006（1）：18.

② 华金余.《推拿》的"推拿"与对《推拿》的推拿 [J]. 北京工业大学学报（社会科学版），2013（1）：61.

③ 赵灿."诚言"与"关心自己"：福柯的古代哲学解释研究 [D]. 上海：复旦大学，2010：96.

④ [苏联] 陀思妥耶夫斯基. 群魔 [M]. 臧仲伦，译. 南京：译林出版社，2002:569.

⑤ Abraham R. *Organizational cynicism: Bases and consequences*[J]. Genetic, social, and general psychology monographs, 2000（126-3）：269.

⑥ Dean Jr J W, Brandes P, Dharwadkar R. *Organizational cynicism*[J]. Academy of Management review, 1998（23-2），341—352.

续表

概念	关键状态描述词
犬儒主义是一种对人性的负面观点，认为他人是可恶的、骗人的和自私的。	认为他人是可恶的、骗人的、自私的
对他人没有信心，将他人看作是不诚实的，非社会的，不正常的丑陋的人。①	对他人没有信心、将他人看作是不诚实的、非社会的、不正常的、丑陋的人
认为他人是自私和没有关爱心的，会对他人的动机表示怀疑，对他人有戒备心，并且不相信任何关系。②	认为他人自私、没有关爱心、对他人的动机表示怀疑、对他人有戒备心、不相信任何关系
这种基于情境视角的犬儒主义，往往指的是人针对一个或多个特定的对象或客体（objective）的态度。③	情境、态度
犬儒型敌意（cynical hostility）为个体人格特质的一部分。④	敌意
犬儒主义是对人类整体贬低的、负面的观点，认为他人是不诚实、不关心他人、自私或者不值得信赖的，因此不值得交往，其特征是愤世嫉俗的蔑视和脆弱的人际关系，但是并没有公开表现出敌对或破坏的攻击行为。⑤	人类整体贬低的、负面的观点、认为他人不诚实、不关心他人、自私、不值得信赖、不值得交往、愤世嫉俗、蔑视、脆弱的人际关系、没有公开表现出敌对、破坏的攻击行为。

① Cook W W, Medley D M. *Proposed hostility and pharisaic-virtue scales for the MMPI*[J]. Journal of Applied psychology, 1954（38-6）：414.

② Graham J R. *MMPI-2: Assessing personality and psychopathology*[M]. Oxford University Press, 1990.

③ Andersson L M, Bateman T S. *Cynicism in the workplace: Some causes and effects*[J]. Journal of Organizational Behavior: The International Journal of Industrial, Occupational and Organizational Psychology and Behavior, 1997（18-5），449-469.

④ 白艳莉. 组织犬儒主义：一个员工—组织关系分析的新框架 [J]. 兰州学刊，2001（3）：85.

⑤ 廖丹凤. 工作场所感知、组织犬儒主义与组织效果的关系研究 [D]. 厦门：厦门大学，2009：12.

（二）现代犬儒主义的内涵

尽管对现代犬儒主义有很多的界定，每种界定都有着对现代犬儒主义不同的理解，对现代犬儒主义内涵的界定也包括很多繁杂的形容词，没有关于其公认而统一的概念。但从国内外学者对现代犬儒主义的理解，可以发现一些共通之处。笔者对上述中外学者对现代犬儒主义的定义，列出以下关键的描述性用语，这些用语依次如下：麻木、丧失精神价值、虚无主义、不再捍卫真理、不再见义勇为、愤世嫉俗、玩世不恭、丧失道德、麻木、庸俗、自我中心、利己主义、非道德、无耻、言行不一、欺诈、虚伪和腐败、圆滑世故、丢弃尊严、明哲保身、蔑视普遍价值、颠覆传统习俗、取消绝对真理、不信任、习惯于用嘲笑和挖苦的、敌意、他人不信、任骗人的、自私的、挫败感、绝望、希望破灭、幻灭、蔑视和不信任等。

对这些词语进行分析后，我们可以看到学者们对现代犬儒主义的理解。就此，我们分析如下。

其一，现代犬儒主义认为没有什么应该坚持的真理或价值标准。以上学者在表述此状态时用了以下词汇：丧失精神价值、虚无主义、愤世嫉俗、玩世不恭、丧失道德、麻木、庸俗、非道德、蔑视普遍价值、颠覆传统习俗、取消绝对真理等。犬儒主义认为无真理可言，无所谓对与错，怎么样都可以，而自己无法改变，无法解决现实的问题。

其二，自我中心的利己主义。以上学者在表述此状态时用了以下词汇：不再捍卫真理、无耻、言行不一、欺诈、虚伪和腐败、圆滑世故、丢弃尊严、明哲保身、不再见义勇为、敌意态度和行为上的愤世嫉俗等。

其三，嘲弄和讥讽。以上学者在表述此状态时解释为习惯于用嘲笑和挖苦，这是现代犬儒主义者最为常见的语言行为表现。

其四，麻木、不信任，对现实拒绝背后的接受。以上学者在表述此状态时用了以下词汇，诸如：对他人不信任、骗人的和自私的、挫败感、绝望和希望破灭。

我们理解的现代犬儒主义表现为自我中心的利己主义，有嘲弄和讥讽现实的特征。现代犬儒主义者对社会现实有挫败感，他们绝望、幻灭、蔑视、麻木、不信任，对现实拒绝背后的接受。现代犬儒主义具有阶段性特点，不信任、愤世嫉俗、嘲弄和讥讽、绝望、接受现实是现代犬儒主义发展的各个阶段共同具有的特征。现代犬儒主义为一个情境性的概念，现代犬儒主义是一种状态，这种状态是不固定的，易因环境的变化而改变。

（三）现代犬儒主义的特点及影响

在当今多元文化、多元政治、商品经济主导的社会大环境下，现代犬儒主义如蝉蛹化蝶，彻底地改变了原来的面貌，在繁荣和谐的社会表象下，暗流涌动，呈现出复杂的表象。现代犬儒主义的思想扎根于人的心灵中，展现了人的精神追求的改变。对于现代犬儒主义的特点，简单归纳为以下方面。

1. 颠覆价值体系

古典时代的犬儒主义者看似无拘无束、无所顾忌、傲视一切，但是当时的犬儒主义者是拥有自己的道德准则的，他们用自己内心的道德原则去评价世俗的善恶与对错。现代犬儒主义同样蔑视世俗的言行，但是这种蔑视不是基于一定的内心的道德判断，而往往是把道德看作是为根本不值得相信的观念。因为现代犬儒主义者，"对人和世界不信任，对于多数人推崇的伦理道德不屑一顾"①。现代犬儒主义者认为，人与事是无所谓道德，也无所谓不道德的，道德根本就是个空，他们蔑视建构却意在解构真、善和美，颠覆崇高的价值。正如有学者指出，"犬儒主义者想象力非常丰富且聪明绝顶，但是又玩世不恭，从来不认为世界上有什么值得献身的崇高价值。他们敢于嘲弄一切精神界的权威，却未必会去触及现实中的敏感问题，小心地避免真正的强权与压迫力量。历史与现实都证明：由于没有'非如此不可'的信念，犬儒主义者是最容易被统治的"②。现代犬儒主义由对现实的不满转至对现实的批判，其批判的根基

---

① 李楠. 犬儒主义者和叔本华主义者的结合体：谈《豪斯医生》的主人公形象 [J]. 赤峰学院学报，2012（7）：113.

② 陶东风. "大话文化"与文学经典的命运 [J]. 中州学刊，2005（4）：236.

在于颠覆社会的权威与主流的价值观，但这种批判流连于打碎一切的心态中，在一片碎片中，怎么样都可以。"价值中立化倾向，是现代犬儒主义的第二个特征。这必须要破除两元截然对立的道德格局，相反，换之以一种混淆善恶的边界，尤其是弱化善的正义力量，在生活细节上模糊善恶的对立行为。"①在没有是非对错的世界里，现代犬儒主义很容易为现实的种种不满找到理由，而不是从事某一行为的绝对的理由。现代犬儒主义者认为一切都行，没有对错之分，人生如梦一场空，不需要坚持什么必须坚持的。现代犬儒主义者用这种方式去解决现实问题可谓简单而直接、方便而有效，只要给自己一个理由，并相信这个理由是对的，就可以说服自己和别人。如果别人不接受，现代犬儒主义便会告诫他人：没有什么是非对错，价值标准，从不同的角度看问题就可以有不同的真理和答案，评价是非的原则和标准就在现代犬儒主义者的这种思维方式中被无形地瓦解了。现代犬儒主义批判了现实权威与主流文化，正如有学者所解释的现代犬儒主义："但同时，我们也应该看到，一味的游戏、戏说态度是一把双刃剑：它一方面消解了人为树立偶像、权威之类的现代迷信与现代愚民的可能性，但是另一方面，这种叛逆精神或怀疑精神由于采取了现代式的自我解构方式，由于没有正面的价值与理想的支撑，因而很容易转变为批判与颠覆的反面，即一种类似犬儒主义的人生态度。"②

诚然，刻板的秩序、权力的统治、缺失平等的环境、现有的主流价值体系会以其征服欲和强制暴力轻松地制造社会的不平等和不公正。现代犬儒主义能在与此对抗的基础上，对现在的权力、权威、主流、习俗与体制等保持一定的距离，对这些现有统治体系进行反思和批判。现代犬儒主义批判了那种把道德因素盲目提高到不适当的位置上，过度行使道德的力量，用僵化的道德尺度强加于人和事的思想和行为。现代犬儒主义也批判了自以为是的道德伪善、打着道德旗号、受狂热"道德"意识形态驾驭下的"道德压制""精神圣战"等。

---

① 陈林侠. "恶搞"的喜剧：当下电影艺术的商业化思路与陷阱：从"馒头"事件、《疯狂的石头》说起 [J]. 山东艺术学院学报，2006（6）：42.

② 陶东风. "大话文化"与文学经典的命运 [J]. 中州学刊，2005（4）：235—236.

现代犬儒主义能够引导人们站在主流体系的另一面去思考权威的合理性，能在权力主义的压迫下展示非主流的观点与价值。现代犬儒主义对现实的批判也可以使社会弱势群体站在与社会主流群体同等的地位上进行对话，推进社会的平等和人们观点的改善。但是，现代犬儒主义不相信一切，同时也一定不坚持和盲从什么，既然没什么可以肯定的，那就没什么应该坚持和支持的，这样就会产生不必为任何"什么"负责任的态度和行为。因此，责任和担当的重担就可以被轻易地卸去。既然没有什么值得坚持的信仰，那么自我的生活就是最现实的真理，自我的利益就成为最切实可以把握的东西，现实的生活也会如此地鼓励人们的这种思想：道德并不会带给我们想要的美好生活，反而，让"道德"为自己牟利的生活更为轻松便利。

现代犬儒主义直接抽除了权威、主流思想建构的根基，颠覆了现有价值的地位。现代犬儒主义的思想可以把神圣从圣坛上拉下来，也可以把圣坛上的一切都摆置在普通的位置上，由此，一切主流与崇高的建立变得毫无可能。如果大家都按照这种思维逻辑出发，我们会发现，我们就丧失了建立真、善、美的标准，从而一切与真、善、美相关的道德感都会坍塌。当人们认为"世界上没有什么值得相信的和应该相信的"，虽然这种思想没明确指出应该不相信什么，但对一切的不信任就已包含了对一切价值的颠覆，当然，这也包括我们已经建立起来的价值观，一旦这种对价值的颠覆流行扩散下去，现有的秩序的大厦就会灰飞烟灭，构成了现代犬儒主义"没有价值"的价值观。现代犬儒主义这种思想使我们有了对权威的批判思考，不会盲目相信某种价值主义在具体情境下的意义，但同时，令人极可怕的是：一些人丧失了对社会真善美评价的价值尺度，丧失了坚持真善美的力量。

2. 自私自利的自我中心主义

如上所述，现代犬儒主义者认为世界没有什么可靠的真理，没有什么永恒的价值。现代犬儒主义者的内心没有什么坚定的精神信仰，他们对历史和现有的人类文化嗤之以鼻，对道德秩序和人类的美好理想无情嘲弄，对他人的尊严无情地践踏，他们把自我抬高到超越一切的位置上，不关心别人的一切，别人怎样都和自己毫无关系，只关心与自己切身利益相关的一切。现代犬儒主义者对人与人之间关系不信任，认为他人犹如物品一样没有感情，在他们心里有的只是对等衡量、算计权衡。既然如此，现代犬儒主义者会把自我的价值抬高到最高的位置，以此来体现自己人生的意义。当自我无限膨胀时，就会形成以自我为中心的利己主义的价值观和处世哲学。他们可以不加道德选择地利用非道德的方式追求一己利益，任何行动都是基于"合理的"利益计量。如有学者所言"今日之所谓犬儒主义，并不完全是作为古希腊伦理学的一个很小学派的犬儒主义。古希腊的犬儒主义者崇尚自然，提倡人应该过原始的简朴生活……后来的犬儒主义则完全抛弃了古希腊犬儒学派关于'德行本身就是幸福'的观点……融汇了'为了达到目的可以不择手段'以及极端的利己主义等恶劣因素，摒弃了一切道德心和羞耻心，从而成为一种彻底的非道德主义的思潮"①。现代犬儒主义理念认为他人和自己不是共享人生，而是竞争生存；或者他们根本就认为他人并不重要，只要自己好，他人怎样都是可以的。对于这两种对人与人的关系的看法会带来一种后果，那就是：无法与他人真正地和谐相处。正如有学者形容的那样，犬儒主义或犬儒式的洁身自好已经捉襟见肘：他一边对公开的意识形态表现出犬儒式的不信任，一边毫无节制地沉浸在有关阴谋、威胁等大写他者快感的极端形式的妄想狂幻象之中。②由此，冷血的兽性、毫无人性的杀戮、超乎寻常的恐怖无情等等事件，就会顺理成章地出现。

我们应该看到真正适当的人与人的关系，这种关系能给人带来的是身心上的双重幸福，达到的是善美的境界。当我们局限在自己的狭隘空间，追逐自己认为的幸福和快乐时，得到的往往是不幸，因为这样就没能得到他人给予的真正真诚的支持，就不能体会人与人之间真挚的感情和爱。"人格意识是主体意识内涵中一个非常重要的方面，它表明了人对自身作为主体存在的深刻洞察和深深体认……人格意识的实质就是：把自己理解为人，珍视自己的做人资格，同时，把他人当人，尊重他人为人。"③事实上，人格意识是对他人爱的一种意识，

① 许苏民. 论自由与责任：兼论反对价值相对主义和犬儒主义 [J]. 福建论坛，2001（1）：36—42.

② [斯洛文尼亚] 齐泽克. 实在界的面庞：齐泽克自选集 [M]. 季广茂，译. 北京：中央编译出版社，2004：145.

③ 张建云. 试析主体意识的内涵 [J]. 天中学刊，2002（6）：5—9.

有了这种对人的基本认识，人就可以真正地爱与理解他人，同时由于尊重和认同他人，才可能被他人爱，这是人在社会生活中应该具有的一种正常的意识。研究伦理关系的美籍学者弗洛姆认为，"人与人之间能够融为一体——这是人们对人际关系的最迫切的，也是最基本的需求。人们往往会为此付出不懈的努力，这是凡人身上都具有的一股把人类、部落、家庭和社会集合在一起的力量。没有实现这一需求就意味着人会疯狂起来，以至于不是毁灭自己就是毁灭他人。人类一旦离开了爱，也就没有了人类世界的存在"①。现代犬儒主义正是在自身的人格意识上陷入危机，也可以说是丧失了在人群之中应该具有的意识，即丧失了爱、尊重、理解他人的能力，确切地说，是"他人"这个概念的消失，随之而来的是"人"的概念和意义的丧失。

现代犬儒主义的这种观点对个人的发展是极其有害的。把他人等同于物，自然丧失了爱他人与被他人爱的权利、感情和行为。现代犬儒主义者就在这样取缔了他人后，自己作为人的一切也将被等同于物，被同样取缔。人被等同于物后，就没有平等的爱和尊重，人丧失了人的社会性的独有特征，这样就会遭遇到一系列的社会不适应，人就会自行切断了联系社会的纽带。人格意识维持着人与人的联系，在一个由多人组成的社会中，人格意识协调着人与人之间的关系，使人能够形成一个共同体，和谐地向前发展。当人处在人群之中生活，人与人会构成一种依赖关系，这时爱人与被爱会成为人生长的不可或缺的一部分感受，构成人成长需要的一部分，如果这部分需要得不到满足，人类社会就会面临着生存的危机。如果我们是动物，我们可以安然活在懵懂的未开化的世界，追求舒适与安逸即可混沌地生活在世界上。可是我们是经历了数万年进化的人，理智健全，精神富足，我们不能倒回到原始动物时期，我们需要爱和感情，需要相互依靠。如果得不到情感的慰藉，人生会陷入无法忍受的孤独、无意义之中。即使我们可以放下感情，放下意义感，达到自足的境地，亦复如此。可是，这种自私的生活并不能给自己带来最大的利益，反而会使自己陷入最大的窘境，导致获利最少，正好有违初衷。当人人都不考虑他人，就会使整个人类成为一

① [美]弗洛姆. 爱的艺术[M]. 萨茹菲，译. 北京：西苑出版社，2003：26.

盘散沙，无法凝聚力量。只有当每个人都考虑他人，视他人为自己一样，才能使人类整合成一个最大的力量，使每个人最好地发展。一个人的力量是有限的，才能是有缺陷的，当大家能成为一个整体时，就可以弥补个人的不足。人们怎么能成为和谐的整体呢？需要的就是道德的约束，道德的约束要求个人具有美好的德性，个人美好的德性促进人与人的关系，形成良好的社会道德风范，良好的社会道德风范给人类带来幸福，这又促进人的道德的进步，由此往复下去，人的良好的德性就固定下来，人就超越了自己，具备了卓越的品性。而现代犬儒主义恰恰否认了道德的意义，其自私自利的自我中心主义切断了人与人和谐相处的纽带，任其发展下去无论是对于个人还是对于社会都是极为有害的。

3. 消极退缩、圆滑世故的冷漠现实主义

现代犬儒主义背离了道德，对于个人，他们放大了人自私自利的一面；对于世界，他们的看法很简单，认为每个人都是在为自己争取更大的利益，根本不存在道德和正义，所谓的仁义善良都是虚伪的面具，是人借以达到自己目的的工具，其仁义善良的面具下面隐藏着不可告人的私利和欲望。"'它识别并考虑隐藏在意识形态的普遍性背后的特殊利益以及意识形态的面具与现实之间的距离，但是它仍会寻找理由以保留面具。'我觉得……这是一种逻辑构架中的遮蔽。它不再执守于伦理，倒'更像是服务于非道德的道德本身——犬儒主义的典范就是把正直和诚实看成最高形式的欺骗……把真理看成是谎言的最有效的形式'。"① 现代犬儒主义者否认德性的价值，只承认世俗的享乐，人宁愿相信物质的权利的保障而不愿相信其他高贵精神的保障，否认道德的精神能给自己带来的幸福。

现代犬儒主义容易屈服于周围的环境，由于内心没有必须坚持的非此不可的观念，因而对环境的适应性是无限的。在现代犬儒主义者的生活里，已经习惯了社会的不公正；耳朵里听惯了太多的虚言假语；经历了无数无效的狂怒；他们痛苦的神经已经麻木，习惯了屈辱地生存，知足常乐成了安慰现实的最佳

---

① 张一兵. 肯定的犬儒主义与意识形态幻觉：齐泽克《意识形态的崇高对象》解读 [J]. 马克思主义与现实，2004（4）：98.

药剂。他们懒得管天下的是非善恶，不愿为了良知和正义出头而"自找麻烦"。现代犬儒主义的理念有着自认为聪慧的人生哲学：多一事不如少一事，明哲保身，难得糊涂。他们圆滑、成熟，可以委曲求全、屈伸自如、阳奉阴违、没有难度地接受现实、极具忍受力，他们也不热衷于改变现状，对于什么样的环境都能找到适应的理由。由于他们内心已经形成了被框定的思维定式，在被现实或是文化的不断规训下，即使对现有环境深恶痛绝，被其折磨得面目全非，现代犬儒主义也会自觉地或是有意地去维护现有的环境中的一切，甚至是其中最恶劣的部分，"他对现有秩序的不满转化为一种不拒绝的理解，一种不反抗的清醒和一种不认同的接受"①。对于无关利害的社会现实，现代犬儒者可以嘲讽讥笑，但是一关系到问题的实质，他们讳莫如深、装傻充愣，甚至歪曲事实，以求私利。他们可以巧妙地回避现实弊端，抑或是调侃、嘲笑现实，在轻松的笑声中与对讽刺的对象握手言和，正如社会上流行的词语"和稀泥""捣浆糊"等等。现代犬儒主义把事实解释得一片模糊，面目不清，糊弄、含混，以此凑合度过现实，采取与现实妥协的生活方式和思想形态。

正如有学者提出，"可以说，现代犬儒主义的重要表现就是丢弃自己的尊严感。他们圆滑世故，不分善恶却并非不知善恶，不积极抗争只消极嘲讽，失望然后放弃希望，嘲讽希望，头脑发达却良心萎缩。尊严感与犬儒主义的处世态度是水火不容的，拥有尊严感者不会表现出犬儒主义的处世哲学，犬儒主义者是已经在内心深处放逐了尊严感的人"②。"当代犬儒主义已经演变为一种消极自私、顺从忍耐、圆滑世故的处世哲学！由于他们对人性的阴暗、社会的丑恶有深刻的认识，以致把这种认识无限扩大，看不到矛盾的主要方面，看不到社会的主流文化，最后陷入怀疑一切、否定一切的极端悲观主义或极端功利主义和形式主义的泥潭！在这种思想支配下，他们可以肆无忌惮地追逐功利，可以毫不脸红地大搞形式！"③

① 徐贲. 当今中国大众社会的犬儒主义 [J]. 二十一世纪, 2001 (65)：82—88.

② 华金余.《推拿》的"推拿"与对《推拿》的推拿 [J]. 北京工业大学学报（社会科学版）, 2013 (1)：61.

③ 韩军, 周迪谦, 任玲, 李镇西."伪圣"和"犬儒"：中国教育不能承受之重 [J]. 教育科学论坛, 2004 (12)：11.

4. 媚俗

媚俗在汉语中的解释为迎合于世俗。人是群居的动物，每个人都生活在公众的面前，如果个人只考虑大众的喜好，为迎合大众的趣味而不按照自己的内心行事，就会成为媚俗的人。人生在世难免会被大众观点左右，媚俗便成为人类生存境域的一部分。在德语中，媚俗表示为 Kitsch。昆德拉认为，"我们中间没有一个超人强大得足以完全逃避 Kitsch。无论我们如何鄙视它，Kitsch 都是人类境遇的一个组成部分"①。现代犬儒主义者逃脱不了人类媚俗的缺点，因为没有超越的精神支撑，现代犬儒主义更容易陷入媚俗之中。如果陷入媚俗之中的现代犬儒主义者缺乏崇高理念的引领，他就会丧失对媚俗的反省与抵制，进而就会在媚俗的状态中迷失自我，丢失自己的尊严。因此，现代犬儒主义者丧失了个人的独立思想和对外在事物的自我评判准则，他们就像被人操控着的玩偶，只会按照外界的指示行动，而缺失了自我的行动力。正如有学者所言，"犬儒主义者能够在他或她所鄙视为毫无意义或更糟的系统中继续工作，并且将不为改变这种系统而做任何事情"②！现代犬儒主义者往往在现实生活中压抑自我以逢迎整体。现代犬儒主义者往往也讽刺现实，对现实"恶搞"，但是我们可以看到这种对社会现实的反讽往往缺乏变革现实的动力，只是在自我解嘲的谈笑之余逐渐丧失改变现实的力量。有学者指出，"恶搞之'恶'，就是批判、解构了正面意义上的'善'，但在解构之后，却又认同容忍了自身所解构的对象，它与虚无主义存在着一定差异，而归属于现代犬儒主义的范畴"③。

在商业经济的推动下，为了商业利益的获取，商业上用一些娱乐的、低俗的、庸俗的低趣味的手段来迎合大众眼球，为了短期的效益，不择手段，牺牲社会的道德与个人的良知。现代犬儒主义者对此不加反抗、习以为常，陷入媚俗之中。更可怕的是，现代犬儒主义全盘接受了此种媚俗之风，在迎合低级趣味中，丧失了崇高和责任。由此，犬儒者处于媚俗的、低俗的、庸俗的低趣味之中，矫情、

---

① 艾小明. 小说的智慧: 认识米兰·昆德拉 [M]. 北京: 时代文艺出版社, 1992: 105.

② 陈振波. 中国文化的现代转型时期的知识分子角色 [J]. 文学界（理论版）, 2011（4）: 279.

③ 陈林侠. "恶搞"的喜剧: 当下电影艺术的商业化思路与陷阱: 从"馒头"事件、《疯狂的石头》说起 [J]. 山东艺术学院学报, 2006（6）: 2.

肤浅、庸俗的不断升级对外在的追求，由于没有高贵精神的监控，很容易走入极端：过度满足、奢靡性占有，将个人退化为没有思想的生物体。

五、犬儒主义对道德教育的影响

（一）道德教育的根基受损

现代犬儒主义思潮极容易侵袭教育促进人的发展的终极价值诉求，最终致使教育成为某种精于算计和谋取利益的工具。教育中的现代犬儒主义对世俗功利照单全收，以玩世不恭的态度和方式颠覆了教育的德性价值，这给当今的道德教育带来了一系列内在和外在的问题，其问题可以从以下方面考虑。

1. 价值虚无：对道德价值的拒斥

当我国传统文化被现代性弱化，与商品、市场、科技等匹配的多元价值观融入社会以后，社会大众普遍面临着对固有道德价值的重新反思和选择。现代犬儒主义把崇高精神边缘化，搁浅了"超越价值"。现代犬儒主义认为道德的价值已不存在，因而丢弃了道德信念，丧失了对道德的信仰，具有很强的受控性和欺骗性，带有很强的阿Q般自欺欺人性，麻木了道德良知，使判断找不到应有的道德的价值系统。提摩太·贝维斯认为，"现代犬儒主义是一种幻灭的处境，可能带着唯美主义和虚无主义的气质而重现江湖"[1]。在这种现代犬儒主义的风尚下，道德教育怀疑并否定道德，对道德"说一套做一套"。现代犬儒主义对价值与意义问题虚无化的特质，影响着道德教育的生存样式，这使道德教育丧失了道德价值的依托，道德教育也呈现出虚无主义的价值观，这使现今社会呈现出道德教育排斥道德价值，道德教育价值虚无化的态势。

现代犬儒主义对当今社会道德虚无和道德教育价值与意义的虚无化的解释，消解了道德教育的存在的意义，因此，道德教育就处于自身的价值虚无化的危机之中。道德教育自身价值虚无化的逻辑即否定价值与意义，放弃超越价值而随之置换为实用价值。现代犬儒主义将道德和道德教育看作可以利用的工

---

① [英]提摩太·贝维斯.犬儒主义与后现代性[M].胡继华，译.上海：上海人民版社，2008：8.

具，无论在理论上还是在实际中都悖逆了道德教育的本意，歪曲了对道德教育本质的理解，就必然会实施扭曲的道德教育，用实用价值去理解道德教育的意义，进而用工具价值界定道德教育，必然会促成道德教育的虚无化，因此，道德教育丧失了真实的存在根基，道德教育的本真意义必然随之贬损。基于实用价值意义上的道德教育遮蔽了超越价值对道德教育重要意义，消解了道德教育本应追求的本真的理想，这致使道德教育的价值仅维持在人的自我实现的层面上，而不能实现人的社会价值，即道德教育仅限于个人的工具性意义而丧失了其对人类群体的意义。缺失了超越意义的道德教育，斩断了自身的根基，由此就陷入了虚无中，虚无化的道德教育既无根基又无崇高理想的指引，当其陷入碎片化的现实中，必然受制于现实各种琐碎中，因而无法实现道德教育的自主性，放弃了其自在意义的道德教育，就必然无以展现自己的真实价值存在，这样的道德教育也就教育不出真正的有道德的人。

2. 信仰丧失：对道德笃信的放逐

道德教育的意义就在于为道德探寻合理的实践路径，从道德教育的不可行到道德教育的可行，不仅需要对道德价值的肯定和对道德信念的坚定遵从，还需要对道德教育有着忠诚的信仰。现代犬儒主义的虚无气质，必定影响道德教育的生态样式，道德教育中的现代犬儒主义丧失了对道德的坚持，在道德教育中道德感丢失，它使道德教育呈现出道德价值虚无、道德信仰缺失的态势。现代犬儒主义影响了道德教育中的存在者，使一些教育者、受教育者、教育管理者不再相信道德教育，在他们心中存在着一种看法：认为社会被腐败、欺诈、虚伪充斥，根本没有道德，道德教育更是没意义的表面工作，只是获取分数拿到报酬的方式。现代犬儒主义者对先进的道德教育思想、方法、政策、改革等等知而不信，不但不相信道德教育的科学性与道德教育的合理性，也不相信道德教育的可行性，他们的思想和做法使道德教育戴着虚伪的面纱，使真正的道德事实不再展现或是在现实的道德事件下隐藏着不道德的虚伪。"什么都无所谓的态度"，"怎么样都可以，反正都还是一样"等等诸如此类的思想存在于道德教育之中，道德教育就会呈现出虚无主义的特征，这就会致使道德教育的最高价值自我贬损。

　　什么是道德教育的首要问题？无论我们怎样去研究道德教育，首先要确定的问题就是道德教育有一定的价值和意义，有了这种确认后，在此条件下去研究道德教育诸多方面的意义才会成立，如果道德教育丧失了自身的意义与价值，那么道德教育本身就没有了存在的必要。然而现实的问题是，现代犬儒主义对意义的解释本身就是可有可无、模糊含混的，现代犬儒主义认为一切都是虚无的：意义是人们强加在现实生活中的标签，意义本就没什么意义，无所谓什么有或无，一切都没有意义的，一切都是荒谬的。现代犬儒主义者用此思想来思考道德教育，在他们看来，道德或道德教育都是没有什么意义或价值的，如果有的话，那可能就是价格的对等交换，进一步来说，现代犬儒主义者认为，道德教育促使受教育者采取某种道德行为，不是因为受教育者认为道德有价值，也不是因为如此做有何卓越的意义，而是因为受教育者在进行对等利益的交换。当我们考察道德教育是成功还是失败时，我们需要衡量受过道德教育的人内心对道德的意义与价值的认可程度，以及由此产生的信念、态度和道德行为。现代犬儒主义者认为，他们所躬行的是能给他们带来自身利益的事，而不是他们所做的对他人有意义的事，这样看来，即使是受道德教育影响的现代犬儒主义者在实践中按道德规则行事，这种没有意义支撑的道德行为只是伪善，这时发生的道德教育只是不成功的道德教育，而不是成功的道德教育。当道德教育被搁置在工具利用的意义之上，具有此种意义的道德教育的扩大就会加剧道德教育的知行脱节、名实脱节等不良的表现，从而扩大道德教育虚无化的异变趋势，这就使道德教育失真，使其失去权威性。

（二）道德教育运转的异化

　　现代犬儒主义作为一种哲学思潮，它不仅只是一种哲学思想，它还代表着以这种哲学思想生存的种种生存方式。人们对生存的价值、意义、目的以及内容等方面的看法与理解的不同，将直接影响着人们对道德以及道德教育的判断，由此导致的人们对道德及道德教育的不同的看法又反过来会影响着每个人的生存方式。

1. 自我中心主义：群体性美德的丢失

道德教育中的现代犬儒主义，表现为极端片面的功利主义、享乐主义和形式主义，这种现代犬儒主义使道德教育成为隔靴搔痒的道德教育。现代犬儒者不相信崇高价值的存在，正因此不相信道德的力量，进而也不相信公平、公正、美好、善良的社会的存在，现代犬儒者陷入自我中心主义（自我中心主义以自己为中心解释世界和处理事情，其基本原则为自私自利的"自我中心"）的泥潭中，因此他们更愿意相信现手可得的个人功名和利益。当美好生活被狭窄地定位在个人利益的得失上，现代犬儒主义者的人生价值和目标就陷入世俗化、功利化的取向之中了。功利价值泛化越位导致了现代犬儒主义者以"人不为己，天诛地灭"为人生信条，人际关系的冷漠，他们以获利为目的而不选择道德的善恶，行为缺乏道德的关照，其善行亦伪善化。

现代犬儒主义者贪欲的膨胀促成了其偏激的物质生活方式，致使其沉入过火的感官享乐中，其人生的追求在此种生活中得到了肯定，对这样生活的肯定进一步催发了更为极端的个人主义、利己主义的倾向，从而导致了道德的一步步地堕落。当人的群体性美德丢失后，自我中心主义便成为人类生存的主要理念：只考虑自身而不考虑他人。这样的思想被运用在道德教育中，就会造成道德教育的异化。比如为自身利益的"暗箱"操作；以权和钱摆平一切；立项目、评职称、升职的潜规则化等等。

2. 精致的功利化取向：崇高价值的缺席

功利一指功名利禄，多含贬义；二指功业所带来的利益；三指眼前物质上的功效和利益，与道义相对。功利化，可以解释为实用主义，注重"投入"与"产出"，不顾其他而只寻求利益最大化。功利化在对自己的观点方面和利己主义与个人主义还有唯我论，有相似的地方。当世俗与功利的思想渗入现代犬儒主义者的个人精神内核中，如果没有与此相对的思考和对现实的批判，没有更高理想的引领时，拜金主义、享乐主义就会禁锢现代犬儒主义者的心灵且形成惯性，这会使个人陷入无限追求金钱物质和自我感官享受的旋涡中。个人通过对金钱、权力和地位的追求等得到对自身所谓幸福感的认可越来越多，人就会毫不掩饰地追求金钱、权力和地位等，狂热寻获个人利益和欲望满足的生活，并错误地把这些看成个人实现人生价值观和个人成功的标志。

在人类生存的现实中，对利益多向性的追逐正如物质的多样性一样，是没有止境、多样繁杂的，它没有终点，永远只在进程中，这就造成了人对利益追求的无穷性。如果人以追名逐利的生活方式生活，个人就容易在对价值追求的无限偏向中错失了其本真的生存价值。当需要成为牟利的手段，需要就被无限地制造出来了。教育需要的可能只是给学生适宜的环境，可是，庞大的各式楼宇层层耸立，雕像、屏风、吊顶、墙纸……无限的粉饰渐次而来，以此为名的花费不一定就是适当的。但可笑的是，劣质的新楼很快就成了旧楼：地砖坑洼开裂，门窗脱落、锈色斑斑等等迹象惨不忍睹，于是乎，新的改造整个地替换原有的一套，学生的无奈可想而知。以教育为借口而谋取个人利益，这使教育生活变得复杂起来，一些环节违背高等教育的恰当要求。遗憾的是，利益足以使任何深陷其中的此在步入疯狂，难以遏制，这都是需要深刻反思检视的问题。人在存在中被物化扭曲，但这是基于个人在外界环境驱使下的自我选择，个人生存继续的同时呈现着追逐个人利益的生存意义，"真实的庸俗"成了人的存在写照。孟子所谓的"恻隐之心，人皆有之；羞恶之心，人皆有之；恭敬之心，人皆有之；是非之心，人皆有之"（《孟子·告子上》）已成为过眼云烟。这简单的本初应有之心，苦追却不得，人心虚无了，道德卑微了。

"在一个拜金主义、享乐主义盛行的年代里，我们不仅可以看到当下犬儒们扭曲地追逐着名，更可以看到他们赤裸裸地追逐着利，追逐着感官的享乐与刺激。"[1] 道德教育中的现代犬儒主义者疯狂自怜地追名逐利，无法调节功用价值与道德价值的冲突，不能以道德尺度评判善恶是非，处于良心与自身分裂中，心态扭曲变形，从而导致极度冷漠自私的行为产生。"犬儒化了的现代教育的力量是一种技术宰制的力量，其意志是一种强求统一的主观意志，其精神则表现为它的'精神'或者说恰恰是对精神力量的剥夺。在犬儒主义的教育实践中，人只是服从于某个外在目的的材料，人的生命形式被降解为自然生命，人是没有精神生命的从属物。犬儒主义的教育哲学为其教育实践所提供的理论

---

① 龙成. 当代中国犬儒主义思想研究：以网络媒介为例 [D]. 长沙：湖南师范大学，2012：40.

辩护恰恰在于精神是排在健康的肉体和现实的功利之后的奢侈品或装饰品。"①
他们不顾道德、教育、学术客观规律，明知是错的，但还去做。现代犬儒主义
分子冷漠与无情地精于世故地算计利益，可以毫无羞愧地做出不道德的决定，
可以一边谴责不道德，一边又面不改色地败坏道德，从而导致道德教育的教育
思想与教育行为分裂，对他们而言，道德教育就成了利益的托词。现代犬儒主
义者认为现在是金钱社会，他们以"金钱至上"为人生信条，道德和道德教育
就成了获取利益的手段。

道德教育中的现代犬儒主义表现为片面的形式主义，比如，他们在道德教
育中片面地追求与个人名利直接挂钩的考核指标，不顾道德原则、不择手段地
获取物质利益，阳奉阴违地讲求形式主义的"面子"教育；对学生的实际品德
培养不屑一顾；在道德教育管理中，关注"硬指标"，追求"量化"；他们只
要求道德教育考核的结果优秀，至于考核结果是如何取得的、是否科学、存不
存在虚假成分、对学生道德水平的发展是否有利，是否有助于实际道德水平的
提高，是否造成资源浪费等等，他们却很少考虑。正是现代犬儒主义者的这种
作为，导致了诸多不道德的道德教育，他们明知其实际严重的负面影响却无动
于衷。在这种态势下，学生关注的是学科成绩，至于道德答卷，那只是成绩获
得的手段，怎么给分就怎么答，于是道德教育就成了考查道德知识的教育，这
种只在书本中存在的东西，用不到现实中，因此，学生们认为道德和教育中说
的不是统一的，道德教育也就无法让学生真正的信服。道德教育在道德崇高价
值缺席的境况下表现出了功利化和形式化的取向，这就促成了道德教育的异化。

（三）道德教育活力的匮乏

1. 理想的丧失

现代犬儒主义把各种价值放在同等的地位上，在生活中往往对某一事件无
法形成价值判断，对不道德的事件也无法体认，更不可能进行相应的道德行为。
当然，虽然也有一些现代犬儒主义者，他们内心有着对善、恶、美、丑的理解

---

① 高伟. 现代犬儒主义教育哲学批判 [J]. 华东师范大学学报（教育科学版），2014（2）：24.

和区分，但是他们认为对道德的选择并不是必要和唯一的，由于自己的利益原因或是其他理由，他们认为这些原因也可以解释自己对不道德事件的不作为。在道德教育中，现代犬儒主义者陷入对道德选择的相对主义中，这也造成了他们对不道德事件的宽容，对道德理想的放逐，个人对道德教育的信任感和激情下降。道德教育成功与否，关键在于个体在具体道德实践中表现的实际的道德行为。现代犬儒主义导致道德教育中的个体表现为麻木式冷漠的"精神零度生存"。在《不合时宜的思考》中，尼采刻画了活在当下的畜群：畜群维持着吃、繁殖的无意识生存，从不思考生命的精神意义，这正如再"完美不过"的麻木的现代犬儒。现代犬儒主义者麻木得极具韧性，能够忍受在他所鄙视的最糟的道德环境中继续冷漠地生活，他们在现实中就表现为对道德的暧昧，观点变换得毫无立场，价值标准被抛弃，缺乏自我反思能力。道德教育中的人如果具有现代犬儒主义的这种品性，在道德教育中就会导致道德教育的诸多问题发生，如道德教育理想的丧失，道德教育的力量匮乏，道德勇气匮乏，道德责任感丧失，对不良道德行为顺从、逃避、自笞自欺、推卸责任、不肯担当等等。

现代犬儒主义者对道德教育不抱希望和要求，陷入抱怨、无奈的惰性状态中，自然没有成就感，越是感觉不到成就感就越是没有热情，因此，现代犬儒主义者对道德教育改革恐惧、敌视，在道德教育中故步自封、言行不一、对人不对己、缺乏责任心。"各人自扫门前雪，休管他人瓦上霜"，现代犬儒主义者对道德教育采取"天要下雨，娘要嫁人"的心态，任由事态发展，他们习惯了萎缩的生活，伤感、孤独、冷漠、安心地享受清闲的生活，也是倾向走向衰落的生活。他们的生命没有更新、没有能量、没有爆发、死气沉沉、停滞不前、循环往复地坠入温柔的深渊。他们气息低沉而无法积极进取，陷入绝望、熟视无睹、麻木不仁的渊薮。在这种理想丧失的状态中，道德教育中的主体就很容易走偏：随波逐流地消极沉沦；或是玩世不恭地及时行乐；或是冷嘲热讽地报复一切。

2. 道德冷漠的窘境

道德冷漠是指人们相互之间缺乏应有的关心与互助，它体现了人们对道德的排斥和否定。道德教育中的人处在不道德的冷漠状态之中，无法改变，他们就此采取了"一种不拒绝的理解，一种不反抗的清醒和一种不认同的接受"①
的方式来接受现实，于是，"面具"在接受现实的过程中自然而然地产生了，
这种现代犬儒面具逐渐发展，导致了现代犬儒人表面的顺从忍耐、圆滑世故或
是自我分裂。表面上教育拥有了教育的世界，无限风光，但在这荣耀教育之下
却发现了天大的秘密——教育并非教育，教育被自我阻断在教育以外的世界里。
教育成了"障眼法"，教育中的存在打着教育的幌子，追求着自我的私利。既
然本真的教育已被遮蔽，那麻木冷漠的轻浮淡漠也可理解，这正是教育面具下
追求欲望的状态，所以也不必去责备教育，因为那已经不是真正的教育了。阻
断并不是本真教育的真正消失，而是被遮蔽下教育的"面具化"存在，这是教
育产生的自我阻断，以"面具化"存在当作本真的存在。如果教育本真被阻断
在无穷的欲望下，那么教育的追求就转变为欲望的追求，可以绕过教育标准来
达到自己的方向，这样的教育不承受教育之重，只以便捷的方式顺着利益获得
最轻巧的方向运动，卸下教育本应担负的职责，这就是现代犬儒主义的实际教
育生活。

　　道德教育冷漠是指在实际的道德教育中，道德教育中的各实体对道德教育
的漠视。道德教育冷漠表现为以下几个方面：1.道德教育中人际关系的隔膜。
这种人际关系的冷漠体现为教育者和受教育者关系冷漠，各行其是，缺乏沟通
和理解，缺乏关怀和爱。道德教育中人际关系的冷漠也体现为教育者之间的关
系冷漠，恶性竞争、相互倾轧。"教育中的人在内心先行规划好了自己的目标，
那就是按现代犬儒主义的标准来确保顺利的未来教育生活，由此，教育中的人
不再担负教育的责任，沿着轻巧便利方向进行'教育'活动。"② 各个教育者
为了自身的利益，不择手段地争取自己的利益，不惜牺牲道德与良知，由此引
起交往方式缺乏关心，彼此之间充满冷淡、仇恨、漠视、排斥、否定等。最后，
道德教育中人际关系冷漠也表现为道德教育的科层组织冷漠。这体现为教育管

① 徐贲.知识分子：我的思想和我们的行为 [M].上海：华东师范大学出版社，2005：221.
② 尚云丽，于洪波.教育中的后现代犬儒主义阐释：基于海德格尔"构境论"视角的解读 [J].教育学报，
　　2014（2）：25.

理者与被管理者相互排斥，相互利用，功利化地处理人际问题。2. 道德教育中的人对道德与道德教育的冷漠。道德教育中的道德冷漠还表现为个人道德信仰的缺乏、道德实践的不作为。由此，还表现为对道德教育实践的无视和敷衍状态。[①] 现代犬儒主义者在道德教育中只关注个人的利益得失，不惜损害道德教育实践；道德教育的管理者只重视个人待遇和升迁；受教育者重视考试成绩和升学等等。3. 道德教育冷漠还体现为对道德教育感情的淡漠，对道德教育认知的褊狭、对道德教育实践缺乏追求。这在实际生活中表现为无动于衷的冷漠，个体对不道德事件的漠不关心、无动于衷和不作为的消极麻木的状态。

在这种对道德教育冷漠的思想下，现代犬儒主义道德教育怀疑并否定道德，对道德"说一套做一套"，呈现出道德教育中否认道德，道德虚无化的风气。"视他人的善举为怪诞、置他人的危难而不顾、对不义之恶缺少起码的正义感、对他人之难失去同情，甚至反唇相讥，这一切都是道德冷漠心态的暴露。也正是因为如此，它的社会后果又与其他不道德的行为别无二致。"[②] 现代犬儒主义影响下的道德教育就有可能会培养出道德冷漠的人，这些道德冷漠的人就有可能在社会中滋生出许多不道德的事件，如，马加爵事件、"范跑跑"逃跑、刘海洋伤熊等等，这些事件中的主角都接受了多年的道德教育，可是道德没在他们心中真正地起作用，在他们身上体现的是极度的道德冷漠化。

（四）道德教育理想的迷失

1. 崇高与媚俗的对峙

媚俗是一种欠缺品位的状态，媚俗者的行动与表达的意图不在于自我态度的抒发，而是为了表达他人或是环境的需求与意愿。媚俗产生的根源在于个人一味地迎合他人与环境，缺乏对生活真正的美善的自我见解和坚定态度。如果个人为人处世的态度不是遵从社会必然的原则和规律，不能超越外界的主观意

---

① 尚云丽，于洪波. 教育中的后现代犬儒主义阐释：基于海德格尔"构境论"视角的解读 [J]. 教育学报，2014（2）：25.

② 万俊人. 我们都住在神的近处 [M]. 沈阳：辽宁人民出版社，1998：87.

识，缺乏自主性，完全依靠外界的环境来选择判断，就会丧失处事立人的独立性和超功利性，就会对事物的判读丧失基本的价值判断，从而使个人言行媚俗化。

现代犬儒主义的媚俗者就犹如19世纪末期俄国著名的批判现实主义作家、世界闻名的短篇小说大师契诃夫在他的短篇小说《变色龙》中描述的警官奥楚蔑洛夫。奥楚蔑洛夫专横跋扈、阿谀奉承、欺下媚上、粗俗无聊、见风使舵、寡廉鲜耻。奥楚蔑洛夫在小说《变色龙》中的职业是巡官，从他断案的现实作风中，我们可以考察他的人品。奥楚蔑洛夫在街道巡查时突然遇见一个金银匠被一只小狗咬了手指，这时，奥楚蔑洛夫就需要对此事件进行处置，此案简单易断，判断的结果无疑是惩罚狗和狗的主人，对受害人进行补偿。然而，奥楚蔑洛夫在案件处理过程中，根据狗的主人是将军还是贫民，不断改变断案的结果，如果狗是将军或是其他达官贵人的，奥楚蔑洛夫就对金银匠威吓，对狗积极夸奖，同时奉承狗的主人，希望邀赏请功；如果这狗是无权无势的人的，奥楚蔑洛夫就对狗及其主人批评谩骂，主张对其严惩，从而给受害者——金银匠以一定的安抚。从奥楚蔑洛夫对平民百姓以及达官贵人的态度的比较中，我们可以看到他对下专横跋扈、中饱私囊、享威作福；对上阿谀奉承、极尽巴结。奥楚蔑洛夫可以随便地大爆粗口，污秽谩骂，毫不动容地说出令人难以启齿的话语，暴露出他的低劣粗俗；他也能脸不变色地不断变换自己对一件事的立场（而且是截然相反的立场），显示了其卑劣无耻的丑恶嘴脸和灵魂：在几分钟内，奥楚蔑洛夫就六次改变了对狗和事件的态度，奥楚蔑洛夫像变色龙（善于根据外围环境变换自己的颜色）那样善变，他自然而迅速地不断自我否定，毫无羞耻感！奥楚蔑洛夫式的变色龙常常可以在相互对立的立场间变来变去，媚俗低劣，它不就像现实生活中的变色龙——现代犬儒主义者吗？对他们说来，毫无信义原则可言，万物皆备于我，一切为我所用。

媚俗并非人的天性。自古以来，刚健质朴的清雅风骨就一直与媚俗之风对立存在。具有高尚道德风骨的人不会阿谀奉承，人品纯洁高尚，不同流合污，他会把自己当作道德思想上的君王，不受制于物欲，会探索和坚持真理，同时完善自己的人格，达到一种伟大的思想境界，他不会只看到人生在世几十年，而是高瞻远瞩。如魏晋名士"竹林七贤"，一生清风傲骨，放弃高官厚禄，直然畅言抒怀；"扬州八怪"生带血性，有不为五斗米折腰的高岸之气。这些人虽然处境艰难，却始终没失去自身的人格尊严。道德是个人生存的消遣品，还是陶铸真性情的开启物？社会上的现代犬儒主义一直把道德看作无足轻重之物。如今，在社会上出现了及时行乐的低俗、追名近利的庸俗、毫无廉耻的粗俗，凡此种种构成了社会中的现代犬儒主义式的媚俗之风。"犹如所有的传统生活，它们一旦'融入了世俗的日常生活'，就失去了所有的震撼力。"①各种媚俗的视听垃圾涌入社会生活中，污染了人的耳目和心灵；各种低级趣味、功利俗流、拜金主义、颓废主义在社会中蔓延；世俗的、功利的、物质性、急功近利的思想在自由主义名义下哗众取宠，身体的大胆出位，毫无道德廉耻的自我炫耀；没有深刻内涵的自我虚荣的展示，撕碎了人性的最后遮羞布。

2. 媚俗思想对道德教育的侵蚀

道德按市场规律运转，追求高效益、高速度，在如此道德进程中人对道德的理解就发生了变化，在"物质人"单向层面上理解道德，就很可能被现代犬儒主义俘虏，从而使道德教育的美善理想被抛弃。媚俗表现着庸俗，它使个人缺乏自我思想、自我理智，只知随波逐流。媚俗现象在道德教育里也存在，道德教育中的现代犬儒主义者仅追求"生物"程度上的幸福，他们膜拜快餐式的感官刺激和欲望的享乐与满足、注重功利，这就促成了道德教育的媚俗表现。有学者指出，"现代社会在破除迷信的同时，往往有一种庸俗唯物主义倾向，将许多反映人类尊严的价值还原为赤裸裸的现实利益关系和对感性生活的追求。其结果是使道德生活和道德教育成为仅仅局限于日常生活的游戏规则的确立过程，缺乏深层次的价值归依，从而使道德教育成为一种非精神的物理的运动"②。

道德教育中的一些教育者与被教育者堕落到媚俗的境地，尝到了媚俗的甜

---

① [英] 齐格蒙特·鲍曼. 被围困的社会 [M]. 郇建立，译. 南京: 江苏人民出版社, 2005: 222.
② 檀传宝. 信仰教育与道德教育 [M]. 北京: 教育科学出版社, 1999: 45.

头，而对失去的高尚的道德风骨浑然不觉。"现代犬儒主义教育哲学的'无思'还表现在它的平庸上。与颓废的教育哲学不同，平庸的教育哲学将深度置于能量之上，不是躲避崇高而是追求崇高，从而使平庸的生活打上了崇高的烙印，一切都变得貌似崇高起来。"① 道德教育中的现代犬儒主义者为了既得利益沾沾自喜，日常津津乐道的多半是获利厚薄、浮名与虚衔，如此的现代犬儒主义在道德教育中发展，道德教育的现状与前程，就不得不令人担忧了。

道德教育严肃的内容被改为庸俗搞笑的文本。比如林长治的《Q 版语文》，《Q 版语文》把经典的故事如一件小事、孔融让梨、三只小猪、背影、白雪公主等改写成低俗的版本。《一件小事》中，被撞的妇女被改编成了粗俗、无理、胡搅蛮缠的女子。文中故意用"黏痰""凯子"等词，降低故事的崇高性。《孔融让梨》中的孔融又嫉妒又贪吃。《三只小猪》的故事中，"屎尿""狗屎""大便"等词把可爱的小猪的故事低俗化。《背影》中，随身听被形容成有痰盂盖子那么大，爸爸"双腿左一蹬，右一撑，就像一只大蛤蟆"的翻月台的动作等等，充满了庸俗的戏拟。《白雪公主》中的女主角白雪公主不再是善良的而是狠毒阴险的等等。这些教育人们善良、友爱、互助的道德经典范本被戏拟、篡改、混杂、拼贴，消解了其深度意义与内在灵魂，撤除了人性的神圣美好光环，它们被改成大众的消费文本，戏弄和颠覆了传统的美学秩序和道德秩序。这样的改写和颠覆不在少数，千奇百怪，不一而足。更为遗憾的是像《Q 版语文》此类的作品还颇为流行，从中小学到大学，很有消费市场，其受众颇多。这种"浅层"的低俗潮流，显示了一种故意逃避崇高的媚俗心理，体现了道德教育中弥漫的现代犬儒主义心态：解构了价值权威，亵渎道德偶像，怀疑与消解普世价值与真理。文本的恶搞和游戏的态度把崇高转变为低俗，而低俗却被抬到突出的地位，使割断历史的无价值依托的涣散的思想，回复到一种几乎充满了冲动狂热的破坏力量中，具有很强的受控性和欺骗性，带有很强的阿 Q 般自欺欺人性，麻木了道德良知，使判断找不到道德的价值系统。文本的反讽冲击了主流价值的主导地位，无情地嘲讽一切，喜剧化地排斥道德批判性的意识，体

---

① 高伟. 现代犬儒主义教育哲学批判 [J]. 华东师范大学学报（教育科学版），2014（2）：25.

现出冷漠的无深刻内涵的行为放诞的伪个人主义。虽然一方面这些作品戏弄了伪崇高，体现的是对现实的反抗；另一方面，文本的改写者和消费者浅尝辄止，半开玩笑地批判，给自己留有充足的退路，躲躲闪闪，不敢与现有社会的黑暗直接抗争，显示着得过且过的现代犬儒主义的特质。

　　当教育毫无难度地跨越道德界限，教育的本真价值就无形地被消除了。当教育不断追寻一些"最"（最初、最好、最高等）的目标，对目标的倾向被无形扩大，遮蔽相应扩大，那貌似我们得到的教育就已失去了本有。当遮蔽使此在忘却了先前存在，阻断就随着崇高价值的消逝而产生了，教育本已具有的那个"先前"决定性被阻断。至此，汹涌澎湃的"假知识""假科研""假育人"的虚假教育占有了教育的生命。当教育在疯狂追求"大楼""经费""院士"等物欲和权力时，就阻断了本真教育应为之所在，异化了的教育在散漫中继续无视原初本在。教育的自我消解和自我异变后，人积极主动地决裂传统价值，现代犬儒主义就在教育中扎下了根。"在倾向性和散漫中过活地生活不保持间距：它误认自己，在散漫着地对'先前'的排挤中，间距并不表现于此（solcher nicht ausdrücklich da）……在生活的体验中，生活越过间距而进行。"[1]教育中的人从道德的限制和压抑状态中宣泄出来，用嘲讽的话语开辟一个新的领地，对生活予以暗讽和嘲弄。旁敲侧击地回避危险地带，在安全的范围开涮，在一定程度上消解了权威话语，对不道德的言行进行了一定的揭示，又在一定范围内嬉笑怒骂，阿Q式自我解嘲中扫除了对不道德的言行的批判，由此成就了得过且过的犬儒方式。"有人会劝你完全不去考虑什么心中的事。因为它算不了什么，是靠不住的。在有些情况下，人的心早就退休了。"[2]"人们冲破了所谓'传统道德'的束缚，涌入了一个多元价值观相互冲撞、道德理想被挤为碎片的所谓'现代'的生活方式。虚无，迷惘，绝望，焦虑，没意思，荒诞性，反道德，无深度，嫡增加，丧失自我，礼崩乐坏，垮掉的一代，中心解构，过

---

① [德] 海德格尔. 对亚里士多德的现象学解释 [M]. 赵卫国，译. 北京：华夏出版社，2012：90—91.

② [美] 索尔·贝娄. 索尔·贝娄全集：第八卷. 更多的人死于心碎 [M]. 姚暨荣，林珍珍，译. 石家庄：河北教育出版社，2002：273.

把瘾就死……"[①] 道德教育中的现代犬儒主义的表现尽管不一而同、纷繁复杂，它影响了道德教育的诸多层面，使道德教育呈现出了诸多虚无的表现。但是我们能发现道德教育中所参与的人有着共同的问题。他们人性中的美好部分在渐渐萎缩，道德教育停留在"物质人"的层面上，道德教育的美善理想被抛弃，道德教育缺乏终极意义关照而冷漠地运转。

六、犬儒主义对大学道德教育的影响

后现代犬儒主义是现代对道德持负面态度的生存哲学，这种生存哲学思想逾越了道德规范，直接背离了道德应有的价值，对社会道德危害甚大，它使高等教育缺乏道德的合法性依据而受到质疑。后现代犬儒主义产生于实际生存实践中，它使高等教育背离了原本的教育初衷且面对着前所未有的困惑。从海德格尔生存哲学的角度反思后现代犬儒主义影响下的高等教育所呈现的人性论、价值论、实践论的问题、原因，为我们解决高等教育的道德困局提供了些许思考。

近年来，在高等教育体系中出现了一些令人瞠目的非道德事件，诸如清华大学马永斌学术专著抄袭，复旦大学研究生林森浩投毒舍友致死事件等等。让人仰慕的高等学校教师、大学生竟然做出如此毫无道德底线的恶劣事情，这足以颠覆人们对高校教师和大学生的固有的集智慧与道德于一身的美好印象，高校道德教育也备受质疑，面临前所未有的困惑。现今，这些极不道德的事件并非只发生在高等教育之中，整个教育体系乃至社会其实也在遭遇不道德因素的冲击，后现代犬儒主义正是引发这种道德困境的主要因素之一，它已引起社会的关注。这种现代犬儒主义思想可以渗透社会政治经济文化各个层面，影响到社会各个角落，波及高等教育，从而使高等教育呈现出一种逾越道德的后现代犬儒主义表现，直接背离了高等教育应有的价值规范。此处尝试从海德格尔生存哲学的角度阐释高等教育的后现代犬儒主义困境，以便认清其真实面目从而正确应对，以期为化解当今高等教育的困局贡献一己之力。

---

① 周将军. 从教化到拯救：以信仰教育化解当代精神危机 [D]. 长沙：湖南师范大学，2008：18.

古希腊犬儒主义主张人应该摒弃一切外在束缚，追寻有德性的生活。随着社会的变化以及后现代主义思潮的影响，现今的犬儒主义已经抛弃了最初的生存哲学，转化为一种根本与之对立的生存哲学，古希腊时期原始的犬儒主义学派与现代犬儒学派两者之间相差甚远，后者提倡追求符合自然规律的道德和优秀品质，同时主张人们要过着原始的、极为简朴的非物质生活。随着时间的流逝，犬儒主义发生了巨大的变迁——全然不顾美德是幸福唯一的必要条件的观点、弃绝了早期犬儒主义者对道德精神方面的追求，掺杂着不择手段、圆滑世故、我行我素等不良因素，成为一种彻底的、极端的不道德思潮。[①]后现代犬儒主义思想消解了道德规范、变更了幸福的本质，完全释放了人的欲望。这种思想割裂了高等教育的道德根基，改变了高等教育的价值观与教育的运行方式，受后现代犬儒主义影响的高等教育表现出以下特点。

（一）价值虚无化

当我国传统文化被现代性弱化，与商品、市场、科技等匹配的多元价值观融入社会以后，社会大众普遍面临着对固有道德价值的重新反思和选择。后现代犬儒主义者则把崇高精神边缘化，搁浅了"超越价值"，他们认为道德的价值已不存在，因而丢弃了道德信念，丧失了对道德的信仰。由此，道德虚无化的思想充斥了后现代犬儒主义。这种虚无化对道德的"清洗"，是通过把虚无价值全盘并入崇高价值秩序，扩展了后现代犬儒主义价值虚无的思想暴力，在一定程度上维持了肤浅、媚俗的生存方式运转。后现代犬儒主义者在抛弃了道德的价值后转而崇拜极端个人主义、拓展极度的自由主义，宣扬人生领域中对个人空虚、寂寞的感叹，在生活中极度自恋等等，他们感叹生活本真的幻灭，弥漫的是任其肆虐感伤的颓废。现代犬儒主义的生存样式被这种颓废、自甘堕落、极端的消极思想渲染，使得高等教育也深受其虚无气质的影响，逐渐沦陷下去，成为牟利的工具。道德教育就在于为道德探寻合理的实践路径，从道德教育不可行到道德教育可行，不仅体现了人们对道德价值的肯定与坚定的道德

[①] 许苏民. 论自由与责任：兼论反对价值相对主义和犬儒主义 [D]. 福建论坛，2001（1）：36—42.

信念，还体现了人们对道德的忠诚信仰。教育中的后现代犬儒主义模糊和曲解了教育的本意，全纳世俗功利。① 后现代犬儒主义怀疑并否定道德，使高等教育丧失了道德价值的依托，高等教育也由此呈现出虚无主义的价值观，对道德说一套做一套，在高等教育中否认道德。在犬儒主义者看来，高等教育是没意义的表面工作，只是获取分数拿到报酬的方式。他们对先进的高等教育思想、方法、政策、改革等等知而不信，不但不相信教育的科学性与合理性，也不相信高等教育的可行性。

（二）运转功利化

高等教育按市场规律运转，追求高效益、高速度，在"物质人"的单向层面上理解人，就很可能被后现代犬儒主义俘虏，从而使高等教育的美善理想被抛弃。高等教育中的后现代犬儒主义者仅追求"生物"程度上的幸福，他们膜拜快餐式的感官刺激和欲望的享乐与满足，他们注重功利，以获利为目的而不加选择道德的善恶，行为缺乏道德的观照。在金钱至上时代，我们不难看到现代犬儒主义者们为寻求感官上带来的刺激，毫无遮掩、疯狂自怜地追求着名与利。② 他们无法调节功用价值与道德价值的冲突，不能以道德尺度评判善恶是非，处于良心与自身分裂中，心态被扭曲变形，从而导致极度冷漠自私的行为产生。明知是错的，还要去做，导致高等教育的教育思想与教育行为分裂，对他们而言，高等教育就成了利益的托词。比如：片面追求与个人名利直接挂钩的考核指标，不顾道德原则不择手段获取物质功利；阳奉阴违的、讲求形式主义、"面子"教育；关注"硬指标"，追求"量化"业绩，明知其实际严重的负面影响却无动于衷等等。现代社会在破除旧思想、旧观念，追求物质与现实利益的同时，人类的尊严价值逐渐被其充斥。道德教育和道德生活的建立缺少价值的依赖，只能是空中楼阁。我们应该对信仰多一些人生的观照。③

---

① 尚云丽，于洪波.教育中的后现代犬儒主义阐释：基于海德格尔"构境论"视角的解读 [J].教育学报，2014（2）：21—22.

② 龙成.当代中国犬儒主义思想研究：以网络媒介为例 [D].长沙：湖南师范大学，2012：40.

③ 檀传宝.信仰教育与道德教育 [M].北京：教育科学出版社，1999：45.

（三）教育实践道德冷漠化

高等教育成功与否，关键在于个体在具体实践中的行为表现。后现代犬儒主义导致高等教育中的个体表现为麻木式冷漠的"精神零度生存"。在《不合时宜的思考》中尼采刻画了活在当下的畜群，畜群维持着吃、繁殖的无意识生存，从不思考生命的精神意义，这正如再"完美不过"的后现代麻木犬儒的生活。后现代犬儒主义分子冷漠无情、精于世故地算计利益，可以毫无羞愧地做出不道德的决定，可以一边谴责不道德，一边面不改色地败坏道德。后现代犬儒主义者麻木得极具韧性，能够忍受他们所鄙视的最糟的道德环境，并能在其中继续冷漠生活。他们对自我角色迷惘与式微，道德勇气匮乏，道德责任感丧失，对不良道德行为逃避、推卸责任、不肯担当、顺从、自咎自欺、全力敷衍。后现代犬儒主义者在现实中就表现为对道德的暧昧，观点变换得毫无立场，价值标准被抛弃，缺乏自我反思，陶醉于种种超速的精神裂变式的变换体验。他们陶醉于肤浅时尚的风格中，沉浸式投入割断历史、无深度、无方向中，认同价值平面"碎片化"。他们通过反讽、颠覆主流价值的主导地位，无情地嘲讽一切，喜剧化地排斥批判性的意识。他们体现着冷漠的无深刻内涵的行为放诞的伪个人主义。他们满足恶搞、游戏的态度从而把崇高转变为低俗，而低俗却被抬到突出的地位。他们陷入割断历史的无价值依托的涣散的思想中；他们回复到一种几乎充满了冲动狂热的破坏力量中，具有很强的受控性和欺骗性；他们带有很强的阿Q般自欺欺人性，麻木了道德良知，使判断找不到可以凭借的道德价值系统。

人们突破了"传统道德"的拘束，沉浸在多元价值观相互碰撞、道德理想被挤压成碎片的"后现代"生活方式之中。麻木、丧失精神价值、虚无、道德失范、人格卑下甚至丧失人性。[①] 后现代犬儒主义的表现和特征尽管纷繁复杂，毋庸置疑的是它影响了高等教育的诸多层面，它使高校高等教育呈现了诸多虚无的表现。尤其表现为人性的萎缩，人的精神层面生存意义的缺失，它使高等

---

① 周将军. 从教化到拯救：以信仰教学化解当代精神危机 [D]. 长沙：湖南师范大学，2008：18.

教育缺乏终极意义关照而使道德冷漠运转。

七、大学道德教育的后现代犬儒主义困境的生存论阐释

生存论是关于人生存的哲学，它反思人作为存在者自身怎样存在。存在者现实地存在于世界之中，其与世界的联系可以有不同的方式，即生存方式。生存方式是生存哲学的核心问题。生存方式既包括存在者自己的存在方式，也囊括了存在者与其他存在的关系。如果不从生存变化的角度，而只在固定的情境下剖析事物的生存状态，就不能解释高等教育的后现代犬儒主义困境的全貌，留下的只是所谓"智者"傲慢的主观臆断……只有将哲学追问看作一种实际存在可能性才可进一步进行分析，进而展开讨论。海德格尔认为，"在此，'生存'（Existenz）并不意味着一个存在者的出现和'定在'（Dasein）（现成存在）意义上的 existentia（实存），但'生存'也不是'在生存状态上'，这意指人是在身—心机制的基础上构造出来的为其自身的道德努力"①。后现代犬儒主义作为一种生存方式，从生存论的角度去分析它，则与一劳永逸的武断彻底决裂。在生存主体的不断定位中，生动跃现了生存的诸多现实性，如此分析高等教育的后现代犬儒主义症结无疑是比较科学的。

（一）犬儒主义影响下的大学道德教育目的

在科技主义鼎盛、消费主义盛行的现代社会中，人类的理想、信念以及对道德的终极追求都被压制在利润与效率的视域下，评价人合理存在的标准也被生存实际返照成经济的成功。经济指标成为无形的指挥棒，纷繁的物质构成了深不见底的代表经济的表象，指引个体生活的价值方向。人的主体性无限膨胀，进而通过疯狂的占有来确定自己的生存根基与价值。人类往往执着于那些对自己来说有利的、方便可得之物来证实自己。②商品市场、扩大消费的经营运作

---

① [德]海德格尔.路标[M].孙周兴，译.北京：商务印书馆，2000：218.

② [德]海德格尔.路标[M].孙周兴，译.北京：商务印书馆，2000：225.

以各种形式涌入人们面前，放大了人们的基本生活的需求。人寻求满足自身需求的本性被一再扩大，形成了诸多虚假的需要。在马尔库塞眼中，像休息、娱乐按照广告固有的方式来为人处世消费，都应属于虚假需求的范畴。^① 人的生存方式巨变，阻碍着人接近美善"精神人"的生活，人的生活意义降格为存在者的物质表象生活。一味地追求物质、享乐主义的犬儒主义者弃绝了道德信仰和理想，对他们而言，一切都显得麻木不堪，而支配他们的行为"欲求"被深深地压抑着，永远得不到满足。^② 人性的其他美德被这"欲望"埋没，无法推翻。真理在现代被人们误解，人类所说的真理和人类真实感受和体会的东西是截然不同的，通常人们会把真理区别于信仰，是理性绝不能原初揭示的。^③ 这样，人的生存真理已脱离了美和善，遮蔽了本源而误入非真理的歧途。在此现实生活下，高等教育主体的一切需求都变成了一种追求——无限欲望的需求，其他的需求都可以通过这一种需求来获取。在现实社会的威胁之下，教育内在的道德精神被犬儒主义淡化，教育沦为一种"表象"，教育中的人处于"生命如此之轻"的状态中^④，这种生存意义的颠覆，无疑也渐致高等教育的目的被异化。

（二）犬儒主义影响下的大学道德教育价值

在现今的高等教育中，后现代犬儒主义者在多元价值的冲突中怀疑价值进而质疑高等教育的价值，他们对高等教育的存在价值不那么确定。他们认为，既然没有确定的价值，一切都是不确定的，那还有什么是可以确定相信的？海德格尔认为，生存的世界不是它自己的容器，也不是所有的存在者和存在者本身，而是指存在者整体于其中存在得如何。^⑤ 世界在海德格尔的视域下，不是一个静态存在，而是不断动态发展的存在意义呈现。"人的'实体'不是综合

---

① [美] 赫伯特·马尔库塞.单向度的人 [M].刘继，译.上海：上海译文出版社，2008：4.

② 郑富兴.道德教育：从童话精神到悲剧意识 [D].南京：南京师范大学，2006：16.

③ [德] 海德格尔.路标 [M].孙周兴，译.北京：商务印书馆，2000：69.

④ 尚云丽，于洪波.教育中的后现代犬儒主义阐释：基于海德格尔"构境论"视角的解读 [J].教育学报，2014（2）：21—22.

⑤ [德] 海德格尔.路标 [M].孙周兴，译.北京：商务印书馆，2000：165.

灵魂与肉身、精神，而是生存。"① 世界把生存的无限潜在展现出来，生存意义呈现是生存展开的现实。后现代物质生产运作方式带来的经济的发展、物质的丰富，并没有让人生存的精神幸福感有很大的提高；相反，物质对人的压迫、人与人的冷漠，让人的心灵无处安放，生存的价值受到质疑，世界受到人们前所未有的怀疑与批判。多元价值、多元文化的生存现实以前所未有的态势冲击着人们的思维，使人理性生存的环境缺失。现实经济化的控制，使生存向度偏离存在的本己价值维度。人格在现实中严重扭曲，人的生存方式变得"真实的庸俗"，人丧失了精神追求，认为根本不存在道德准则。存在个体被效率压制在"类存在"中，但即便是类存在，存在者也被钳制在经济化的物欲洪流中，存在精神被谋杀了，存在的心灵无处安放，存在者拒绝个体"形而上"价值在内心的安顿。让存在自身本也成为一种遮蔽②，高等教育者在"形而上"价值的陨落中无奈地退场，其人性中的高贵精神被罢黜，高等教育由此陷入犬儒主义的媚俗状态之中。

（三）犬儒主义影响下的大学道德

在实际生存中，人们先是体验到了道德的失败，他们在这种失败中开始对道德的正确产生疑惑，进而在实际生存实践的反复失败后对道德的确定性持否定态度，开始对现实不信任。在当下现实中他们认为必须以虚伪的手段来保护自我生存。由此道德教育的核心价值被解构了，对道德不相信的态度弥漫自身。不相信获得合理性的社会文化形态，现代犬儒们甚至不相信有任何的其他办法来改变他所不相信的世界。③ 人们既无法脱离那个连自己都不相信的道德教育价值的生活之中，只好采用一种不拒绝的理解、不反抗的清醒和不认同的接受的方式来平衡自身的道德冲突，随着时间的累积，对道德的冷漠充斥了道德教育的内部。④ 在某些学者看来，作为普通人对高等教育中存在的虚假、朽败等

---

① [德]海德格尔.存在与时间[M].陈嘉映，王庆节，译.北京：生活·读书·新知三联书店，1987：136.
② [德]海德格尔.路标[M].孙周兴，译.北京：商务印书馆，2000：222.
③ 徐贲.知识分子：我的思想和我们的行为[M].上海：华东师范大学出版社，2005：221.
④ 徐贲.知识分子：我的思想和我们的行为[M].上海：华东师范大学出版社，2005：221.

敏感问题心如明镜，但也只能袖手旁观、冷漠处理，久而久之就成了对待其他事情或者整个社会生活的一种习惯。现代犬儒们逃避世界，退守内心。① 海德格尔认为，这种生存方式会成为生存的真实状态，成为生存方式的表达，而当"有人莫名其妙的无聊"时，真正的无聊便开始了，这种无聊就像一片弥漫在绝境内、僻静的雾，把所有的事物、人连同自身整体都带入冷漠的状态中。② 后现代犬儒主义者从对道德的怀疑到对道德的不确定，再到对道德的不相信，终而违反道德，对道德冷漠，逐渐转变，渐渐陷入了高贵的超越价值丢失的无聊状态，从而把个人的精神需要降格为过度消费，通过奢靡性占有来获得补偿，产生亵渎他人、玩世不恭、自暴自弃、自轻自贱、自我放弃等颓废情绪。后现代犬儒主义者对环境的异化与人性崇高精神的丢失放弃反抗，由此出现实际高等教育中的道德冷漠现象。

八、大学道德教育的后现代犬儒主义困境的超越

高等教育是在人生存实践的现实中构架的精神殿堂，它的成长挣脱不了人的精神和物质世界的羁绊，作为教育金字塔的顶层设计，高等教育更应当观照"人"，同时坚守科学与道义，观照"人"是设身处地地善解人意，也是教育主体地位的要求，是人的教育而非教育的教育；更是科学与道义对人生存的真实体会。诚然，面对新时代复杂而多元的社会，高等教育更应保持本真，在未来的发展中重新审视其道德的内在价值精神，从而弥补高等教育道德价值取向的内在阙如。最为重要的是，要彻底摆脱将媚俗、虚无以及生存价值扭曲奉为圭臬的后现代犬儒主义的桎梏，最终实现高等教育内在道德精神的超越，突破其后现代犬儒主义的困境。

---

① [英] 提摩太·贝维斯. 犬儒主义与后现代性 [M]. 胡继华，译. 上海：上海人民出版社，2008：277.
② [德] 海德格尔. 路标 [M]. 孙周兴，译. 北京：商务印书馆，2000：127.

（一）大学道德教育要正确面对人的精神与物质需求

人在生存中，总会面对各种欲望纠葛，从而产生选择困境。诸如，老子就提出：名与身孰亲？身与货孰多？得与亡孰病？（《道德经》）面对名声、地位、财富、身体的需求，我们如何选择？对此问题，西方古希腊犬儒主义和同时代的东方古中国的道家有着一致的观点。老子认为："甚爱必大费，多藏必厚亡。故知足不辱，知止不殆，可以长久。"（《道德经》）老子告诉我们，贪念是不可有的，过分投机钻营、殚精竭虑地追求外物必然会损耗自身，过度敛聚外物必然会因此而过多地丧失自我。知足就会生活得简单而快乐，不会招致屈辱，知足就会适度而止，因此人便不会招致危殆，生存得平安长久。早期犬儒主义认为对过多欲望的追求会阻碍人达到自由、幸福生活，有道德的生活才能给人带来幸福，因此他们视道德为标杆，对欲望的排斥达到极致，以此来获得自身精神的幸福。而后现代犬儒主义之所以给社会带来那么大的道德问题，就是因为后现代犬儒者在欲望的诱惑下迷失了自我，混沌沉沦于世。现在看来，古代早期犬儒的哲学伦理基础早已不复存在，取而代之的是以消极的状态来应对改造社会的理想和使命，他们盲目崇尚的是极端的犬儒主义、精致的利己主义、虚无与享乐主义和一切都以自我为中心，而他们的言行举止更是对社会的一种嘲弄。[1]

早期古希腊犬儒主义追求生活的苟俭以达到德性精神富足。这种秉持德性不为外物困扰的生存方式对我们如今的高等教育有很大的借鉴意义。但是古希腊犬儒主义过于重视道德而忽略人生存的基本需要，这是违反基本人性需求的，它为古希腊犬儒主义的没落埋下了祸根，终致其走向灭亡。这同样对我们的高等教育有巨大的警示意义。在这物质泛滥、道德沉潜的生存境域下，高等教育要让人们明白，面对物欲与精神之惑时，如何才能得到美善的生活：不在物欲洪流中丧失自我，但也要正视自身的基本人性需求，拥有健全的价值观。这正如道家提出的"少私寡欲"思想，它为我们提供了解决此类问题的高等教育方

---

[1] 杨巨平. 古希腊罗马犬儒现象研究 [M]. 北京：人民出版社，2004：32.

案。少私寡欲的生存原则教育我们人生需要淡泊素朴、节制欲望，以此来成就自身。正如老子所言："天长地久。天地所以能长且久者，以其不自生，故能长生。是以圣人后其身而身先，外其身而身存。非以其无私邪？故能成其私。"（《道德经》）我们生活时可以效法天地自然运转的规律，不贪图个人利益，不为外物所累，以"不自生""外其身"，而"成其私"，更好地发展自我。这启示我们：高等教育可以依靠内心安静修养身心，需要看清世俗的名利，明确自己的志向，保持身心宁静以实现自我的理想。高等教育应找到人的适当的物质与精神的生存平衡点，在人物质与精神的相对适度张力下生存，激发高等教育自我的动力，促进高等教育者道德的自我修养提高，使高等教育良性发展完善。

（二）重视大学道德教育应对虚无主义的价值

海德格尔把本真的现身状态誉为"畏"，正如海德格尔所言世间万物与我们都陷入了冷漠的状态。但这并非纯粹的消失意义上的。[1]"畏"是对无我的背离，它背离于常人世界，而从公众意见中脱离、抵制平均状态的庸俗。"畏"是漂浮游移的现身，在"畏"中启示着消除意蕴的牵绊，在畏中"畏之所畏者就是在世本身"[2]。在海德格尔看来，"畏启示无"，"无"揭示本身曾在，由此，"无"之原始敞开，人们才能停留于"存在者"那里，了解"存在者"的核心。这种"畏"可以理解为对大道的"畏"，也是对道德的"畏"。在道德实践中我们通常能感受到虚无在"畏"下被存在者悄然地化解，这可能也是海德格尔理解道德存在的特殊开启方式：通过"畏"实现。[3]所以我们应在"应当"的层面相信并鼓舞道德存在，追求自身对美善生活的道德努力。正如"畏"的存在，"畏"凸显了理性的价值，"畏"开启了无，正是在虚无的精神状态下，"无"更让存在者核心展现。所以，虚无并不可怕，通过它我们能从中看到存

---

① [德]海德格尔.路标[M].孙周兴，译.北京：商务印书馆，2000：129.

② [德]海德格尔.存在与时间[M].陈嘉映，王庆节，译.北京：生活·读书·新知三联书店，1987：215.

③ 陈嘉映.海德格尔哲学概论[M].北京：生活·读书·新知三联书店，1995：77.

在的本质，为生活其中的世界提供了一种确切的道德内容。直面存在的类本质，对物化现实否定和批判，使"存在"实现对本己的超越。

无可置疑，现代道德价值的失落，需要寻求存在的精神价值、回归人本质的价值，从而获得对物化世界的批判力量。我们需要面向事情本身，从后现代犬儒主义对现实既无奈又不满和抵触的冷嘲热讽的态度中，我们看到了价值虚无化后、道德解构后依然存在"畏"的内在力量。正是在虚无主义的表现下，让我们看到存在脱离了道德后虚无的可怕，"畏"由此开启了道德价值之门。克服后现代犬儒主义高等教育的虚无价值，让我们更加坚定了道德的价值。必须让高等教育追求德性的幸福，回归生命的终极价值追求，超越后现代犬儒主义的价值追求。高等教育要焕发出强大的生命力，彰显高等教育生命存在的本质方式，完整理解高等教育的意义，充分享受高等教育的快乐，真正体现高等教育的生存价值，从而积极地去探索高等教育真谛，实践高等教育理念，主动抵制虚无主义的影响。

（三）树立确定的道德信仰

存在之思总是在寻求它的本真，但本真和非本真确实很难判断。陈嘉映认为，沉沦是从本真状态沉沦。[1] 海德格尔确实多次主张本真状态的本源性。此在又被说成是首先沉沦着，只是偶或通过畏的袭来进入本真状态。海德格尔确实通过"畏"来到达本真。他认为，此在被"世界"和"他人"关联是此在的非本真表达，这种被动失却了最本己的特性。此在的本真存在表达，是最本己的让自身对自身敞开出来，他认为通过这一本真的敞开验证了本真存在最原始的真谛，这种最本真的展现状态即生存的真理。以此生存方式，才获得了真正的生存真理。畏，作为此在存在的可能性之一，连同在畏中展开的此在本身一道，为鲜明地把握此在原始存在的整体性提供了现象基地。[2]

后现代犬儒主义高等教育不是理性地批评现实，它否定道德确定性的存在，

① 陈嘉映. 海德格尔哲学概论 [M]. 北京: 生活·读书·新知三联书店, 1995: 106.
② [德] 海德格尔. 存在与时间 [M]. 陈嘉映, 王庆节, 译. 北京: 生活·读书·新知三联书店, 1987: 211.

用非理性的虚无态度来否定高等教育的道德性，这使我们重新反思道德问题的确定性。在古代，人们面对强大莫测的自然，对很多不了解的事物恐惧，"畏"一直是令人恐惧的根源。这时的人们追寻神学来摆脱那一无所知的状态，人们寻获了神的道德，于是道德被懵懂地确定在各式神话中。神化的道德同样作为道来支配人们的行为规范，成为人世的道德确定指向，人们依据神学的一定的道德规范行为，保持着一定的道德底线与确定性；到了启蒙时代，神学被彻底地祛魅化，神仙消逝在人们的确定性中，人们又感到了虚无的"畏"。人们调整了一段时间，在神学离开后，神界代表的道德原则却没有从人间消失，道德依然确定地存在于人们心中。科学代替了神学，道德就潜入科学的理性世界中，成为理性的道德。像神的世界里一样，在崭新的科学世界中，道德也确定地指引人的行为，在这个理性的世界中，有相应的确定性；到了后现代强调非理性的时代，后现代犬儒主义这种生活方式代表着道德虚无的思想，我们又一次看到了人间的"畏"应对虚无的"畏"。在这种更为复杂的纷繁世界中，人们在丧失道德的生存痛楚下反思：在生活世界道德缺失中，非理性的情绪情感充斥世界，对付虚无的手段依然还是道德。由此可见，在每一次表示确定性的"道"消失后，在"无"出现后，"无与无何有之乡中宣告出来的全无意蕴并不意味着世界不在场，而是等于说是内存在者就其本身而论是无关宏要，乃至在世内事物这样无所意蕴的基础上，世界之为世界仍然独独地涌迫出来"[①]。海德格尔正是在这种"无"产生本己的"畏"中，向我们呈现了确定本质的存在，真正的保护是一件积极的事情，它可以发生在我们预先保留的某物本质，特别是在某物隐回到它本质之中的时候，在场包含无蔽状态和当前。[②]

　　道德期许人与人间本真的世界、完美的世界、无限意义的世界。这是人类得以栖息的精神源泉，它是何等至真、至善、至美的确定性所在。它是绝对的道德形而上的源泉，是人寻求终极关怀确定性的本性，它超越人性的肉体恐惧

① [德]海德格尔.存在与时间[M].陈嘉映，王庆节，译.北京：生活·读书·新知三联书店，1987：216.
② [德]海德格尔.演讲与论文集[M].孙周兴，译.北京：生活·读书·新知三联书店，2005：156.

以安顿人性的精神，畏存在于现身情态中 ①。在价值多元化的现世，道德的达到有多种层次，无论哪种层次，无论哪种价值形态的确定，均有道德的共通的确定性，因此在道德教育中一定要坚持在无限中把握确定性的绝对的根基，让人的精神有其根：人之为人的道德底线。

（四）合理地把握高等教育的尺度

承上所述，后现代犬儒主义高等教育的产生来源于生存境域中道德实践的失败，从而导致人对道德的怀疑乃至背离。需要反思的是，在高等教育中，我们需要适当地把握高等教育的尺度，包括在生存的复杂境遇中，对道德层次的把握。关于道德境界，可以表述为一些层次，如：道德白银律"己所不欲，勿施于人"；道德黄金律"己欲立而立人，己欲达而达人"，这些都是道德的原则。当然还有铜律、铁律等道德原则。道德白银律是一种恕道。"己所不欲，勿施于人"就是推己及人的思路，即将心比心，自己不要的，不强加于人。孔子告知弟子这种恕道，可以终身行之。道德黄金律即忠道，即要求利他的行为，从"恕道"到"忠道"是从"仁"的否定到肯定的过渡，这一过渡表现了道德境界的不断提高。由此可见，道德要求与道德实践有高低的层次，针对现实不一而足。可见在实际的高等教育中高校的道德教育在实际生存活动中需要有层次的推动，要适合不同层次的教育对象。高等教育不是一役之功，成长的过程复杂而不能一刀切。我们强调道德的最高境界，可是很多学生是达不到这个道德层面的。当我们把最高道德教给学生时，学生达不到，就会对道德产生怀疑；当我们给学生教导的道德要求总是遥不可及的道德理想时，就会造成道德的虚无化，学生对道德不再信赖，犬儒主义会由此产生，削弱高等教育的价值。

当人局限于现在未被发现的领域时，才接受一把总能把某个自身限制于在这样或那样的范围内的尺度：无遮蔽状态的当下具体范围。② 绝对确定的形而上的道德存在是有合理性的，而当高高在上的知识绝对压制有限的道德存在时，

---

① [德]海德格尔.存在与时间 [M].陈嘉映，王庆节，译.北京：生活·读书·新知三联书店，1987：219.

② [德]海德格尔.林中路 [M].孙周兴，译.上海：上海译文出版社，1997：107.

就会走向道德的反面，窒息了人的生存多样性。当一种道德主义成了道德的话语权，它就此变得不道德起来，如果被权力实体控制，就会形成破坏性力量，窒息道德精神。现实生存拒绝抽象的僵化道德，不同的存在阶段，面临着不同的道德问题。人不断突破固有限制，舍弃不足；道德也在人的生存中超越自身，追求美善的价值。实然，高等教育中诸因素是诸多独特的生存体。如果高等教育一味强调道德的最高奉献和牺牲，忽视高等教育内在层级及人的内在需求，是违背高等教育本质的。现实生活是一种惬意的生活，当一个人把自己的心灵沉溺于存在的神秘之中，才明白自己不过是存在的卑微的腹语者而已。① 高等教育更加呼唤理性的平视目光，仰视和俯视都不适合高等教育主体性潜能的实现。

---

① [英]特里·伊格尔顿.审美意识形态 [M].王杰等，译.桂林：广西师范大学出版社，2001：304.

第五章　提升大学生道德素养的对策

一、道德教育目标的落实

（一）道德问题的确定性

非道德主义思想影响下的道德教育不是理性地批评现实，它否定道德确定性的存在，用非理性的虚无态度来否定道德教育，这使我们重新反思道德问题的确定性。现在，道德虚无主义思想冲击着我们的生活，我们又一次看到了人间的"畏"，对虚无的"畏"。在这个纷繁复杂的世界中，人们在丧失道德的生存痛楚下反思，在生活世界道德缺失的检验下，对付虚无的手段依然还是道德。

海德格尔正是在这种"无"产生本己的"畏"中，向我们呈现了本质的存在，"真正的保护是某种积极的事情，它发生在我们事先保留某物本质的时候，在我们特别地把某物隐回到它的本质之中的时候"①。由此可见，道德的价值并非虚无的，道德有着存在的实际价值，它真实地存在并指引着我们的生活。道德作为一种社会意识形态，是人们生活及其行为的准则和规范。事实上，道德从本源上来说是欲望与理性的统一，当我们面对利益选择时，欲望往往会驱使我们去做一些不道德的事，而当我们带着理性去面对选择时，服从理性的欲望通常会使我们做出良好的选择。道德问题的存在就体现在我们能否坚持欲望

---

① [德]海德格尔.演讲与论文集[M].孙周兴，译.北京：生活·读书·新知三联书店，2005：156.

与理性的统一，如果我们一味地追求个人利益，还选择错误的手段，就会滋生一定的道德问题。早在春秋战国时期，孔子就将仁、义、礼、智、信看作人们必不可少的道德品质，并以此作为人们的行为规范和标准。而这并不能说明人们就不会存在道德问题，在当时大动荡、大发展、大变革的时期，不免会有一些人会为了维护自己的利益而出卖他人，甚至发动战争，最终使得百姓流离失所 。因此，道德问题是真实存在的，但我们期待那个不用道德标准去衡量人的"新世界"的出现。在古代社会，三纲五常是中国儒家伦理文化中的重要思想，儒家通过三纲五常的教化来维护社会的伦理道德、政治制度，在漫长的封建社会中起到了极为重要的作用，成为当时人们的一种道德追求，支配着人们的行为。在当代社会，道德缺失现象严重，这让人们对道德问题的产生提出了质疑，短时间内人们找不到信仰的目标，不知道该以什么标准来要求自己。庆幸的是，社会主义核心价值观为我们重塑了道德信仰，短暂缺失的道德在人们心中重新燃烧起来。在理性的现代世界，非理性的虚无态度充斥着我们的思想，人类在虚无的道德世界中生存，经过时间的检验，人们在丧失道德的条件下反思，对付虚无，我们还是选择道德。

由此可见，道德在现实世界中并非虚无的，它有着实际的价值，它真实地存在并指引着我们的生活。在我们的身边，我们总是会看到一些有关道德问题的讨论，像之前网络上存在的有关路上遇到摔倒老人扶不扶的问题讨论，正是有了摔倒老人诬陷别人的事实存在，才会让许多有仁义道德的人不得不收起自己的热心，选择漠视。正是有这样缺乏道德的人和事，让越来越多的人不敢施以道德之心。但是，必须看到，社会上存在着更多的，还是各界道德模范影响着广大民众的行为，指引着人们去践行道德之美。

（二）中华道德教育在多元化社会中的价值

人们自己创造自己的历史，但是他们并不是随心所欲地创造，而是从直接碰到过的、既定的、从过去继承下来的条件下创造。中国具有几千年的文明史，形成了独特的文化，现今我们的思维方式和行为方式无不是在这些文化的发展与积累下形成的。我们的文化就像我们每天呼吸的空气，它无处不在，虽然看不到也摸不到，但离开它我们无法生存。先辈在探寻和解决道德教育方面的问题时，留下了诸多精辟的见解，值得我们认真学习、挖掘和继承。中国传统道德已经经历了几千年的文化积淀，这些道德文化凝结成我们对社会、个人、生活秩序的理解，已经形成深层的社会文化心理结构，其中对道德教育的理解集聚了诸多合理的成分，现代道德体系的建立必然会受到传统道德的影响，我们不能割断其传统文化根基。我们理解、研究和解决社会道德问题时，需要了解前辈对此问题的见解，了解此类问题的形成境遇和人的心理状态，了解以往此类问题的解决方法和后果，进而，在这些研究的基础上结合现在的问题加以分析和理解，具体分析问题症结后，批判地继承和创新以往道德教育的理论和方法，克服先前理论的缺陷，吸收其有生命力和有价值的方面，这样的道德教育才是有根基和有生命力的道德教育。

考察西方道德观念的发展史，我们可以看到，古希腊城邦有理性的公民生活传统造就了西方公德传统，其根基在于理性契约形式。西方影响较深的人性恶的观点把道德看成外铄的，道德的界定主要表达为不侵犯他人权利，做有责任感的公民。西方把人想象成自私的人，那么要维持秩序化的稳定生活，就必须建立一种外在的强制规约，这是个人利益的重中之重，西方因此形成了普世公正的公共规约的社会公德。在长期的历史演进中，西方社会公德系统构成了西方人道德生活的支柱，支撑着西方社会的基本道德秩序。社会公德的道德信条掌控着人的思想，使得西方人重公德而轻视私德，认为公德的遵守是社会道德的首要工具，而对自我修德的作用较为忽视，进而演变成现代社会人性的迷失与沉沦的流弊。

我国的传统道德作为世界文化的一部分，与西方的道德观点有很多不同的地方，其中很多道德观点可以克服西方社会道德观的缺陷，使之成为世界道德文化合理的补充。我国的传统道德积极地促进了世界道德文明的发展，也是世界精神财富的组成部分。道德教育大师诺丁斯就曾指出，人的关心对社会道德的发展极其重要，他指出世界的道德危机的产生是人缺乏对他人的关心而引发的。1989 年的"教育国际研讨会"就提出要教育学生学会关心，而关心正体现了儒学的仁爱的道德教育思想。民族的也是世界的，随着世界的联系越来越紧密，我国的传统道德教育会对世界道德教育的发展起到越来越重要的作用。传统是一种有生命力的东西，具有持久性和连贯性，我们能从传统中得到关于先人在遇到生存困境时的经验。中华传统道德依然具有强大生命力，是中华民族永远依赖的生存源泉，我们应继承和发扬下去，抵御相对主义、个人主义、现实主义、功利主义、人类中心主义等价值观。在找寻民族精神和社会生活精神的过程中，我们无疑要重新找寻我国传统文化中的精髓，找寻人类迷失的本性和自身的价值。

道德期许人与人之间本真的世界、完美的世界、无限意义的世界，这是人类得以栖息的精神源泉之家，是至真、至善、至美的确定性所在。这完美的意义世界是绝对的道德形而上的源泉，它超越了人性的肉体恐惧而达到安顿人性的目的。"生存上实际发生本真之畏的情况固然罕有，但更加罕有的是尝试就其原则性的生存论存在论的建构与功能来阐释这种现象。"①

在价值多元化的现世，道德的达到有多种层次，无论哪种层次，无论哪种价值形态的确定，均有道德的共通的确定性。因此在道德教育中一定要坚持道德绝对确定性的根基，让人的精神有其根，即，人之为人的道德底线。抑或说，"良知的呼唤具有把此在向其最本己的能存在的召唤性质，而这种能自身存在的方式就是召唤此在趋往最本己的罪责存在"②。

在全球化、世界多元化的趋势下，各种各样的生活方式和各种不同的价值观逐渐展现在人们面前，人们对这些不同的价值取向、道德标准的理解逐渐多元化。由此，相对主义被一些人推崇，它认为既然我们在理解生活的历史、角度、方法、语境、时空等等都是不同的，因而每种对生活的理解都是可以阐释的，没有什么绝对的标准可以一统天下，它用普遍来消灭特殊，所以统一的道德准则是不存在的，它认为人们也不应该有共同遵守的道德标准。解构主义同时也给这种理论提供了合理的解释框架，它认为既然一切结构都是不应该存在的，没有什么存在的中心，确立中心而使外围边缘化是不科学的，确立一种价

① [德]海德格尔.存在与时间[M].陈嘉映，王庆节，译.北京：生活·读书·新知三联书店，1987：219.
② [德]海德格尔.存在与时间[M].陈嘉映，王庆节，译.北京：生活·读书·新知三联书店，1987：300.

值而排斥其他价值也是不对的。解构主义在解构了一切后，道德自然也在被解构的范围内，不应该存在。非道德主义思想认同相对主义和解构主义的观点，用这样的观点来理解生活，理解道德，认为没有什么道德标准可以圈定人生。虽然非道德主义思想的这种观点使我们在理解人、尊重人的价值选择方面提供了一种理解人生的视角，但是我们对此理解也会面临着莫大的风险。首先，它导致人与人之间没有什么可以协调是非对错的准则。其次，容易使人丧失群体生存的能力。再次，导致群体生活的失落。最后，人在失去群体生活的优势后，个人的自我价值也就无法获得。

人从出生起，就被置于社会生活中，人在社会中获得物质和精神的需要，获得自我价值的实现和满足，个人在现实中脱离不了社会，推而言之，如何处理人与人的关系是任何人无法回避的问题，协调人与人关系的准则即是道德。对于人与人组成的社会来说，道德促使人与人和谐努力共同发展生产力、完善经济关系。道德是协调人与人和谐发展的精神条件，进而促进社会生产力的发展和人类的进步与幸福。总的来说，道德促进个人的自我超越、人与人的相互改造、人与人共同发展与进步。因此，形成某种价值取向，形成道德规范对人的生活至关重要。

社会变化万千，身处 21 世纪的我们，已经充分感受到社会发展带给我们的美好。经济快速发展，商品琳琅满目，使得我们的购物选择更加多元化，网络购物更让我们感受世界经济的飞跃。和平与发展成为当今时代的主题，各国之间文化交流越来越频繁，吸收借鉴各国的优秀文化传统是各国的共同选择。如孔子学院遍布世界各地，孔子的思想和言传身教不仅影响了我们中华民族万世万代，也对外国的教育思想产生一定的影响。正是处于这样多元化的世界，每个人所体现出来的道德观念是不一样的，也体现出价值的多元化。道德好坏与否都对社会产生一定的影响。在多元化的社会生活中，道德榜样往往带给我们正面能量，让我们在无形中受到影响，它通常起到积极的导向作用，让身处困境的我们有了明确的前进方向；不道德的行为往往带给我们负面影响，会给我们的社会营造一种消沉、低迷的氛围，让人们被一种黑暗、冷漠的气息笼罩。

此外，身处多元化时代的我们，良好的道德可以让人在社会中心安理得。

我们常常可以从网络上或是电视上面看到一些人在做了违背道德的事后，会感到不安，常常精神萎靡，吃不好，睡不香，背负沉重的心理压力；而那些遵守法律和道德的人，可以心安理得地生活，向人们传达一种幸福和满足感。如果我们的社会都是由道德良好的人组成，那可以想象我们的生活将是多么和谐、美好。道德不仅可以完善我们的人格、培养良好的品质，也可以促进社会的文明建设。我们应该时刻谨记，以净心行善，多做些对别人有利的事，即使是微小的，也会让我们的心灵得到滋养。长此以往，我们的社会就会充满正能量，对社会的文明建设起到积极的促进作用。在我们的生活中，每个人都希望在自己真诚地对待身边的朋友的时候，他们也可以真诚地对待我们。所以，遵循道德是一个互利的过程，遵循道德不代表就是软弱，它是一种美好的象征。

（三）道德信仰的价值

道德信仰不是简单地把道德和信仰叠加在一起，到底什么是道德信仰？关于道德信仰的概念界定，我们可以从人们对信仰的理解开始。

1. 信仰的含义

信仰是人类的精神世界的产物，体现着人们对外在世界的思考。维特根斯坦说："信仰是我的心灵、我的灵魂所需要的，而不是我的远见卓识所需要的。并不是我的抽象的头脑必须得到的拯救，而是我的具有情感的、似乎有血有肉的灵魂必须得到拯救。"[①] 维特根斯坦对信仰的必要性的肯定，启示我们要关注人的精神世界。人的肉体需要锻炼，人的灵魂也像肉体一样，需要通过信仰来提升和锻炼，使人的精神保持健康。信仰是人精神追求的需要，是人的精神世界的高级存在方式，信仰使个体精神世界不断改进，保持个体精神的崇高的价值，为"作为灵性存在者的人类，某种形式的精神崇拜或理想追求总是其灵性生活中不可缺少的元素"[②]。信仰体现了人们对某种精神对象的信任、坚守

---

① [英] 路德维希·维特根斯坦. 文化和价值 [M]. 黄正东、唐少杰，译. 北京：清华大学出版社，1987：47.

② 万俊人. 信仰危机的"现代性"及其文化根源 [J]. 清华大学学报（哲学社会科学版），2001（1）：23.

和追求，信仰体现了人类对于意义的关注和实践，它基于人们对于应然问题的思考，体现人类对当下有限性的超越，是联系主观与客观的统一。信仰是人们实践的产物，体现着人与社会、自然的联系，它联系着理想与现实，理解、反映、肯定现实；同时亦否定现实、承认可以改变现实，人类信仰的本质就是自由自觉的主体力图自觉地对现实关系的积极的创造性的克服，它不仅是适应世界而且是改造世界，不仅是趋利避害有效有用，而且是合法合理尽善尽美。① 道德信仰不是道德与信仰的简单重合，应深入了解其内在含义。到底什么是道德信仰？让我们从信仰的一般概念入手去了解道德信仰。

信仰通常是指人们对某种思想或宗教的信奉和敬仰，并把它当作自己的行为准则。它一般带有理智的主观和情感体验色彩，特别体现在宗教信仰上，极致信仰甚至会使人失去理智。信仰是一种坚定的信念，它往往是对一件事物具有顽固的信任。信仰往往表现一个人的内部心理状态，体现一个人的期望。巴金的《小人、大人、长官》中说道："对长官的信仰由来已久。多少人把希望寄托在包青天的身上，创造出种种离奇的传说。"信仰说到底还是人们的一种精神寄托。古朴在《中华民族不信邪 信道理》提出："所谓信仰归根到底也只不过是一种对道理的崇敬与膜拜。"它体现人们对外界的一种思考。除此之外，信仰是人们实践的产物，它将人与现实相连接，通过不断地适应世界来达到自己的尽善尽美。

2. 道德信仰

对于道德信仰，多数学者都持肯定的态度。黄明理提出，"道德信仰是人们基于道德之于人的生存发展的价值以及对道德理想与道德现实的张力的认识而产生的对道德规范、道德理想（人格）的笃信与崇敬，并以此设定人生目标、付诸道德行动的强烈情感"②。由此可见，道德信仰表达了人类对道德精神价值的肯定，道德信仰把道德看作人的精神世界的最有价值的信念。道德信仰即"对人生和人性的信仰，相信人生之有意义，相信人性之善；对于良心或道德

---

① 顾伟康. 信仰探幽 [M]. 上海：上海教育出版社，1993：27.
② 黄明理. 道德信仰论纲 [J]. 江海学刊，2005（1）：52.

法律的信仰，相信道德法律的校准、权威和尊严。又如相信德福终可合一，相信善人终可战胜恶人，相信公理必能战胜强权等，均属道德信仰"①。道德是协调人与人之间关系的准则，道德对人在社会上的存在有着多样的价值和意义。道德信仰预示着人们对道德的终极价值的肯定，赋予道德形而上的意义确定。

　　从哲学角度界定道德信仰，它是对某种道德目标及其理论的信服和崇拜，是对道德的信仰与终极关怀，也是对善的终极价值追求，其本身具有不可实证性，是对理性认识的补充和超越。此外，道德信仰是人们基于对道德个体和社会存在发展的价值认识，以及在道德理想与道德现实的张力作用下产生的对道德的笃信与崇敬，并以此设定人生目标、付诸道德行动的特殊情感。这些观点都体现了道德信仰的确定性，充分体现个体对道德信仰的重视及对道德理想的确认和笃信。除此之外，我觉得道德信仰是人们基于自己内心的某种情感及社会普遍认同的信念而建立起来的一种信仰，是一种道德体验；拥有积极向上的信仰，才能拥有明确的目标，并为这个目标付出长久的努力。道德信仰体现人们对于一个事物的敬畏之心，它不仅有利于当今社会主义道德发展，还对个人人生价值的抉择起到重要的作用。

　　道德信仰有利于明晰社会主义道德的精神基础。经济基础决定上层建筑，身处社会主义时代的我们，要学习社会主义道德模范，确立自己的道德信仰。当今社会万千变化，每个人的道德信仰都有所不同，但正是这些不同的信仰，让身处社会主义的大家有了确定的精神基础。个体的道德信仰有好有坏，由个体组成的集体自然也就好坏分明。但不论是好是坏，都是人们的一种信仰。当然，我们坚信在社会主义核心价值观的熏陶下，我们最终会形成一种积极的、向上的道德信仰。积极向上的道德信仰有利于强化社会主义道德的凝聚功能。在社会主义社会，我们有着强大的凝聚力，这体现在方方面面，更多地体现在思想方面，正是有了团结思想，我们才能紧紧地凝聚在一起。道德层面的要求也是一样，越来越多的道德模范促使人们向好的一面发展，也就会带来越来越多的社会凝聚力。就拿做公益这件事来说，就是先有一批人去从事这方面的工

---

① 贺麟. 文化与人生 [M]. 北京：商务印书馆，1998：92.

作，然后一传十，十传百，百传千，越来越多的人加入这个工作，为社会的发展贡献自己的力量。这正体现了道德信仰对当代社会道德信仰的强大凝聚作用。道德信仰有利于改善社会主义道德的教育方式。

道德教育的方式也会在一定程度上影响道德教育的效果。改变传统的一味要求记住道德条例的教育方式，让人们切身体会并付诸实际行动，去感受道德的真正奥义。

3. 道德信仰的作用

道德具有多种多样的动机，怎样才能确保这些动机体现的是道德的本义，而不是以道德为说辞，为了达到其他的目的的手段？怎样才能确保道德对于人本体的关照，排除道德对人的压迫？这都需要道德真正价值和意义的真实的体现，道德真正的价值和意义，真实地体现展现了道德高于个体和群体存在的崇高性，展现了道德对个人或是群体利益的超越性，展现了道德高于任何民族、团体、阶级、地域、社会的优越性，展现了道德的超越意义。

道德信仰影响一个人对自己人生价值的抉择。道德信仰体现人们在生活中对道德的自觉遵守，以及所表现出来的道德认知和选择。对道德的遵循既是一种价值抉择的过程，也是自身理性的判断过程，自身理性判断渗透着主体对利益和需要的衡量和思考。不同道德信仰的人所遵循的道德原则也不一样，所做出的人生价值的选择也不尽一样。当今社会，有些大学生为了满足自己的虚荣心不惜走上裸贷这条路，不仅葬送了自己的人生，还给父母带来沉重的心理和财政负担。这种情况就说明有些人在面对人生选择的时候常会因为没有坚定的道德信仰而误入歧途。希望我们都能拥有坚定的信念，为自己的人生负责，选择一条正确的道路，并且拒绝道德虚无主义，拥有积极向上的道德信仰。

（1）道德信仰的"敬"

道德信仰体现了人们在生活过程中对道德自动遵守的自律性，体现着人类自身对道德客观规律的认知和内化，人们在做道德选择时，往往会参照自身信仰体系中的道德原则，自觉地按其行事。对道德的遵循既是一种价值抉择的过程，也是自身理性的判断过程，自身理性判断渗透着主体对利益和需要的衡量和思考。主体对道德的抉择极具主体性，它涵盖着主体理性判断时的情绪、情感需求和状态。这些理性和感性的因素，共同影响主体的选择。信仰是感性和理性活动的统一体，人类对其自身的信仰本身就极具自身的理性思考和强烈的尊敬情感。在信仰本身就极具自身的理性思考和强烈的尊敬情感的作用下，主体会超越世俗利益，践行对道德的选择，这种选择真诚地出于道德主体对道德的心悦诚服的认同与尊重，而不是在衡量个人的外在利益与外在环境的压力的条件下做出的选择，这种超越主体的外在私利的选择，按照道德信仰做出的道德活动具有显著的超功利性。在此意义上，道德信仰可以克服道德应用过程中为了个人私利，为了其他价值削弱道德本义的现象，平等和公正规范人与人的世俗之争。

（2）道德信仰的"畏"

海德格尔把本真的现身状态誉为"畏"，正如他所言："万物和我们都沦于冷漠状态之中。但这不是在一种单纯的消极意义上讲的，不如说，它们在移开的同时就朝向我们。存在者整体的这种移开在畏中簇拥着我们，趋近我们。没有留下任何支持。"[①]"畏"是对无我的背离，它背离于常人世界，从公众意见中脱离、抵制平均状态的庸俗，"畏"是漂浮游移的现身，在"畏"中启示消除意蕴的牵绊，在畏中"威胁者乃在无何有之乡"[②]。在海德格尔看来，"畏启示无"[③]，"无"揭示本身曾在，由此在展现。"无"之源始敞开，人们才能停留于"存在者"那里，了解"存在者"的核心。这种"畏"可以理解为对大道的"畏"，也即是对道德的"畏"。在道德实践中我们通常能感受到虚无在"畏"下被存在者悄然地化解，这可能也是海德格尔理解道德存在的特殊开启方式。陈嘉映认为，"如果我们愿意把可能性意象为虚空，那么实际状态总是以虚空为背景呈现出来，如果把虚空充塞，不仅灭绝了虚空，那么实际状态本身也将无法呈现。这么说来，领会和能在就是要开辟出空间以使实际事物呈现自身。如果此在必得领会着它自己才存在，那它就必须以开辟空间的方式存

---

① [德] 海德格尔. 路标 [M]. 孙周兴，译. 北京：商务印书馆，2000：129.

② [德] 海德格尔. 存在与时间 [M]. 陈嘉映，王庆节，译. 北京：生活·读书·新知三联书店，1987：215.

③ [德] 海德格尔. 路标 [M]. 孙周兴，译. 北京：商务印书馆，2000：11.

在"①。所以我们应在"应当"的层面相信并鼓舞道德存在，追求自身对美善生活的道德努力。正如"畏"的存在，"畏"凸显了理性的价值，"畏"开启了无，正是在虚无的精神状态下，"无"更让存在者核心展现。虚无并不可怕，通过它我们能从中看到存在的本质，对生活其中的世界提供了一种确切的道德内容，直面存在的类本质，对物化现实否定和批判，使"存在"实现对本己的超越。

道德教育就在于为道德探寻实践合理性依据，从道德教育不可行到道德教育可行，不仅体现了对道德的坚定信念，还体现了对教育的坚定信仰和在教育实践中创新的勇气。而非道德主义思想影响下的道德教育丧失了对道德的坚持，认为根本不存在道德教育这回事，对先进的道德教育思想、方法、政策、改革等知而不信，不但不相信道德教育的科学性与道德教育的合理性，也不相信道德教育的可行性。非道德主义思想的虚无气质影响着道德教育的运转，使道德教育也呈现道德价值虚无的态势，使道德教育失去了可供支撑自我的理念，道德教育因此呈现出虚无主义的价值观。

无可置疑，现代道德价值的失落促使我们去寻求价值的意义，我们渴望回归人本质的价值，以此获得对物化世界的批判。"也许有一种思想，它比理性化过程之势不可挡的狂乱和控制论的摄人心魄的魔力要清醒些。也许恰恰这种摄人心魄的狂乱醉态倒是最极端的非理性呢？"②从非道德主义思想对现实既无奈又不满和抵触的冷嘲热讽的态度中，我们看到了价值虚无化后，道德解构后依然存在"畏"的内在力量。正是在虚无主义的表现下，我们看到了存在脱离了道德后虚无的可怕，"畏"由此开启了道德价值之门。道德教育要克服非道德主义思想的虚无价值，道德教育需要让人们要更加坚定道德的力量和价值，须让人们理解追求德性生活的价值和意义，回归生命的终极价值追求，超越非道德主义思想的价值追求。道德教育要焕发出强大的生命力，彰显道德教育生命存在的本质方式。我们也需要完整认识到道德教育的意义，深刻体会到道德

---

① 陈嘉映. 海德格尔哲学概论 [M]. 北京：生活·读书·新知三联书店，1995：77.

② [德] 海德格尔. 面向思的事情 [M]. 陈小文，孙周兴，译. 北京：商务印书馆，1996：87.

乃人立世之根基。真正践行道德教育的价值，体悟道德教育理念，主动抵制虚无主义的影响。

　　道德不是外在于人类生活的某种设置、背景或工具，道德的存在或有道德的生活本身就是文明人类的生存方式和生活方式。[①]道德信仰源自人类生存实践中对人生真善美的理想状态的向往，积淀了人类对社会的美好期待，昭示人类意识的应然状态，它秉承着对人的类本质的探究，揭示人性的超越意义。对道德的这种超越意义的肯定，使人类坚信这种有道德的幸福生活终能兑现，因而能够有毅力和热情去克服当前的诱惑，产生相应的道德行为。道德信仰是一种对美好生活向往的乌托邦精神，这种"乌托邦精神向每一时代的人们展开了一个充满希望的空间并提供着坚定的价值归宿，人们向它所做的一切努力，都是通达这一归宿的'桥梁'和'路'。人就是这样一步步走向自我解放自我发展的"[②]。由此可见，对于道德教育来说，要防止非道德主义思想的危害，可以从确定的价值标准的建立入手，形成坚定的个体道德信仰体系，加强确定的价值标准和道德信仰教育，有了一定的价值标准之后逐渐形成相应的道德信仰，促使确定的道德信仰指引人的行为，产生真正的道德约束。

二、道德教育内容的完善

　　道德教育的内容，是道德教育的教与学所参考的依据。对于参与教与学的主体而言，内容的组织首先要考虑教育对学的主体影响，因此道德教育的内容组织需要重视道德教育对教育对象的规格要求。

（一）德性伦理与规范伦理

　　对于社会道德的治理可以分为两种路径：一种是西方的道路，从外围的规范、法治来规范社会；一种是我国传统文化的路径，从提升人内在品质的角度

① 万俊人.人为什么要有道德？（上）[J].现代哲学，2003（1）：66.
② 贺来.现实生活世界：乌托邦精神的真实根基[M].长春：吉林教育出版社，1998：8.

入手，道德从个人做起，推而广之。西方这种社会道德实现方法有其弊端：太依赖外在的制度来维护道德，这就会造成道德行为浮于表面。按照康德的理论，道德是以本体为目的的义务行为，以外在制度维护的道德行为，不能体现人本身的意愿，并不是真正的道德行为，而丧失了道德本身应该达到的对人内在品性提升的本质。

（二）中华美德的德性伦理特点

近代以来，我国的传统文化，特别是道德文化备受诟病。伴随着西方文化的传入，自由、平等、公正、法治等观念深入人心，这些根植于西方文化的道德观念逐渐取代我国传统道德文化的地位，构成了我国道德教育的核心内容和主要理念。我国倡导的社会主义核心价值观，从道德教育内容看，对人格品质方面的要求集中在爱国、敬业、诚信、友善这些方面，这与我国传统文化中对个人的品行要求相比要求要低一些，这是对一般人的道德要求。这样的道德要求基本走的还是西方的道德教育路线。

道德教育的内容如果离开了对崇高道德人格的塑造，也就失去了道德教育的最终的意义。非道德主义思想影响下现实的道德教育，往往成为一些机械的教条的训练，行为规范的服从教育，成为面子工程或是分数评价的机制。这样的道德教育不能真正地改变社会的道德问题。因此，应该从加强崇高道德人格的塑造，从加强人的卓越品质的培养内容入手，切实从人的内心的改变来修正非道德主义思想影响下的道德教育。在内容的选取上，需要注意：一是要考虑崇高道德人格中包含有哪些卓越品质才能抵制与改变非道德主义思想的影响；二是这些卓越品质是经过生活的实践反复验证过的；三是要看针对这些卓越品质，需要选取什么样的相关内容才能被教育者接受，选取哪些内容才适宜被受教育者内化成自己的道德品质和构成个人德性的内容，以此引导他们自觉的道德生活，抵制不道德思想的侵袭。

之所以主张加强培养卓越品质的选材，用人的卓越品质的典型事例来组织教育，是因为加强培养卓越品质的选材具有以下优势：其一，人的卓越道德品质是经过生活的长期锤炼形成的，是人们在长期的生活中积累的良好品质，经过生活的反复证明，培养卓越品质的选材是合理的、正确的，这些品质对人的群体存在、发展和延续极为必要。其二，人的卓越道德品质极具生命活力，它最大限度地发扬了人的道德品性，可以最大可能地抵御环境的威胁和干扰，鲜活地保持自身的道德品性。人的卓越道德品质包含着人对生存的追求、对生存的意义的理解，凝聚着人奋发向上的精神与意志，是人类群体道德实现不可或缺的特质。

我们不应该只停留在对人的一般品质的培养，而把社会道德要求都归于利用社会的平等、公正、法治等方面来实现，不去强调人内在的更为卓越的品质的提高。由上分析可见，西方的道德教育路径是偏于一面的。我国传统道德教育很大程度上表现为一种德性伦理教育，我国传统道德教育的目的主要是培养具有崇高道德人格的人、能自觉采取道德行为的人，这种道德教育在今天看来是非常有意义的，我们可以通过人内在的更为卓越的品质的培养来抵御非道德主义思想的渗透。怎样从培养人的卓越品质入手来抵御非道德主义思想的侵袭呢？这就需要我们不得不审视一下我国传统文化对当下道德治理的意义。

三、道德教育实践的改进

（一）注重让学生参与道德实践

自我道德是通过主体对事实的认知、理解、判断、反思、调整等环节逐步建立起来的，道德个体的形成不是单纯的道德知识接受和道德规范遵守就可以达到的。仅靠灌输和强压教育下形成的道德行为主体，更可能造成对道德狭义的理解，对道德产生反感和排斥，不能够产生自觉的道德行为，不能感受道德的价值和意义，更体会不到德福一致的愉悦状态。真正成功的道德教育是使个体能够独立、公正地进行道德判断，产生正确的道德选择。道德是在人真实的实践中发生的，有道德的主体归根结底离不开实践的历练和检验。正所谓，人必须要先行动，才可能在行动后有所结果，只有在实践活动中主体才能感受到道德存在的价值与意义，体会到有道德的生活方式才是值得过的，通过这种生活方式我们才能完善自身，实现自我，感受到生存的意义，从而主动愿意在现实中遵循道德的约束。雅斯贝尔斯强调"真正的教育绝对不容许死记硬背，也不奢望每个人都成为有真知灼见、深谋远虑的思想家。教育的过程是让受教育者在实践中自我练习、自我学习和成长，而实践的特性是自由游戏和不断尝试"①。道德教育更没有死记硬背之说，我们知道学数学需要记公式、学语文需要背诗词、学英语需要背单词，通过这类死记硬背的方法确实可以奏效，但道德教育不需要靠死记硬背也不能靠死记硬背，如果非要死记硬背的话，那要背什么呢？难道是去背诵爱国、敬业、诚信、友善的定义？难道知道了这些优秀品质的含义就可以万事大吉了吗？答案显然是否定的，关于道德教育，重要的不是知道某些具体的道德标准，而是切切实实用道德标准来规范自己的行为，成为心中的戒尺。由此来理解道德教育，就是要让受教育者参与到现实生活的道德实践之中，让受教育者去体验、判断、反思、领悟，在道德实践中使受教育者的道德认识得到扩充，陶冶和激发受教育者的道德情感，坚定受教育者的道德意志，促使受教育者出现较佳的道德行为，完全消化深奥的道德原理并真正理解道德规范的作用和意义。让学生参与到道德实践中，能使学生把抽象的道德知识和现实的道德事实产生正确的勾连，能使受教育者更好地建构自己内心的道德结构图式，享有完整的知行体验，真正地提升个体的道德境界，以此来抵御非道德主义思想的侵袭。

道德起着认知、调节、教育、评价和平衡的作用，它引导着人们生存和发展，对我们起着不可忽视的作用。一个人倘若以道德冷漠的方式与态度去处理社会和他人的伦理关系，实际上就是对道德情感的麻木，对道德价值的质疑和对道德功能的否定，进而放弃对正义、善等美好事物的追求。信仰、道德对一个人来说至关重要，当代犬儒主义者正是忽略了道德的作用，对他们来说，只考虑到自身利益，而忽视了个人和他人、个人和社会以及国家的关系。一个真正有道德的人，是能够始终保持初心，将个人发展与全体发展紧密联系，将国家荣辱、社会荣辱放在自身利益之上，是不会只关注功利，只看重自身活得逍遥自在，而对社会对国家的事情不闻不问，毫无参与感的。但是可悲的是，世

---

① [德] 雅斯贝尔斯. 什么是教育 [M]. 邹进，译. 北京：生活·读书·新知三联书店，1991：3.

界上有些人就正处于一种道德亚健康的状态，他们被非道德主义思想占据心灵，存在着一种"看客心态"，抑或保持着一种事不关己的心理，他们只管自身的利益与享乐，完全不关注他人的权利，不关注社会的公共利益。有的学生成绩优异，但品德或者实践能力却很低下，他们在社会中往往委曲求全，得过且过，只致力于个人生活的好坏，自身的享乐，把私人利益凌驾于社会利益以上，这样的人生态度显然偏离了人生正确的精神轨道。为了培养德智体美劳全面发展的人才，改进我们的教育方法，需要从根本上提高学生的道德水平，从思想上让他们深刻认识到道德的价值意义，以及对自身发展、国家民族发展的重要意义。个体不可能单独存在，总是与社会相互联系的，总是在一定的社会关系中存在和发展着。一个人只有增强了群体意识，社会意识，不断经历道德教化和道德实践，在参与社会道德实践的过程中提升和修炼自己，才能在真正意义上形成自己的独立人格。理论和实践的统一是马克思主义最基本的原则，任何理论都要不断经历实践的检验，人们生活的方方面面都离不开实践，树立高尚的道德品质也是一样，实践的作用不可小觑。在道德教育中，我们需要通过各种各样的社会实践，让受教育者正确认识到自我、他人、社会以及国家。杜威认为教育应该被看作经验的继续改造。他认为生活应该与社会经验紧密结合，同样，道德教育也是应该与道德实践道德经验紧密结合，一切的教育都是从实践中探索发现总结出来的，有了经验，有了实践，教育才能真正更好地发挥作用，真正对受教育者产生启迪。

大学生的社会实践首先就是要引导学生走出校门，不能一味地每天只是钻研书本上的知识，只想着通过读书做大官、挣大钱，为自己的"美好未来"而奋斗，而不关心社会上、生活周围的事情。作为当代新青年，更应该与社会接轨，与生活与外界相联系。学院或者学校可以为在校大学生提供一些实践的机会，制定好大学生参与社会实践的相关政策或制度，也可以成立一个社会实践小分队和社会实践宣传队，积极宣传社会实践，鼓励学生们去参加实践，当然也可以通过一些奖励措施提高大学生们参加社会实践的积极性，当参与社会实践、关注社会生活成为一种习惯后，大家也就不会再始终保持着一种"看客心理"了。学生们在社会实践中要充分感受到快乐，不能一切都以现实的功利作为前提，学会在生活中、在实践中学习成长，探寻生活中的乐趣、实践中的美妙。可是现在的一大问题就是有一部分院校存在区分好差生，有些院校会只把出去参加社会实践的机会给那些成绩优秀的学生，而成绩稍微差点的学生可能没有资格通过学校这个渠道去参加外面的社会实践，这就要求学校要做到一视同仁，而不能区别对待，无论是成绩好的学生还是成绩差的学生，学校要做的就是尽最大的力量为每个学生都能够参加社会实践去努力，而不能对学生参加社会实践采取一些限制性规定。

同时，可能会存在一些学生参与社会实践的积极性不高，抑或根本不愿意去尝试，学校要做的除了大力地为受教育者创造实践机会外，更重要的是呼吁学生，鼓励学生，要从内心转变他们的想法，要让受教育者真正感受到参与社会实践的好处。学校鼓励学生参与社会实践的目的一定是为了提升学生能力，为社会做出贡献，而不能完全以自己的学校利益为出发点，倘若单纯地只是为了宣传学校，或为了学校的根本利益而组织学生社会实践，那么实践就会失去它最原始的作用，也不能让学生从根本上感受到社会实践给自己带来了什么，不能从本质上提升他们的道德修养与道德品质。

学校中的道德实践应与社会实践充分结合，可以将日常的教育教学工作与社会实践结合起来。比如在学校或班级或寝室开展大扫除的活动时，就可以开展一次有关卫生活动的社会实践，呼吁大家积极参与，抑或在某些重要的节假日时，学校或者老师也可以借节日举办社会实践活动。还可以积极鼓励学生参与社会志愿公益，如关爱留守儿童，去敬老院陪伴老人，给环卫工人送一次水……要从思想上让受教育者关注社会生活、参与社会实践，真正做到知行合一，而不是知行不一。一个人的意识形态会极大地影响他的行为，非道德主义思想者坚持"道德虚无""功利主义"，不愿意参与社会实践，不愿意真正地融入社会生活当中，往往口头所说与实际所做不相符合，正是因为缺少道德意识，实践意识。学校作为一个主体，可以定期关注社会所发生的热点新闻事件，借此开展会议或者讨论，引发受教育者的思考以及探索，由一些道德案例，引发学生们的道德反思，唤醒他们的社会责任感以及道德感。在这个信息化时代，学校可以充分利用互联网的优势与便捷，将时政热点、社会新闻通过网络传达给学生，使更多的学生参与到社会生活中来。

此外，也可以改革思政课堂，提高学生在思政课堂上的参与性与积极性。思政课是大学课程中对受教育者世界观、人生观、价值观起着重要作用的一门课程，将思政课堂与社会实践联系起来也是积极促进学生参与社会实践的一种好的方法。如今很多大学的思政课堂都是老师一味地在教室里上课，很多理论上或者书本上的知识同学们大多都是不感兴趣，或者是左耳进、右耳出，听完也就忘了。那何不将思政课与社会实践结合起来呢？当老师需要让学生们加强道德修养，参与社会生活时或者志愿活动等课题时，就可以组织课外实践课，去当一名志愿者去敬老院探望，做一次道德是否重要的调查问卷……将传统的、客观的教室课堂变成大家人人参与，一堂真正意义上的道德实践课堂，这样才能让同学们真真切切地感受到社会实践的乐趣，体会到道德的意义。让思政课堂充分发挥作用，从思想上、从行动上改变当代受教育者，不断增强学生们的责任感和使命感。通过多样形式的思政课，培养受教育者的德能和才能，使受教育者形成正确的"三观"，成为对国家和社会有用的人。

参与社会实践，提升道德品质修养，不能单单靠学校靠社会，也需要家长们父母们的努力，培养社会道德意识更是需要从小开始，节假日或者平日有空的时间里，家长们就可以带领孩子们去参与一些社会实践，并不断积极鼓励引导他们，从小树立孩子们的道德意识与社会意识，在参与社会实践中感受到自己存在的价值，并不是功利化、社会虚无化，要让他们认识了解到自己与社会的发展进步息息相关，努力做一个道德高尚的人，做一个有素养的人。在带领孩子参与社会实践中，对家长提出了一个更高的要求，需要家长们发挥更加重要的作用，家长不能完全撒手让孩子去参加社会实践，因为可能有些学生还不能较清楚地明白社会实践，可能还没有参与过社会实践，家长所要做的就是正确引导，正确指导，要让孩子们有自己的思考，按照自己的思维，利用自己的双手双脚去参加到社会实践中去。我们经常说到要知行合一，要把教学做三者相互结合，作为学生，最重要的一点就是不能读死书、死读书，只有深入培养学生的道德实践能力，将书本的道德理论知识充分运用到社会道德实践中来，将德育理论课程与社会实践更加紧密地联系起来，才能从真正意义上改变我们国家教育现状低下，大多学生空有一身理论知识而道德素养低下的现状，只有不断参加道德实践，在实践中反思总结，在实践中思考自己，不断锻炼提升自己的能力，道德教育才能够真正发展起来。

如何让受教育者参与到道德实践中？可以从以下方面考虑：首先，引导受教育者关注身边的人与事，在日常生活中锻炼。开发生活中身边的道德教育内容，因势利导地进行道德教育。其次，根据社会热点、难点问题和重大事件来开展道德教育。社会热点问题、难点问题和重大事件容易引起受教育者的关注，激发受教育者的兴趣，此类问题的解决对道德教育的实践有重大意义，以此类问题开展道德探究自然是不无裨益的。再次，带领受教育者走向社会进行道德体验。社会的复杂道德环境对受教育者会产生深刻影响，引导受教育者直面道德现实。批判地分析社会中的问题，能训练受教育者的道德理解、批判和行为能力，从中抵御社会负面影响，提高受教育者的道德水平。最后，变知识传授为道德实验与体验。在模拟道德实验与问题中，引导受教育者追问生活的意义，追问道德的意义，探讨人性与道德的关系，展现人生中卓越与美好的意义，启动人的善良意志，提升个人道德人格的完善。

（二）以爱的方式教育

爱的教育是获得道德信念的最初渊源。爱是一切力量的源泉，人们常说一个充满爱的童年可以治愈一生，一个没有爱、不幸的童年需要一生去治愈。从小被爱浇灌成长的孩子，才会有爱自己以及爱他人的能力。爱是一种对他人的强烈的情感。爱可以产生很多道德的情感，诸如责任感、同情感、罪恶感、内疚感、正义感、幸福感、义务感、友谊感、公正感等等。这些情感会加强人与人之间的关系，使人们形成协调的关系，使人的生活更加道德。人类对于人际交往关系中最迫切的，以及最基本的需求，是人和人之间能够相处在一起，能够融为一个整体。为了达到或者说满足这个基本的需求，人们会付诸行动，坚持不懈地追求这个目标，付出难以想象的努力。这是我们人类所拥有的，其他生物不能比拟的与生俱来的能力——付出努力将自己与社会、自己与他人紧密联合起来。若是人们没有达到这个需求，或者这个需求只是短暂的实现，人们将会不安，将会恐惧，甚至疯狂起来，一旦一个人处于这种状况，将会做出不理智行为，去伤害自己，甚至去伤害别人。我们人类是绝对不能没有爱的，一旦人们失去了爱自己以及爱他人或者说失去了"大爱"，那么人类社会可能将会变得混乱，甚至可以说人类社会也就不复存在。而爱的缺乏会使人产生很多不道德的情感，这些情感会阻碍人的道德行为。以爱的方式进行教育，有很重要的作用。其一，爱的情感可以激发和引导个人正确的道德认识，激发个人的责任感和义务感，增强个人的紧张感，自觉反思并行动。其二，爱的情感可以维持个人的道德意志、操控个人的道德行为，专注内心的体验，发挥个人的潜质和力量。爱的情感使个人维持着对不道德行为的内疚感，维持着改进的行为。其三，爱的情感可以推动主体的道德自省。其四，爱的情感可以使个人获得对自我价值的肯定与认可，享受到执行道德行为后的幸福感。幸福的体验引导个人自觉地再次进行此类道德行为，促成道德品格的固化，良好的品德可以使人阻挡住非道德主义思想的侵袭，使非道德主义思想无扎根之地。因此，要培养学生良好的品德，爱的力量不可忽视。

社会性是人的主要特性，人生在世总是要和其他人打交道，需要与他人和谐相处。如果个人处理不好与他人的关系，就会给自己和他人造成一定的问题。人群构成了社会，人群中的人的关系出了问题，社会就会出问题。社会的问题自然会影响到社会中的人，如此恶性循环，人的生活就会面临着更大的问题，反之亦然。所以我们要处理好人与人的关系，也就是道德问题。我们在道德教育中需要建立爱和尊严的意识。那如何来做呢？我们作为一个人，如果想要得到爱和信任，那在合乎于本性的人与世界的关系中，我们若想得到，就得付出同等的，也就是说，我们需要付出爱和信任，以此来交换到我们所需要的。也就是说，我们必须以身作则，自己成为一个有爱心道德感的人，成为一个鼓舞他人的具有正能量的人。爱的内涵包括信任、保护、照顾、珍惜、体贴、关怀、包容、牺牲、协助、祝福、负责、倾慕、思念、原谅等等。爱把个人与他人联系起来，爱的信任、保护、照顾、珍惜、体贴、关怀、包容、牺牲、协助、祝福、负责、倾慕、思念、原谅等内容，使人注重他人利益。爱增进了个人与他人之间的理解、沟通和相互依存、相互帮助。爱使个人与群体融合，使人不再孤独、体验温暖，爱把众人凝聚，使人拥有更强的力量，使人有更大的空间发展自己。正是爱具备的这些内容使爱可以化解人与人之间难以解决的问题，协调人与人的关系，使社会道德得以维持。道德教育是在人群中进行的，也必须用爱来开展，借助爱的力量传授道德的观念，这样的道德教育符合人与人之间的自然需要。由此可见，道德教育要以爱的方式教育。

以爱的方式教育意味着：其一，尊重。尊重是一种民主与平等的交往方式。教师、学生、家长、管理者在教育中应相互尊重彼此，自由地商谈，平等地交流与沟通。创建民主与宽松的道德教育环境，道德教育的方方面面符合受教育者个人的心理发展规律和个人的兴趣与爱好、想法与要求，充分发挥个体的主动性和创造性。其二，关心。使教师关注学生的生活实际，了解他们的思想、困难、矛盾等具体问题，关心他们的外在和内在的要求，帮助他们解决实际的问题。教导学生之间互相关心，学会关心他人。使这种关心成为正面的道德榜样力量，提高受教育者的道德水平。其三，理解。教师能从多元文化的角度思考学生的思想和行为，不以固有的道德教条去强压学生。教师能理解学生，同时教师也让学生理解自己，加强教师、家长、管理者和社会的相互理解。其四，沟通。以平和的方式促进道德教育内部的相互沟通，学会相互沟通。其五，宽容。在道德教育中，以宽容的态度面对彼此，能容忍对方的缺点和错误等等。其六，自由。自由并非任性妄为，而是在合理的范围内，给人最大的自主权利，使人的个性充分发展，使人充满活力。

爱，是一个宽泛的词，更是一种艺术。爱的力量是不容小觑的，对于教育而言，用爱的力量去感化学生，去教导学生，让受教育者懂得爱自己，懂得爱社会。爱有很多种，师生之爱，父母之爱，姐妹之爱，家国之爱，一个人只有真正体会到了爱，真切地感受过了爱，才能真正做到热爱生活，热爱家国，热爱一切。心中有爱，则会感受到这世间的温暖，当代犬儒主义者正是因为心中缺少了爱，所以他们成为对社会发起抗议的代表，他们不满于世间，厌倦抑郁使他们更加消极，总是带着一种负面的情绪去面对生活中的种种事情。我们能够发现现在的孩子得抑郁症的越来越多，他们很多都不愿意与别人交流沟通，有的是因为父母离异，缺少家庭的温暖，有的是因为教师偏颇，差别对待，有的是性格内向，不愿言谈……各种原因，但结合起来可以说是他们缺少爱，缺少关怀，父母的教育中没有给他们足够的爱，老师的教育中没有给他们应有的爱，同伴的相处中没有给他们足够的爱。在这所有的因素之中，他们都缺少了爱这一重要元素，他们无法对爱有一个深层次的了解，但爱也是一种道德，所以在当今这个社会，更多人表现出来的就是道德意识淡薄，他们认为社会上的人都不是什么好东西，即使是在看到强权欺负弱小时，他们也只是会表现出一副事不关己的样子，他们可能一开始并不是势利之人，但当他们对他人的悲惨遭遇视若无睹、无动于衷时，他们的心已经不再炽热与滚烫，他们也就成了势利之人。

　　如今的教育中，更多的是看重规范化教学，我们的道德教育也是这样，教师或者家长乃至社会总是会告诉学生们什么是应该做的，什么是不该做的。用规范、约束、限制的口吻去开展教育工作，把教育变得更加死板化，缺少了一些生机与灵动性。为了完成教学任务而展开教学活动，为了达到教育指标而在教育教学方法上绞尽脑汁，用尽心思，但是更多的教师，更多的教育教学还是缺少了爱，更多的还是只局限在教学本身，并没有很好地从学生、从爱的教育入手。很多年轻人正是因为没有接受爱的教育，没有接受道德教育，所以他们认为这世间的一切都是不好的，他们没有上进心，不愿意为自己的理想、自己的未来去努力奋斗。

　　面对这些现象以及存在的问题，我们所要知道的就是教育要学会以爱的方式，首先，通过爱的方式去正确教育，才能让受教育者真正感受到温暖，爱是一种温柔且坚定的力量，只有当受教育者感受到爱的温度、教育的温度时，他们才能得到真正的教育，才能引导受教育者自发、主动地构建积极向上的、符合社会发展需要的思想道德品质。其次，爱的教育能够帮助人们形成一种道德意识、道德规范，以此来引导他们自身的行为，人们会清楚地知道自己应该去做什么，或者不应该去做什么，对于自己的所作所为有所规范，有所限定，能够知道自己所想的到底是什么。最后，通过爱的教育，人们更加学会了去反思评定自己，学会了站在道德的角度上，从他人以及社会的角度去评定自己的行为，不会变成一个严重的利己主义者，多了一份责任，同时也多了一份义务。

教师作为教育工作者，教育的主体，在对人的教育中有着非常关键的影响。教师需要保持一份积极向上的心，心中充满爱与温暖，只有教师思想道德充足才能在真正意义上对教育事业产生积极向上的影响。在教育过程中，他们不应该区别对待，要平等公正地对待每一个受教育者，充分理解受教育者的个体差异性，理解他们，用心去感受他们，在心与心交流的基础上充分发挥教育的作用。教师要树立正确的"三观"，并积极引导受教育者努力为社会为国家思考，不能做出危及国家与社会的事情。同时要引导受教育者热爱自己的生活，积极向上，始终保持着一颗充满爱的心，充满向上的力量。教师作为一个重要群体，刘学生来说更起着不可忽视的作用，用爱的方式去教育学生，这要求老师去鼓励学生，通过不断发现他们身上的优点、闪光点，努力提高班级学习的积极性，不能只看到学生的缺点，不断地批评否定学生。受教育者只有感受到了爱，感受到了肯定与赞扬，才能更加努力地加快他们发展的步伐，整个班集体也会因为老师的鼓励与肯定，不断形成一种积极向上的心态，这样有利于形成一种人人争先、人人向上的班级学习氛围，实施爱的教育，教师充分发挥自己对学生的爱的力量，不断发掘学生身上的优秀品质以及优质潜能，不断促进他们成才成长。

学校作为一个有目的、有计划、有组织地向受教育者传递各种教育的特殊机构应当充分发挥作用，学校对人的教育是具有全面性和阶段性的，以爱的方式教育，学校可以组织各种有关道德、爱的相关活动，积极引导学生们参加，从思想上真正让他们感受到爱的力量与道德的力量，以学校的名义在校内开设道德实践基地，充分利用学校教师的知识技能等，将品德教育置于重要地位，把理论知识与社会道德实践联系起来，用爱感化受教育者，努力培养出有思想有道德的新青年。学校还可以充分利用互联网络以爱的方式进行教育，将网络上有关道德、爱的教育的相关新闻报道或者类似事件信息等，通过互联网的方式及时地全部传送给学生，让他们也能够间接性地感受到道德的教育以及事件背后的深厚的爱的力量，高效利用互联网络，努力推进品德教育的现代化，增强教育的趣味性以及新颖性，将大学生品德教育推向一个新的高度。

家长、父母也充当着教育者这一重要角色，家庭教育对于孩子们来说也是至为重要的。从孩子出生那刻起，就在不断地接受家庭的教育，来自父母家长的教育。叶圣陶曾说，教育就是培养良好的学习习惯。培养良好的生活习惯与学习习惯，作为家长，要学会与孩子建立起一种平等、民主的关系，要学会多多与孩子进行交流。倘若总是从批评的角度去看待问题，又或者说，只是一味地看到孩子不如别人的地方，总是在对比、批评中打击孩子的自信心，显然不是一种真正爱的教育。这样的教育方法、教育观念会不利于孩子的发展。以爱的方式教育，需要家长站在孩子们的角度去考虑问题，以一种朋友的身份去看待孩子在生活、学习中遇到的情况，通过沟通交流去了解他们，感受他们，真正从根本上促进他们的健康成长。家长们需要与老师、孩子积极进行交流，通过爱的教育、爱的方式，传递出教育初衷，让教育充分发挥作用，让爱充分感化受教育者。教育的方式有千种万种，用爱之名去发展教育，去培养有思想有道德有能力的人，努力促进教育事业发展，促进个体进步。

同时，爱也是尊重，以爱的方式进行教育，教师或者家长也需要尊重受教育者，努力培养受教育者的爱心与责任感，教师对孩子进行爱的教育，首先就要尊重他们，尊重学生之间的个体差异性，以学生为主体，尊重他们自身的想法，尊重每个个体之间的不同，以爱的方式展开教育，让受教育者充分感受到爱的力量，不断在学习的过程中增强自身的责任感与使命担当感。其次就是要信任受教育者，信任他们就是对他们最大的爱，相信他们的个人能力水平，相信他们的道德品德修养，要能够充分站在受教育者的角度去思考问题，多一分理解、少一分苛求，多一分夸赞、少一分责骂。爱的教育也是需要耐心与爱心的，正所谓春风化雨，润物无声，这就要求教师或者家长在教育的过程中耐下心来。"人非圣贤，孰能无过。"（《左传·宣公二年》）每个人都会犯错误，当受教育者犯了错误时，需要教育者心怀爱心，付出持久而又真诚的爱，用爱去感化受教育者，帮助他们更好地去提升自己、发展壮大自己。爱是一种道德的教化，真诚的爱能够温暖孩子纯洁幼小的心灵。教育的产生需要爱，教育的发展完善与壮大更需要爱。以爱的方式教育，促进教育事业的不断发展壮大，促进受教育者自我能力、自我素养的不断提升；以爱的方式教育，正是要让我们学会心中有爱，学会去爱，用一双爱的眼睛去感受世界，用爱心去领悟世界。

（三）合理把握道德教育的尺度

什么是德育呢？德育教育者总结现有的社会规律，以及受教育者的知识水平和他们自身道德品质形成的规律，然后在教育过程中采用积极的教育手段，像教育设施、教育媒体、传授知识以及启发诱导等，让受教育者各方面的道德品质得到提高，得到发展，并使其良好的道德品质能够内化于心、外化于行。德育是一个过程，是一个有着系统性、目的性的过程。但任何教育、任何事情都需要掌握一个适当的尺度，过于偏激都会适得其反，道德教育也是一样，合理把握道德教育的尺度尤为重要。道德教育的失败带来的后果之一便是非道德主义思想者的产生，他们的产生也是由于道德教育没有合理地把握好一个适当的尺度。当代犬儒主义者会有道德虚无化，这正是道德教育的不足，导致一些学生无法正确感受到道德教育，心中没有形成正确的道德价值观念，故而会削弱道德教育的价值，否定道德教育的意义。

道德教育首先要坚持以人为本，从人的角度出发去思考问题，要充分认识到学生在道德教育方面的主体性，教师或者家长在给学生灌输道德教育理念，讲述列举道德教育案例时要充分考虑到他们的接受能力和理解能力，不能强行灌输给他们，还要从他们自身角度出发，学校作为教育活动的主体，在组织有关道德教育方面的实践内容或者主题活动时也需要充分考虑到受教育者主体方面因素，高等院校要充分把握道德教育的尺度，意识到道德教育的主客体，充分发挥他们的积极性与创造性，充分利用一切可利用资源开展道德教育。正如孔子所说的："己所不欲，勿施于人。"（《论语·卫灵公》）自己不想要的东西，也不要强行施加给别人，要充分考虑别人的意愿，而不能只是一味地遵循自己的主观看法，我们努力追求道德的最高境界，但最高的道德境界往往是一个目标，可能很多学生难以达到，就会产生道德虚无主义，或难以再相信道德的力量，这就需要道德教育尺度的合理把握，需要一套科学的道德教育体系，通过各方面人才汇聚智慧的力量，学校或者老师可以根据制定的教育体系来引导教育学生，让道德教育变得更加系统化、具体化。道德教育需要掌握适当的尺度，古代的三纲五常是人与人之间的道德规范，要求君为臣纲、父为子纲、夫为妻纲，统治阶级总是通过三纲五常来约束人们，这种过度的道德约束、道德规范，限制了人们的言论行为等方面的自由，让一些处于弱势地位的群体总是遭受压迫与欺负，绝大多数的人们不得不忍气吞声，不敢去反抗当朝者的统治，愚忠、愚孝等正是这些过度的道德教育、道德规范导致的结果。封建社会重男轻女，有"女子无才便是德"这一说法，说女子只要没有才能，那便是她的贤惠之处，便可以表明她具有较高的美德。从道德方面解读，可以说这其实就是道德教育的尺度过于极端问题，正是因为古代的道德观念中有着男尊女卑的说法，导致了女性地位比较低下，男女不平等，正是这种对道德定义的过度极端，导致了封建社会的一些思想观念至今还会受到人们的诟病。对于道德观念的看法，对于道德教育的尺度问题，从古至今都是一个很大的问题，这需要各个方面、主客体等重视起道德教育的理性化程度，使更多的受教育者受益于道德教育，使人们的道德更上一层楼。

绝对确定的形而上的道德存在是有合理性的，而当高高在上的知识绝对压制有限的道德存在时，就会走向道德的反面，窒息人的生存多样性，违背多样确定性生存的"道德精神"，从而迈向"道德主义"。当一种道德主义掌握了道德的话语权，它就因此变得不道德起来，当其被权力实体控制，就会形成破坏性的力量，从而窒息道德精神。康德说过："我要悬置知识，为信仰留出地盘。"[1]现实生存拒绝抽象的僵化道德，不同的存在阶段面临着不同的道德问题。人不断突破固有限制，否弃不足，道德也在人的生存中超越自身，追求美善的价值。

道德教育中诸因素是诸多独特的生存体。把道德教育置于高不可及的神圣位置，超越了道德的实际承受极限，使道德教育"顶天"而缺乏"立地"的选择，这样的道德教育理念只是单一地从社会人的视域中考察人之作为，把个人与"人类"画上等号，把群体价值放在个人的层面实现。这种"类"对人的强夺，不但是非道德的，而且是极为颠覆道德内涵和违背道德教育本质的。道德和道德教育应该是最人本化的，道德和道德教育实现的佳境应该是奉献与牺牲的减法，

---

① 邓晓芒.康德哲学讲演录[M].桂林：广西师范大学出版社，2005：156.

最好是消除任何的奉献和牺牲，且旨在为个人和群体谋取到最大的和谐和幸福。道德教育更加呼唤理性的平视目光，仰视和俯视都不适合道德教育主体性潜能的实现。我们呼唤：应然的道德教育必须超越非道德主义思想，诗意地栖居在人类栖息的大地上。

（四）培养受教育者的自我教育能力

自我教育，是指在自觉基础上，通过批评和自我批评，自我监督，提高认识，改造思想，接受教育，不断完善自身，提高自己的个性化的实践活动。自我教育是教育的基本形式之一，对于学生树立正确的价值观，塑造健全的人格，提高学生的各方面能力起着一个重要的作用。在我国传统的道德教育中，先哲们一贯提醒教育者需要重视他们所教授的学生的自身的修养。先哲们认为，提高自身心性修养是道德教育成功的关键所在，他们把自省法作为道德教育的主要方法，个体通常通过自我反省来提高自身的品德修养。孔子认为，君子能自审其身而成为君子，而小人却不能自审其身，所以小人终究成不了君子，由此可见自省对于人的道德发展是非常重要的，道德教育离不开自省这一方法。宋朝朱熹的《朱文公文集·答王晋辅（其四）》有云："自今以往，更愿反躬自省，以择乎二者之间，察其孰缓孰急，以为先后。"朱熹也强调了自省的重要意义。道德教育是改变人思想的教育，而使人思想改变的力量从根本上来说不是外物，而是人自身。道德具备自我教育的特征，人具有自我发展的潜能，道德教育应该充分调动人的潜能，启发个体自身的主动努力以实践有德性的生活，协调自己与他人的关系。

古代圣贤提出的自我修养的克己自律、自治自省的方法对于现今的道德教育有很大的启发性。这种方法的作用表现在以下几个方面：1. 克己自律、自治自省的方法能充分发挥受教育者的主动性。自省法要求受教育者主动克己自律、自治自省，使受教育者主动修养自身，可以使道德教育真正在个体身上落实，改变自我道德现状。2. 这种方法促进了个体的自我反省，可以使自己及时改正自己的缺点。人的行为具有冲动性，难免会出现错误，如果不及时反思会使错误不断延续下去得不到修正，长期发展下去会使人形成习惯，难以自觉和改变。

反躬自省，悔过迁善有利于促使人类的良好道德行为的发生，能够加强受教育者对不道德行为的监控，加强个人对道德信念的坚持。3.这种方法有利于培养人的责任感和担当精神。成为真正有道德的人不是指人能完整遵守社会的道德习俗或规范，而是指个人能在具体复杂的情境中做出适当的真、善、美的选择。克己自律、自治自省能提高受教育者的自我教育能力，促使个人在生活中创造真、善、美，发展人的责任感和担当精神。克己自律、自治自省能使人探索道德的意义，产生承担道德义务的责任感，自主承担道德责任，能够使人更加富有创造力、自我担当精神和责任感，这可以弥补非道德主义思想中缺乏担当的精神和自我责任感的不足，以帮助我们超越非道德主义思想。

非道德主义思想者倾向性表征就是自我认识较低下，当代犬儒主义者他们不能从根本上清楚地认识自己，认识这个世界，他们的思想以及态度也是消极低沉的，认为这社会上的事都与自己无关，总是一副事不关己高高挂起的样子。当今流行着一种佛系的意识形态，这是一种对待事情怎么样都可以，都行，无所谓，对待很多事情也是很不上心，对于生活中的一切都看得很淡，并没有很高很卓越的追求。但是我们站在自我教育的角度上看，这种佛系的生活态度、意识形态，真的会有益于我们的向上发展吗？社会的进步和我们自身的发展都需要我们树立远大的理想，进而为之不懈努力奋斗，倘若每个人都保持着一种佛系的意识形态，对待任何事情都认为是可有可无的，漠不关心的，那自身将无法进步，社会也很难向前发展。

培养受教育者的自我教育能力，首先，要让受教育者亲身实践，在实践中反思自身，在实践中提高自我。倘若只是一味地学习书本上自我教育知识，用死板枯燥的方式告诉学生应该怎样去反思自己，锻炼自己，自我教育，显然，这并不是一个非常高效的方法，真正意义上让受教育者提高自己，是需要通过社会实践，可能一次实践、两次实践，学生们并不能很好地改变自己、提高自己，可是在多次反复的尝试中，他们会从上一次的实践经验中总结出道理经验，通过每一次的社会实践之后的思考批判，反思自己的行为，到底是哪里出了问题，到底是哪些方面出了差错，不断总结反思，通过社会实践让学生更加了解社会生活，并以此锻炼他们的各方面能力，培养思想道德品格，明确他们的社会责任与担当，提升学生们的自我责任感、自我奉献感。将书本知识与社会实践相结合，通过社会实践，与真实世界进行互动互补，提高学生们的自我认知能力，从而转变为他们的真正行动力。

其次，要学会让学生参与到班级管理与自我管理之中，要学会让学生树立一种班级责任感，让他们充分意识到自己是班级这个大集体当中的一分子，班级的维护与管理也需要他们出一份力量。教师可以把学生放在主体位置，让学生们自己去管理班级，组织班级事务，班级内的大事小事都由学生们商量讨论过后再做决定，让他们形成一种班集体的荣辱感，把班集体的荣辱与学生自身的荣辱联系在一起，培养学生们的班级责任感与担当感。老师学会指导学生，但不是一味地指导，要让学生积极主动地去参与班级事务，或者学习上的事情，都是需要他们自己去探索的，只有当他们真正不会、真正遇到了困难时，教师可以通过一些正确巧妙的方法进行引导。同时，教师要学会采用奖励制度，要鼓励学生们帮助他人、热爱集体，当学生们表现优异时，教师可以采取适当的奖励措施，以此来教育和帮助受教育者，让他们能够更好地提升自己、发展自己。

再者，我们现在处在一个互联网时代，要学会充分利用互联网络，网络资源繁杂，但是网络资源却可以十分方便地加以利用，作为使用者，需要学生们面对大量资源进行理性筛选，充分汲取网上案例资源信息等，形成正确的观念思维，比如看到网上一些人由于过度沉迷互联网而产生什么严重的后果，自己就可以吸取教训，自我教育，自己是否也对网络有沉迷倾向，又是否需要改正？多样化的网络世界，为我们提供了多样化的丰富资源，受教育者需要通过各种实践从而形成正确的选择能力，做出正确的选择和行为。培养学生的自我教育能力，重要的是学生需要正确地认识自我，发现自我价值，明确自己的人生目标。一个人最重要的就是要学会正确地认识自我，知道自己身上的优点是什么，又有什么不足，从小老师就会告诉我们要扬长避短，在充分清楚地认识了自己之后，我们才能更好地去完善自己、提升自我，但是在认识自己这方面，我们可能还会存在不足，又或者存在较多的主观性与不确定性，导致对于自己的认识过于片面化，有时候可能会感到过度自信，一些人往往会对自己评价过高，这样极容易产生一种自负心理，认为自己就是最好的，难以让自己去接受他人一些较好的建议，比较容易产生一种以自我为中心的心理，有的时候又会过度地贬低自己，认为自己处处都比不上别人，处处都做得没有别人好，无法看到自己的长处、优点，这样会让人产生一种消极的心理，不愿意再去上进，不愿意再去为自己的人生目标而去奋斗努力，久而久之，也会对自我的身心造成严重的影响，这两种过于极端的自我评价，都不利于我们进行自我教育、自我发展。

作为教师或者家长，需要引导学生或受教育者形成正确的判断标准，引导他们正确地认识自己，树立一个人生目标这也是自我教育中不可缺少的一部分，积极向上的人生目标、远大理想抱负有利于促使我们积极向上，我们需要对自己的人生负责，对自己的未来有所规划与憧憬，作为一个真正意义上独立的人，要求我们需要充满担当与责任感、使命感。当代犬儒主义者正是缺少了担当感与责任心，才会对自己没有过高的要求，也没有很好的追求，看待一切问题都是得过且过，有所虚无。作为学生，需要对自己的学业生涯提前做好规划，计划好自己的未来，我们可以充分借鉴一下之前的成功人士案例，自我教育也是需要从他人的成功经验中来反思自己，发现他人身上值得自己去学习的地方，并采取恰当的方式去改变自己、发展自己，榜样的力量是无穷的，老师或者家长也可以积极运用榜样的力量、英雄的力量，让学生们通过榜样的一些光辉事迹，真正学到优秀的精神品质、高尚的道德节操，并通过自己的不懈努力与坚持，不断完善自己，使自己变得更加优秀。每天不断反思自己，正如孔子所说"吾日三省吾身"（《论语·学而》），在每天晚上睡觉之前，我们都需要反思一下今天的自己有没有进步，今天的自己有没有什么需要改善的，反思自己的行为，认识自己，让自己变得更加优秀，提高个人知识素养，开阔眼界，增强自我教育能力。

很多非道德主义思想者明明知道自己做的事情不对，但是却照做不误。比如现在很多的大学生网贷、裸贷现象，其实大家都知道网贷的风险性很大，特别是作为学生，偿还能力较低，但是有些人就是因为当时想要买点什么或者干点什么，有时候又是为了满足自己的虚荣心，满足自己的攀比心理，又不好意思向家里人要钱，所以就选择了网贷这种途径，借贷了一点钱，到最后却变成自己难以偿还的数目，结果有的学生选择了偷窃、自杀等较为极端的方法去面对这些自己造成的难题。正是这种攀比、虚荣等心理，让他们做出了不正确的选择，导致了各种恶果。这源于自我教育的程度不够，没有对自己做出及时的反思，不断走向了犬儒主义。生活中的很多小细节也能让我们发现一些人的犬儒主义倾向或者说是犬儒主义行为。比如去食堂吃饭，我们常常会发现有人插队，但是除了当事人很少有人会去把这种不正确的行为指出来，大多数人还是选择保持一种事不关己的态度。在公交车或者马路上，遇到有人钱包被偷，也很少有人会正义地站出来告诉受害者，帮助抓住小偷，大家明明知道这样不对，但是却以一种特殊的方式在纵容着他，宁可多一事不如少一事，揣着明白装糊涂，现实生活中的很多小细节都能反映出当代社会中有很多犬儒主义者，可是他们自己并没有认识到这一点，这也从反面告诉我们自我教育的重要以及必要性。

（五）加强学校教育

德育是学校工作的核心，全面贯彻德育工作，能够提高学校素质教育的效率。爱国主义教育、理想教育、民主与法制观念教育、科学的世界观和人生观教育等道德教育的内容应该引起学校的重视，学校要积极地将其合理地运用到大学生的道德教育中去。比如和谐教育。和谐是学校稳定发展和学生有效学习的前提，和谐的学校氛围是以人为本的，是以科学务实为落脚点的。和谐校园建设对于加强学生的品德教育、提升学生的道德水平、保障学生的健康成长有着重要意义。

1. 学校要建立有效的德育教育管理制度

学生作为社会中的一个特殊群体，在思想等方面不够成熟，如果不加以正确引导就会出现一些思想道德行为方面的偏差，因此学校需要创新德育制度以促进学生道德发展。首先，学校可以建立全面的评价制度，将学生道德素养作为评奖的重要标准之一。每个大学都有奖学金以及助学贷款等相应助学政策，学校可以将学生道德素养作为其重要指向，将平时的学习表现以及在德育课程上的考核成绩综合评价，突出道德素养的重要性。建立一个体系化和系统化的德育评价制度，推动德育工作的展开。其次，学校可以建立一个完善的奖惩体系。

对于违反校规校纪的学生，可以按照学校的管理制度来做出相应的合理的处分，以此来约束学生的一些不道德的行为。这既是对学生不道德行为的预防，又是对学生的一种积极引导。这样会有效地约束当代大学生的一些违法违纪行为，让大学生可以在大学中树立一个正确的评判是非曲直和判断行为是否道德的标准，提高当代大学生的整体素养和综合能力。

2. 完善师资队伍建设

师资队伍决定教学效果。当代社会信息来源多样，学生思想单纯，心性不定，且内心不坚强，容易受坏思想的影响而价值观扭曲。王充有言："故夫河冰结合，非一日之寒；积土成山，非斯须之作。"（《论衡·状留》）学生价值观的变化也是如此，这就需要专业人员来关注学生的道德思想，及时发现学生思想异常，并帮助学生树立正确的价值观。青年是国之栋梁，祖国未来的发展需要大量人才。关注大学生德育思想，及时发现问题，从根源上解决问题，才能促进学生的道德素质发展。一支思想好、作风正、素质高的高校德育师资队伍，决定着德育教学的效果。

高校加强师资培训，尤其应加强对老师德育的相关培训，要改变传统道德教育观念的定位和偏差，加强德育教师自身的职业道德与思想品德的修养，鼓励教师定期学习，实现复合型发展，树立"教书育人和服务育人"的观念，在日常生活和工作中要养成良好的道德行为和形成优秀的思想品质，才能对学生言传身教。大学生很多道德知识的获取来源于学校课堂之外，道德教育结合生活才能更科学、更合理，更能让学生接受。

高校领导要加深对学校德育工作者日常工作和生活的认识和理解，保证待遇公平，保持队伍稳定。高校要保证有一套完整科学的考核体系，奖惩分明，确保德育教师能够认真、负责、积极地对待德育工作。高校要发挥教学人员的榜样作用。学校工作人员和教师是德育工作的主要实施者，他们的一言一行很容易对学生产生影响，老师是学生学习和校园生活的陪伴者，尤其像大学生处于人生重要阶段，人生选择也会受到教师一定程度的影响。教师一言一行都会对学生产生潜移默化的影响，学生会在耳濡目染中模仿教师的行为，教师也能通过言谈举止将自己对生活的理解传递给学生，在这个过程中学生会对教师产生敬仰之情。每个职业都看重职业者的道德修养，教师这一职业尤为如此，这与教师所做的职业有关，教育是一门用心来做的工作。"好教师"首先是一名"有道德的教师"，所以，教师作为言传身教的主体，作为学生学习和模仿的榜样，在日常教学和生活中，应该时刻注意自己的言行举止，从自我做起提高道德素养，展现自己的人格魅力，让自己的师德潜移默化地影响学生，帮助学生成为德育的传承者，教育学生树立正确的"三观"。

发挥德育的集体作用。人类社会是一个群居社会，没有人能够脱离社会独自生存，且自古以来中华民族就是一个注重集体荣誉感的民族。在德育工作中，我们要重视集体的作用，用集体来推动德育工作的开展，让老师成为师德的传播者，影响着自己的学生，进而影响着一个集体。注重集体工作，让学生成为集体的一分子，形成共振效应，老师影响学生，学生影响学生，共同传承德育，增强集体意识。集体的力量是强大的，每个人所散发的道德魅力都能够影响整个集体，而集体又能发挥整体功能大于部分功能之和的效果。德育的开展不仅仅开展于课堂中，还需要结合其他的德育形式。所以，我们不能将德育和集体分隔开来，而是应该将两者紧密结合，使德育成为一个整体，在学校里营造良好的德育氛围，使学生在良好的环境下潜移默化地接受道德的熏陶，从而培养良好的道德素养。多设计一些集体实践活动，例如运动会、班级体操比赛等，让学生能够在集体活动中感受集体的力量，增强集体荣誉感。增强高校和老师对大学生德育的重视。

如今社会虽发展迅速，但仍有许多方面有待提高，大学生德育亦是如此，高校应增添多样的德育课程和活动，让大学生对德育有更深层次的认识。大学生青年们作为中国特色社会主义事业的接班人，高校应积极做好大学生的思想工作、思政工作，为培养下一代优秀的社会主义接班人提供保障。所以，我们必须坚定立场，提高政治站位，明确、深化思想认识，通过旗帜鲜明的思政课来引领学生们的思想发展，贯彻落实社会主义核心价值观。

3. 开设德育课堂应从书本内容入手

学校课堂不仅是学生学习知识的场所，还是师生交流的场地。学校应该严格执行国家德育大纲，制定合理、正确的学校德育目标，设计和执行并开展相关德育课程，让德育渗透到各个学科。同时学生也可以借助近现代或当代的优秀文学作品，培养历史逻辑思维，增强文学鉴赏能力，同时提升道德意识。中国是一个具有深厚文化底蕴的国家，五千年的历史文化长河中，文学鉴赏能力能够让我们感悟我国文化的真谛，深化我们对人生意义的理解，帮助我们摆脱低级的文化趣味，追求人生中的真善美。

学校可以在语文课本中增加关于德育的文章，文章内容要符合社会主义核心价值观，符合新时代德育要求，这样课堂不仅发挥了传授人文知识的本质功能，还能起到道德教育的作用。例如，在《伟大的征程》中，让学生了解到为了"神五"飞天，中国人民付出了一代又一代的努力，"神舟五号"的成功飞天也标志着中国的航天事业进入了划时代的领域。这些内容让学生感受到了生为中国人的自豪，培养了学生热爱祖国、为祖国奉献的精神。

《喜看稻菽千重浪》中，袁隆平爷爷毕生致力于用农业科技战胜饥饿，他坚持真理、无私奉献，一次次实验，一次次失败，再一次次实验，终于培育出来杂交水稻，不仅解决中国温饱问题，更为解决世界温饱问题做出贡献。在这篇课文中，学生能够感受到在那个年代，连温饱都是问题，而现在的衣食无忧正是一批又一批的劳动者刻苦钻研，孜孜求索，用智慧的头脑和勤劳的双手，托举起民族复兴的梦想。这无不让我们为之动容，为之敬佩，为之震撼，为之学习！语文课本中要精选一些文章，精选的文章要与德育有着密切联系，教师在带领学生学习时，注重道德教育，让学生理解课本中的"德""奉献""劳动"，引导学生将优秀品德内化于心、外化于行。不仅语文课堂，其他的科目课堂也要开展德育工作，教师在教学中，注重教学方式的多样化，将德育生动活泼地渗透到课堂中，让学生更积极、更主动地接受与理解。

4.道德教育应该从应对社会生活中的价值冲突着手

高校开设的课程是大学生学习道德教育的主要平台，教师在传授知识的同时也要引导学生坚持正确的道德方向，形成正确的道德观念，使学生处于更加和谐的校园环境中。思政课程要给大学生指明方向，高校道德教育要坚持社会主义核心价值观，教学生运用科学的方法，努力学习中国特色社会主义文化，把新时代大学生培养成新时代接班人。高校教师应该拥有丰富的知识、正确的道德观念、科学的教学方法。这样在教师的带领下，才会切实增强新时代大学生道德教育的效果。教师要开展思政课程改革，以便更加形象具体地向学生传播优秀道德观念，从而真正实现大学生道德教育的目的。开展思政课程改革，也需要大学生积极投入道德价值养成过程，形成正确的道德信念。

国无德不兴，人无德不立。习近平一贯高度重视培养社会主义建设者和接班人，把立德树人作为教育的中心环节。在全国高校思想政治工作会议的讲话中，习近平指出"高校立身之本在于立德树人"。因此，高校的主要任务就是要培养一流的人才，而有越来越多的一流人才所聚集的高校才能够真正成为世界一流的大学与高校。在这样的目标指引下，新媒体在将思想道德教育融入高校相关课程的任务中起到了至关重要的作用。自2020年新冠肺炎疫情席卷全球以来，中国大部分高校停止全日制教学计划，采取网络授课，通过网络，借助新媒体平台，依托中国及世界大变革的背景，新媒体作为一种新的、全面的媒介帮助当代大学生开拓"眼界"、放眼全国与世界，树立良好正确的思政观念。

上好新时代思政课，不仅要以书授人，而且需要明确学生特点，熟悉新时代大学生思想发展和成才的规律，更要依托时代潮流和科技发展，掌握学生接受知识信息的兴趣点和兴奋点，借助新媒体传播方式的新奇性来吸引大学生。在学生对新媒体的新奇兴趣中，可以将正确积极的思想道德教育内容逐渐渗透进来，为实现思想道德教育与高校相关课程的有机融合创造有利条件。高校要将大学生思想道德教育培养融入高校课程，要使课堂形式多元化，要针对大学生思想活跃、视野开阔的特点，提高教学内容的针对性和有效性，落实思想道德教育与高校课程的融合，深入研究思想道德教育课的教学方法和教学重点难点的问题，以建设内容准确、思想深刻、形式多样的思想道德教育，落实立德树人的根本任务。而这些目标通过新媒体与课堂的结合将会被逐一突破，得以实现。

5. 营造良好的校园环境

（1）良好的文化氛围

人能够通过社会实践能动地改造环境，同时环境也在塑造着人。学校的德育环境对大学生的影响很大，良好的校园德育环境促使大学生的德育迅速发展。大学生以学校为中心，一个好的校园环境能够有效地推动学生思想政治工作的开展，这也是加强校园环境建设的重要原因。

学校是大学生学习、生活的场所。所谓环境也能影响人，因此营造一种好的校园文化氛围对于社会主义核心价值观融入大学生德育教育也是非常有利的。有句老话："近朱者赤，近墨者黑。"当一个人处于一个文化氛围良好的环境里，他也会不自觉地变成相应的模样。由此推及，假如一个校园里，社会主义核心价值观思想氛围浓厚，那生活在这儿的学生们都会受到影响，从而形成一定的思想氛围，由此开展大学生德育教育也会更为顺利。

学校是学生学习科学知识，提高实践技能和形成正确价值观的重要场所。在学校里形成和谐的氛围，有利于提高学生的人文素养，为学生形成正确的价值导向提供保障，为社会培养高素质人才。学生的道德素养和"三观"应得到科学的指导。正确的价值导向来自教师，也来自和谐的校园环境。德育环境包括校内环境与校外环境，校内环境是指大学生在校期间接受到的环境，例如班级课堂、师生关系、校园文化等环境；而校外环境是指除校内环境之外，大学生所处的家庭、社会文化等校外环境。校内环境与校外环境的交相配合才是提高大学生思想道德修养与水平的有效途径。因此，学校、家庭、社会等一切相关环境都必须给学生提供一个良好的德育教育的沃土，保证学生从校园小环境与社会大环境两片土壤中吸收汲取到所需的营养，激发学生自身提升政治思想道德修养的热情。

（2）良好的学习生活环境

一个人的成长是受环境影响的，因此良好的生活环境和学习环境是至关重要的。良好的生活环境和学习环境有利于推进大学生道德教育。在生活环境方面，学校要制定相关管理规定，尽量减少学生违法乱纪行为，同时在学生住宿方面也要尽可能提供更好的条件。学习环境在大学中也是很重要的，大学生在健康温馨的环境中学到知识和技能，同时也在此环境中学到分享与奉献，学会承担责任，学会做人。

（3）开展德育活动，丰富学生校园生活

大学与中学有着很大不同，中学注重学习，很少会有活动，而大学以学习和实践并重，有各式各样的社团、丰富多彩的活动，甚至自己在学校审批通过后也可以自主举行活动。所以，大学要坚持以社会主义核心价值观为导向，并结合新时代德育要求，开展德育进校园活动，让大学生积极主动参与其中。大学可以举办相关讲座，让德育专家走进校园，与学生交流；也可以举办德育标兵活动，鼓励学生争做德育青年，向德育青年学习；可以多举办书法进校园、戏剧进校园、法治进校园、党史进校园等等一系列进校园活动，让学生理解、学习中国传统文化、安全规则和党史等，这也是创新校园文化活动、创新德育活动的一种有效方式，不仅能让学生感受到中国传统文化的魅力，提升学生文化方面的素养以及艺术造诣，而且能让学生理解伟大的革命精神。大学举办丰富多彩、多姿多样的德育活动，提供给大学生多种多样的加强文化道德修养的机会，不但可以提高他们的综合素质，还能有效促进德智体美劳等各方面的全面发展，以此有助于适应新时期发展的新需要，推动学生"三观"与社会、自然的有效统一，满足高校学生对校园文化建设的新需求，推动高校德育工作发展，丰富新时代教育。

6. 创新德育形式

学校为即将踏入社会的个体提供知识教育，也为其将来融入社会接触他人奠定基础。学校是提供教育的重要场所，更是提供德育教育的主要场所。学校应改变传统的耳提面命、灌输类死板教学，要寓教于乐，开展丰富多彩、形式多样的课外活动。实践活动与理论相结合，让学生真正改变传统思维定式，积极投身于为人民谋幸福、为民族谋复兴、为世界做贡献的实践中。教师要为人师表，不断强化自身知识和提升道德水平，武装头脑，指导实践，以身作则。

7. 引导大学生理论实践相结合

掌握道德知识、进行道德判断、做出道德选择、参与道德实践是大学生个体道德形成的不同的侧面。从这几个方面出发，我们可以明确大学生道德教育的任务和目标。大学生道德教育的首要任务是做到明辨是非善恶，在各种不同的道德情境中提高自身的道德认知水平。学习和践行社会主义核心价值观也是目前进行大学生道德教育全过程的重要任务之一。但空有理论知识是不足以将大学生道德教育贯彻落地的，因此要将大学生的道德素养的培养和提高与日常生活相结合，要在校内与校外两个环境中进行。大学生在道德教育认知活动过程中获取的道德理论知识，运用到生活实践中、真实的道德冲突情境中才能形成真正的道德能力。

实践是检验真理的唯一标准。为推动社会主义核心价值观融入大学生道德教育，开展社会实践活动是很有必要的。实践能深入人心，使人印象深刻，有利于自身形成相关的教育思想，在活动中领悟社会主义核心价值观，在实践中践行社会主义核心价值观，培养大学生的爱国情怀。知识理论是抽象的，唯有实践才能化抽象为具体，使枯燥的课本文字转化为生动的活动，让社会主义核心价值观内化于心、外化于行，更好地进行大学生道德教育工作，更好地引导大学生在生活实践中深化道德认知，分析新的道德问题，发展道德理性，正确认识负面道德现象，捕捉蕴含新的道德生命力的社会规则，提出新见解，主动自觉地进行道德评判。

8. 突出大学生的主体地位

大学生们对未来充满憧憬，对未知心怀忐忑，并且没有褪去中学生的青涩，内心充满了对大学生活的好奇、对知识的渴望。他们有独立自主的意识，有社会交往的意愿，思想活跃，对社会热点问题表现出极大的关注。大学时期是学生们政治社会化的重要时期，他们的思想状况、政治素质和知识能力等关系到党和国家事业的前途命运。思想政治素质对大学生成长起着政治引领和价值导向的作用。而新媒体作为新兴事物对大学生有着强大的吸引力，我们要以贴合大学生身心发展规律的形式组织思政课陪伴同学们的大学生活。

以新媒体为媒介的思政课，作为大学期间系统接受思想道德教育的辅助工具，其政治引导的地位和意义不言而喻。利用好新媒体上的思想道德教育课，必须遵循教学基本规律，把握学生自身发展特点，探索有效的教学方法从而提高思想道德教育课的吸引力，做到以学生为中心，达到立德树人、铸魂育人的目标。教师和学生作为教育中的双主体，在德育过程中也不例外，德育教育工作者和接受德育教育的大学生都应该是主体，两个主体间人格的平等交往、道德素养、道德品格上的相互影响，使得二者之间建立起民主、融洽的道德教育合作关系，以此达成有效的德育教学效果，促进教师与学生两个主体间思想品德的双发展。双主体下也具有其侧重点，德育工作者作为德育过程中输出的一方，应创造更多机会，重视和发挥学生的主体作用，避免"教"喧宾夺主，遮盖了德育过程中"学"的作用。此外，德育教育工作者还应主动为学生构建积极的思想内心活动环境，让他们能够去主动接受并将德育教育工作者的德育要求内化为他们自身的道德品格，以此达到道德认知阶段向道德行为阶段转换的德育培养目标。每个人都有自己的个性，就像世界上没有两片一模一样的树叶，每个人都有被尊重、被关怀的权利，尤其像大学生正处于人生中由学校向社会过渡的关键阶段，也是一个敢尝试敢拼搏的阶段，会面对挫折，面对焦虑，对人生感到迷茫，也容易造成心理健康问题。所以，学校在德育工作中可以多在情感上下功夫，在突出大学生主体地位的前提下，尊重个性差异，关注学生各方面情况，培育彼此关怀的感情氛围。让学生感受到关怀，产生情感共鸣，唤醒学生原本就有的积极情感，并使之升华到对共同体的归属感，提高学生的道德感。大学可以多设立心理健康交流点，让专业的老师与学生沟通，缓解学生焦虑情绪，引导学生正确面对压力和挫折，引导学生积极向上、关怀他人。当学生感受到温暖，受到关怀，感受到爱，他们也会传递温暖，传递关怀，传递爱。这些措施对学校德育工作有着很大的积极推动作用，也会有效规避校园欺凌、大学生自我伤害等一系列校园问题。

"好话胜过良药，能治心中沉疾。"交流是一门艺术，好的交流是一剂良药，学校应该积极开展对话教育。对话教育在大学生德育工作中具有很大的艺术价值，不仅仅是创新德育教学方式，也推动德育有关内容融入相关课程中，更是师生相互平等和相互尊重的体现。学校在实施对话教育过程中，应当坚持马克思主义，坚持以学生为发展中心等原则，积极研究出对话教育在大学生教育和德育工作的应用策略，让新时代德育焕发生机。

（六）国家完善德育相关工作

德育是社会主义现代化建设的重要条件，为国家培养高素质政治公民奠定了基础。中华民族自古就是一个重视道德教育的民族，"德"一直以来都是中华民族之魂，扎根于中华民族的土地。无论是中国古代还是新时代，德育一直发挥着重要作用。所以说，在道德方面的教育不容忽视。政府需要加强相关职能建设，整顿党风党纪，清肃网络空间，普及科学知识。同时，加大宣传力度，大力推动社会主义精神文明建设，加强公民思想道德建设，在全社会形成向上向善的氛围。

1. 制度层面：完善德育工作制度，形成良好社会风气

制度建设是建设德育的根本工作。邓小平曾指出，凡是涉及制度问题都具有稳定性和长期性。党的十八大将立德树人作为教育的根本任务；党的十九届四中全会提出要完善立德树人体制机制；2019 年，习近平主持召开新中国历史上首次学校教育思想政治理论课教师座谈会。一系列关于德育工作的政策也相继出台：在《国家中长期教育改革和发展规划纲要（2010—2020 年）》提出三个坚持，即坚持育德为先、坚持能力为重、坚持全面发展，强调把社会主义核心价值体系融入国民教育全过程。在《普通高等学校思想政治理论课教师队伍培养规划（2019—2023 年）》中提出思想政治理论课的计划，如思政课教师队伍后备人才培养专项计划、骨干教师研修项目、全国高校思政教师名师工作室等。在《关于全面深化课程改革落实立德树人根本任务的意见》中指出无论在哪一个科目中都必须体现德育，都不能不"育人"。一系列措施在制度层面确立了德育的重要性，一系列政策措施的出台，不仅促进了德育理论的完善，也为营造良好的社会德育风气提供制度引领和制度保障。当社会有了良好的德育风尚，便能够充分发挥社会文化作用，进而发挥文化所具有的深远持久的特点，能潜移默化地影响着大学生的思想和行为，推动大学生积极参加健康向上的活动，接受优秀文化的熏陶，使大学生终身受到德育风尚的影响，并终身践行德育实践，为实现中华民族伟大复兴而奋斗。

2. 法律层面：制定法律法规，约束行为

（1）营造健康积极的网络空间

当今社会网络十分发达，但许多网络体系并不完全透明，所以网络安全成为社会一大问题。许多大学生对于网络健康问题并不敏感，国家加强网络健康

管理，减少网络对学生的危害，进行网络德育教育也不失为一种好办法。因此国家要重视网络安全健康问题，加强网络监管，扩大法律布局，营造清朗的网络氛围。

（2）严厉制止校园欺凌事件

国无法不立，民无法不治，依法治国是坚持和发展中国特色社会主义的本质要求和重要保障。近年来，校园欺凌事件层出不穷，严重危害着青少年的生理、心理健康。为了防止校园欺凌产生恶性循环，我国出台并完善了许多法律法规，如《中华人民共和国治安管理处罚法》《中华人民共和国未成年人保护法》《中国青少年健康教育核心信息及释义（2018版）》等等，这些法律文件从人权、未成年人保护等角度出发，对"校园欺凌"可能涉及的方面进行了规定和要求。根据法律法规要求，欺凌者不仅会受到道德层面的谴责，也将为自己的行为付出代价。这些法律法规也为被欺凌者提供法律后盾，让被欺凌主体知道在反欺凌行动中应该做什么和怎么做。大学阶段是人生中非常重要、非常关键的时期，它不仅是大学生生理、心理由未成年向成年过渡时期，也是世界观、人生观、价值观形成发展的重要时期。在这个阶段，大学也为其提供一个拓宽视野的平台，因此大学生所接触的事物也是丰富的，要勇于去尝试各种新鲜事物。但同样，在这个时期的大学生有着强烈的自我意识，对事物有抽象的看法和思考方式，很容易脱离现实，容易用反社会、不成熟的推理方式来思考事物，此时的大学生与中学生相比，具有一定的情绪调节和控制能力，但与成年人相比，也具有一定的不稳定性，他们的情绪波动有极强的外显性，对外界的刺激反应迅速、敏感，很容易受到群体活动的影响和感染，进而造成校园欺凌的恶性循环，或者其他不正确、不道德行为。无规矩不成方圆，制定、完善《中华人民共和国教育法》《普通高等学校学生管理规定》等一系列法律法规，有利于约束大学生的行为，让他们明白自己的不恰当行为会带来什么样的后果，对学校德育工作的开展也有着重要意义。

3. 经济层面：加强对德育工作资金投入，强化新时代管理意识

随着改革开放的全面展开，社会主义市场经济的建立，封闭性管理已经不能适应新时代的德育需要。互联网的兴起，经济的快速发展和观念的改变，使

得德育管理的"开放"成为大势所趋，大学生德育不应限于学校德育、家庭德育，也应该进行社会德育。高校应鼓励学生积极进行社会德育实践，结合宏观与微观两个方面进行德育管理。国家应加大对德育工作的投入，将德育工作经费纳入经费年度预算，让德育工作的场所有更多的经费能够去订阅相关书籍、购买相关教学仪器等。

（七）大学生自我提升

加强道德教育，是青年健康成长、全面发展的必由之路。做一个有道德的人，也是亿万家庭对青年的心愿。大学生是社会上最活跃、最富有朝气和活力的青年，因此思想道德教育也理应成为当代大学生的必修课。拥有良好的思想道德教育有助于使大学生无论是在校园生活还是社会生活中都能够形成健全的人格，赢得信任，获得发展的机会。同时，思想道德教育对于国家和社会也有着重要意义。思想道德是社会和谐的重要道义基础，也是构建和谐社会的精神动力。构建和谐社会，德育为先。大学生从自身出发，通过努力使自己变得更好，成为优秀有担当的人。祖国的未来需要青年，只有青年强大了，祖国才有更加美好繁荣的明天。

1.提高文化素质，学会辨别是非

李白曾在《相逢行》中叹息，"光景不待人，须臾发成丝"。新时代大学生正值青春年华，有朝气，有精力，应该积极向上，充满活力，而不应该蹉跎岁月。大学生应当充分发挥主观能动性，自觉去学习德育知识和道德模范行为，以模范人物为榜样，争做道德模范人物。大学生可以参加"道德进校园、法治进校园、党史"等一系列活动，学习中华优秀传统美德，学习新时代道德要求，学习马克思主义，学习如何成为合格的社会主义接班人。大学学习的内容与中学不一样，不再只限制于固定的科目，学习内容更加广泛，学习时间更加自由。作为新时代青年，大学生应该努力学习专业知识，开阔视野，提高自己的文化素养，丰富自己的知识储备，在面对选择时，这些知识储备和阅历积累也能提供判断的依据。朱熹曾说："人之进学在于思，思则能知是与非。"（《九思》）当大学生自身有了广博的知识和丰富的阅历，在做一件事，在进行一次选择时，

他能够判断这样做是对还是错，是不是符合新时代德育要求，是否有益社会、有益自己。

2. 大学生应树立正确的价值观

大学生应树立正确的"三观"，提高明辨是非的能力。俗话说"师傅领进门，修行在个人"，即使周围有着良好的德育氛围，自己如果不主动去树立正确的"三观"和提高道德素养，始终抱着消极的态度去面对周围的人和世界，那也很难成为一个合格的社会主义接班人，合格的中华民族伟大复兴接班者。大学生的道德行为是衡量一个大学生思想觉悟高低、道德品质优劣的重要标准。大学生要学习知识，首先要学习做人。中华优秀传统文化积淀着五千多年的漫长历史，具有深厚的文化软实力，大学生可以从中华优秀传统文化和当代优秀民族精神中吸收知识。北宋范仲淹提到"居庙堂之高则忧其民，处江湖之远则忧其君"（《岳阳楼记》），体现了作者深深的国家和民族忧患意识，这是一个人应该具备的道德品质（不是对社会毫不问津，也不是只顾自己，不关心他人）。大学生积极地学习道德教育知识也是承担社会责任的体现。再者，文化的多元化促使社会思想发生动荡，在人们思想不稳定的情况下，当代大学生更应树立自己正确的价值观。大学生是祖国的未来，是祖国明天的顶梁柱，只有大学生打好道德基础，有正确的价值观，为未来进入社会打好基础，才能得到更好的发展。大学生应自觉地从方方面面去树立正确的价值观，提升自我德育，孜孜不倦学习，勇担责任，才能有更美好的明天。

3. 大学生应该对自己严格要求

做一个有道德的大学生应该树立正确的世界观、人生观、价值观。在学校里要团结友爱，尊重师长，勤劳惜时，诚实应考，爱班护校，全面发展，遵规守矩。在家孝敬父母，时刻不忘父母教诲，对父母指教要洗耳恭听。在社会上要遵守法规，乐于助人，待人处事文明有序。大学时期是思想道德观念形成的重要阶段，要做到德智体美劳全面发展，思想道德方面的健康成长不可或缺。做一个有道德的人，是大学生健康成长，全面发展的根本目标所在。当代大学生即将走上社会，会担负起越来越重要的社会责任。积土成山，积水成渊，积善成德，当代大学生应该树立从小事做起，从身边做起，从细节做起的正确观念，服务他人，提升自己。在日常的学习生活中，必须坚定社会主义信念，紧紧地跟着党的步伐前进，积极地在校园文体活动和科技创新活动中引领思潮，把握方向，宣传先进文化。另外，作为当代大学生，首先我们要对自己负责，提高道德修养，锤炼道德品质，科学地对待人生环境，创造有价值的人生。我们要用能力来回报家庭、回报社会，为社会的进步做出自己的贡献，为人类的发展贡献出自己的一份力量。

4. 大学生要注重理论联系实际，在比较与鉴别中学习德育

现如今，世界正处于百年未有之大变局中，中国也处于社会转型时期，青年大学生正面临着多重价值体系的选择问题。作为青年大学生，我们不仅仅需要在思政课堂上认真听讲，努力学习思政知识，加强自己的思想道德建设，还需要去将我们在思政课堂中所学习到的知识内化于心、外化于行，去运用所学的道德理论以及道德观点分析现实生活中我们所遇到的问题。实践是理论的基础，理论反过来指导实践，我们需要坚持理论联系实际，实事求是地去解决现实问题。在实践中学习，对青年大学生在面临选择窘境时做出选择，有着积极的指导意义。作为青年大学生，我们又该如何理解"理论联系实际"呢？从大的方面来说，我们需要学会观察生活，了解我们所生活的现实社会的实际状况，对其有一个客观认识。从小的方面来说，是联系自身的思想实际，加强自身思想道德建设。当我们学好思想道德知识以及基本理念时，就要学会去应用这些理论去建设好自身的思想道德品质，运用我们所学的理论知识去分析现实社会中的实际问题，去分析社会现象（一般包括政治、经济、文化等现象）。大学生要以思想道德理论为武装，联系社会实际，分析社会现象，从各类社会思潮中选择一个正确的价值方向。

（八）加强全社会大环境的道德建设

1. 加强社会主义道德建设

环境对人的影响作用是深远持久，潜移默化的。我国是社会主义市场经济与计划经济相结合，其运行秩序要求绝大多数社会成员在经济发展中也兼顾道德发展。社会主义市场经济与计划经济相结合是人类自身发展的必然要求，也

是人类追求自由、全面发展的必然要求。社会主义市场经济与计划经济相结合是人类自由和全面发展的一种有效途径。日益复杂的社会经济活动，对青少年的德育工作也有很大的影响，所以对社会环境的综合治理势在必行。国家要大力提倡和激励广大群众参与到德育工作中来，尤其要营造一个有利于大学生思想品德教育的良好氛围。社区也应该加强宣传，通过张贴一些爱国图片，举行"文明家庭"评选活动等使学生接受教育受到熏陶，自觉提高自身素质。大众传媒要弘扬正能量，奏响主旋律，唱响正气歌，加强社会主义核心价值观的建设，让美善精神如春风化雨般滋润心灵。学校要营造良好的德育氛围，教师也要顺应学生的发展规律，在学生的日常生活和学习中，运用多种方式、方法强化对学生的品德教育，定期组织同学探讨社会上的不良风气，并提出改正不良行为的有效措施，尊重其个性发展的需要，重视其人格发展，最终实现全面提高其综合素质的目的，让大学生们尽情地去追求知识、探寻真相，充分发挥自己的长处，促进个性健康成长、全面发展，让学校真正成为学生形成良好道德观念的舞台。

2. 充分利用大众传媒

新媒体行业专家彭兰提出"万众皆媒"，意味着每个人都有可能成为信息的创造者，或信息的传播者，每个组织或机构都能拥有自主的信息发布渠道。而在这个信息更迭迅速的时代，新时代大学生通过微博、抖音等新媒体平台对时事热点给予关注和适当评价。由此可见，新媒体为新时代大学生表达自己积极正确的想法提供了高效快捷的平台。此外，短视频等新媒体新形式是属于新时代的新生之物。新媒体传播往往具有巨大精神暗示效应。暗示效应是指通过含蓄、抽象诱导的间接方式，在不存在对抗的情况下，通过间接的方式影响人的心理和行为，引导人以某种特定的方式行事，或接受某种观点，使他们的思想和行为与暗示者的预期目的相符。比如，在国家官方平台上播放十几秒的热血爱国视频再加上使人热血沸腾的歌曲，会给人的大脑留下深刻的印象，激发人的爱国情感。由此可见，新时代道德教育要充分利用大众传媒引导当代大学生树立积极正确的思想道德观念。

3. 大力弘扬社会主义核心价值观

国无德不兴，人无德不立。关于立德，社会主义核心价值观其实就是一种德，既是个人的德，也是一种大德，是国家的德、社会的德。社会主义核心价值观作为一种精神引导，它在大学生德育教育中具有无可比拟的作用。重视新时代大学生社会主义核心价值观的培养，不仅可以提高大学生道德素养，形成良好道德品质，促进大学生健康成长，而且也是构建和谐社会的必然要求，为培养社会主义接班人奠定了基础，有利于推动中华民族伟大复兴，推动中国更加强大。大学生是建设社会主义现代化事业以及实现中华民族伟大复兴中国梦的强有力接班人，同时也是社会主义建设的先锋队，因此大学生社会主义核心价值观的形成至关重要。只有教育他们践行正确的社会主义核心价值观，他们才能更好地为国家做贡献，为后人做好榜样。社会主义核心价值观几乎囊括了中国人在国家、社会以及个人方面所有的道德要求。在大学生德育教育中，社会主义核心价值观是衡量道德的标尺，它既能引导德育教育工作，又能彰显社会主义文化中道德教育的全面性，培养出品质优秀的青年。在大学生德育教育中，要坚定地以"二十四字"为依据，以它为目标，把"二十四字"作为行为的指向标。以社会主义核心价值观为标尺，培养新时代的优质大学生、国之未来栋梁。在高校的德育教育中，社会主义核心价值观教育随处可见，红色横幅写着"热烈祝贺中国共产党成立一百周年"，学校贴吧、表白墙等在节日里发表相关帖子……凡此种种，都是在宣传社会主义核心价值观里的爱国。同学之间不小心撞到，你道一句"抱歉"，我回声"没关系"，互帮互助，一句句、一桩桩体现着友善的优秀品质；拾金不昧、拾物不昧，积极寻找失主，诚信考试，处处透露着诚信的光辉；在国家法治建设的浪潮之下，人人都应具有法治意识，要知道天网恢恢疏而不漏，法无授权不可为。大学生们作为成年人，要懂得可为与不可为，遵纪守法，做一个好公民，此意识源于他们的脑海里，让他们不做违法犯纪的事，这就体现着法治；每个人都是一个独立的个体，他们能在大学里面平等地享受某些权利和福利，每个人都有平等的机会，这就是平等。富强、民主、文明、和谐，自由、平等、公正、法治，爱国、敬业、诚信、友善，这二十四字在大学生德育教育中必不可少，是德育教育的精华所在。

（九）重视家庭德育

父母是孩子的第一任老师，家长应当言传身教，树立良好的榜样，为营造文明开化的家风出力，也可适当借用优良古训来加强家庭德育。从接受教育的历程来看，家庭教育是一个人接受时间最早、历时最长、影响最深的一种教育，一个人从出生到成年，其成长与家庭的教育和影响是密不可分的。优良的家庭环境，不仅能为学校教育奠定良好的基础，又可以在一定程度上抵制社会环境的负面影响。优良的家庭教育，能对人的道德观念、价值观产生影响，使人受益终身。优良的家庭教育，可以使儿童和青少年在潜移默化中形成对美丑、是非、善恶的判断，让他们远离罪恶，在不知不觉中养成高尚的品格，拥有向善的品性。

道德教育是教育的根本，也是教育的重要组成部分，新时代德育对培养新青年的使命和担当具有很大的现实意义。在大学园地中开展道德教育工作是一个漫长的过程，尤其在提升大学生道德素养方面。因此，对大学生进行德育教育的时候，我们需要结合社会现实以及大学生自身状况，遵循客观规律，从现实中找出原因，并积极地寻找对策。未来德育教育要与学校教育、家庭教育、社会教育和个人教育结合起来，不能单独进行，它需要各方面的配合与合作。要让中华优秀传统文化走入校园，融入大学德育教育的课堂，让学生们在大学的学习以及日常生活中潜移默化地得到道德素质方面的提升，让新时代青年在大学期间可以健全自身人格以及养成成熟的心智，从而成为一个真正对社会、对国家建设有用的人，成为祖国的栋梁之材。未来的德育教育工作体系会越来越完善，可以更好地与知识教育相融合，让德育与智力教育共同发展，让学生在获得知识进步的同时也可以提高自身的道德素质和修养，使之更加有能力有底气地为建设社会主义和谐社会做出自己的贡献！

附录　大学生对幼儿道德教育活动的案例分析

实践是检验真理的唯一标准。大学生道德教育同样要关注道德教育实践。基于这一理念，笔者尝试设计一些大学生道德教育调研活动，使大学生通过对他人道德教育实践活动完成自我道德教育。在实际社会生活实践中，大学生通过观察分析幼儿道德行为，可以反省自身道德行为，提升自身道德知、情、意、行水平。以下为具体实践案例，笔者期望通过相应案例分析给道德教育实践者以启示。

案例一　幼儿孝观察与分析
——基于柯尔伯格的道德发展理论

一、孝的概念

孝是中华传统文化提倡的行为，指儿女的行为不应该违背父母、家里的长辈以及先人的意愿，孝是一种稳定伦常关系表现。所谓"百行孝为先"，反映了中华民族极为重视孝的观念。

我国现存最早的汉字文献资料殷商甲骨卜辞之中已有"孝"字。《说文解字》解释篆体孝字云："善事父母者。从老省，从子，子承老也。"孝就是老人与子女的关系。《诗经》中有这么一段话："父兮生我，母兮鞠我，拊我蓄我，长我育我，顾我复我，出入腹我。欲报之德，昊天罔极。"

二、分析基础：柯尔伯格的道德发展理论

柯尔伯格的道德发展阶段理论的具体内容。

（一）前习俗水平

既不理解规则，也不能用规则和权威判断好坏。使他愉快的或兴奋的就是好的，使他痛苦的或者害怕的就是坏的。没有义务、应该、必须等概念，即使在外在权威的意义上也是如此：行为受它自身能做什么和想做什么所支配。

在这个水平上，儿童能够区分文化中的规则和好坏，懂得是非的名称，但是他是根据行为对身体上的或快感上的后果来解释好坏的（受罚、得奖和交换喜爱的东西），或是根据宣布这些规则和好坏的人们的体力来分别好坏的。这一水平分为两个阶段：

阶段1：以惩罚与服从为定向。以行为对自己身体上所产生的后果来决定这种行为的好坏，而不管这种后果对人有什么意义和价值。避免惩罚和无条件地屈从力量本身就是价值，而不是尊重为惩罚和权威所支持的那种基本的道德秩序（后果是阶段4的表现）。

阶段2：以工具性的相对主义为定向。正确的行为就是那些可以满足个人需要，有时也可以满足他人需要的行为。人们之间的关系是根据像市场地位那样的关系来判断的。儿童知道了公平、呼唤和平等分配，但他们总是以物质上的或实用的方式来解释这些价值。交换就是"你帮我抓痒，我也帮你抓痒"，而不根据忠义、感恩或公平来进行的。

（二）习俗水平

在这个水平上，按照个人的家庭、集团或国家所期望人们做的去行事就被认为它本身就是有价值的，而不管它所产生的直接的和明显的后果如何。这种态度不仅服从个人的期望和社会的秩序，而且忠心耿耿，主动去维护、支持这种秩序，并以与这种秩序有关的个人或团体自居。

在这个水平上有两个阶段：

阶段 3：以人与人之间的和谐一致或者"好男孩——好女孩"为定向。凡是讨人喜欢或帮助别人而为他们称赞的行为就是好行为，其中许多符合大多数人心目中定型了的形象或"自然的"行为。经常用意图去判断行为。第一次把"他的用意是好的"作为行为的一个重要因素。好孩子就会获得别人的赞许。

阶段 4：以法律与秩序为定向。行为是服从权威、固定的规则和维护社会秩序的。尽自己的义务、对权威表示尊重和维护既定的社会秩序本身就是正确的行为。

（三）后习俗的、自主的或有原则的水平

在这个水平上，儿童显然努力在摆脱掌握原则的集团或个人的权威，并不把自己和这种集团视为一体从而去确定有效的和可用的道德价值和原则。这个水平也有两个阶段：

阶段 5：以法定的社会契约为定向。总的倾向带有点功利主义的色彩。正确的行为往往取决一般的个人权利和异为整个社会批判考核而予以同意的标准。儿童清晰地意识到个人的意见和价值是相对的，从而相应地强调要求有一个取得一致意见的程序和规则。除了在宪法上民主地同意了的事物，权利是关于个人的价值和意见的事，所以其结果是强调法律的观点，但同时也强调要根据对社会是否有用的理性思考来改变法律的可能性（不像以法律秩序为定向的阶段那样死板地维护法律）。在法律领域之外，自由同意和契约乃是遵守职责的一个具有联结作用的因素。这就是美国政府与宪法的"官方的"道德。

阶段 6：以普遍的伦理原则为定向。根据良心做出的决定就是正确的，而

所谓根据良心做出的决定就是根据自己选择的具有逻辑全面性、普遍性和融贯性的伦理原则作出的道德决定。这些原则是抽象的和伦理的，而不是一些具体的道德规则，如"摩西十戒"等等。实质上，这些原则就是普遍的公正原则、互惠原则、人权平等原则和尊重个人的尊严的原则。

基于幼儿身心发展特点，结合柯尔伯格的道德发展理论，阐述幼儿对于孝的认知：柯尔伯格的道德发展理论对于道德阶段的划分以年龄为依据，幼儿年龄为 3—6 岁，对应着第一阶段的两个发展水平，即前习俗水平。这一水平分为两个阶段——以惩罚与服从为定向和以工具性的相对主义为定向。

三、结合具体案例分析幼儿对于孝的认知与践行

案例一

1. 观察日期：2020 年 6 月 23 日

2. 观察者：张风

3. 观察对象：凤凤

4. 幼儿年龄：4 岁

5. 观察环境：凤凤的家

6. 观察记录：

在一个晴朗的上午，凤凤小朋友的妈妈在洗衣机旁边洗衣服，这时，凤凤小朋友右手提着白色空水桶，左手拿着许多彩色的衣架玩，并且她时不时地会抬头看看她的妈妈洗衣服。然后她的妈妈说："凤凤，给妈妈接水好不好呀，接水洗衣服"，凤凤抬头看着她的妈妈没有说话，但是她很听妈妈的话，提着水桶小跑着来到了水龙头旁边，接着她打开了水龙头接水。

7. 分析评价：凤凤小朋友现在的行为正处于前习俗水平的第一阶段——以惩罚与服从为定向。凤凤小朋友可以服从妈妈的请求，帮助妈妈接水，可以发现孩子十分顺从权威人物规定的行为，而他们服从权威或规则只是为了逃避惩罚，他们认为受赞扬的行为就是好的，受惩罚的行为就是坏的，他们还没有真正的道德概念，行动的物质后果决定这一行动的好坏，不理会这些后果所涉及

的人的意义或价值。他们凭自己的水平作出避免惩罚和无条件服从权威的决定，而不考虑惩罚或权威背后的道德准则。

案例二

1. 观察日期：2020 年 6 月 23 日

2. 观察者：张风

3. 观察对象：凤凤

4. 幼儿年龄：4 岁

5. 观察环境：凤凤的家

6. 观察记录：

一天晚上，凤凤小朋友的爸爸下班回家，凤凤看到她的爸爸回来了，很高兴地并且激动地蹦蹦跳跳地喊着：爸爸，亲爱的爸爸回来啦。然后凤凤小朋友先是把拖鞋拿给她的爸爸，她把拖鞋放在她爸爸脚的旁边，然后她指着拖鞋又看看她的爸爸说：给，给你。即示意她爸爸把拖鞋穿上。因为凤凤小朋友的语言表达能力不太好，所以她只说了给、给你等简单的字词。接着，她把家里的毛巾也拿给她的爸爸，她知道她爸爸每次下班回家都会洗脸。

7. 分析评价：凤凤小朋友给爸爸拿毛巾送拖鞋等行为与其说是孝，倒不如说是行为习惯更为贴切。任何理论的解释效力都有限度，对于幼儿的行为模式，以认知心理学的角度出发谈论，不及从行为心理学更为恰当。强化、刺激、反馈、模仿等行为心理学常用术语在解释幼儿行为的效力上更具优势。

案例三

1. 观察日期：2020 年 6 月 25 日

2. 观察者：张风

3. 观察对象：凤凤

4. 幼儿年龄：4 岁

5. 观察环境：凤凤的家

6. 观察记录：

凤凤是个懂得分享的孩子，她每次吃东西的时候都会给她的爸爸妈妈品尝一下，她有时候会把她的饼干糖果拿给她的爸爸妈妈吃，并且微笑着说：要给妈妈吃一口。凤凤也有很多可爱的玩偶，她经常抱着她的玩偶跑来跑去地玩耍，并且她也会把她的玩偶给她的爸爸妈妈玩，她每次都想让她的爸爸妈妈抱一抱她的玩偶，她会抱着她的玩偶对她的爸爸妈妈说：抱嘛抱嘛。因为凤凤小朋友的语言表达能力不太好，所以她在想让她爸爸妈妈抱她玩偶的时候也很简单地只说了一两个字。

7. 分析评价：凤凤小朋友此时的行为处于第二阶段——以工具性的相对主义为定向。正确的行为就是那些可以满足个人需要、有时也可以满足他人需要的行为。此时凤凤懂得和其他小朋友一起分享。

四、针对幼儿道德教育中有关孝教育的不足而提出有效干预措施

鉴于幼儿身心发展尚未成熟以及认知经验欠缺的特点，有效实施道德教育中的"孝"教育的理论应以行为心理学为主。1. 有效利用反馈、强化和惩罚在行为塑造中的作用。2. 潜移默化，利用儿童善于模仿的学习特点进行善的行为塑造。具体来说：

首先，要践行杜威提倡的生活教育，在日常生活中潜移默化地教育，让幼儿能够看到父母的"孝"，充分利用儿童的模仿这一学习机制；其次，将"孝"放置于直观形象且充满童趣的小故事中，通过无意识学习，在故事的呈现过程中将"孝"的行为脚本放置于幼儿的大脑中，为行为上的"孝"提供图示；再次，通过言语将学习提升至意识层面，用言语对孝进行解读，进行探讨；最后，有效利用行为心理学的行为塑造机制，通过强化、惩罚，对幼儿的行为给予及时的反馈，使得幼儿保留"孝"的行为，去除"恶"的行为。

案例二　康康与语儿幼儿行为多角度分析

一、案例呈现

（一）康康的观察记录

1. 观察日期：2020 年 7 月 5 日

2. 观察者：王乔

3. 观察对象：康康

4. 幼儿年龄：5 岁

5. 观察环境：康康的家

6. 观察记录：

（1）晚上康康小朋友的爸爸下厨做了饭，康康看着桌上满满的饭菜好奇地问："爸爸，我们能吃完吗？"爸爸说："可以的，不可以浪费。"康康主动提出给爸爸添饭并给爸爸的米饭浇上了汤汁，在吃了爸爸做的饭以后，康康自豪地说："爸爸做饭好好吃啊，我爸爸做饭是冠军，以后我也要给爸爸妈妈做这么好吃的饭。"康康听爸爸的话把米饭吃得干干净净的，没有浪费一点食物。

（2）妈妈带着康康回老家去探望外公外婆，中午妈妈在院子里蹲着择菜洗菜，康康贴心地为妈妈搬来了小凳子，让妈妈坐着做事情，这样妈妈就不会那么累了。康康知道妈妈腰不好，于是康康一直陪伴在妈妈的身边，帮妈妈擦汗，给妈妈捶背。康康看到妈妈悉心照顾外公外婆，暖心地对妈妈说："妈妈等你和爸爸老了，我也要像你照顾外公外婆那样照顾你们。"

（二）语儿的观察记录

1. 观察日期：2020 年 7 月 5 日
2. 观察者：郭雨
3. 观察对象：语儿
4. 幼儿年龄：4 岁
5. 观察环境：语儿的家
6. 观察记录：

（1）语儿非常愿意把自己的吃的还有玩具分享给爸爸妈妈，在吃到好吃的东西时会主动地拿给爸爸妈妈品尝，会拿着自己的玩具让爸爸妈妈陪她一起玩。有一次语儿因为在幼儿园表现好，老师给语儿奖励了几颗糖果，语儿一直没有吃，她把糖果装进了小书包里并带回了家，回家后分给爸爸妈妈一起吃。

（2）晚上妈妈做好饭后，语儿提出要帮妈妈把饭菜端出去，妈妈怕语儿力气小端不稳碗碟，就交给了语儿另一个任务：把筷子拿出去。妈妈并没有嘱咐语儿把筷子摆好，语儿主动地将筷子一双一双摆放在桌子上整整齐齐的，并对妈妈说："以后我都要帮妈妈摆放碗筷。"

二、观察分析

（一）外显表象分析

1. 目标儿童：康康

语言：①康康看着满桌的饭菜发出能否吃完的疑问，说明幼儿愿意对自己感兴趣的事物进行思考；②询问爸爸，说明他愿意与他人交流，喜欢谈论自己感兴趣的话题。③康康自豪地回应爸爸自己以后也要像爸爸一样能干，说明儿童能结合情景感受不同的语气、语调所表达的不同意思，康康体会到了爸爸对自己的期望，所以他自豪地回应了爸爸。④康康暖心地对妈妈说他以后会照顾他们，从康康与爸爸、妈妈的对话可以看出，康康能够认真并听懂常用语言，愿意讲话并能清楚地表达自己的想法，具有文明的语言习惯。

动作：①康康看着满桌的饭菜，说明康康在观察饭菜，进而根据观察的结果提出后面的疑问。②康康主动提出给爸爸添饭并浇上汤汁，说明康康能够灵活地使用筷子及汤勺，手的动作灵活协调，具有良好的饮食卫生习惯。③康康听爸爸的话把饭吃得干干净净，说明康康不偏食、不挑食，珍惜粮食，有良好的饮食习惯。④康康为妈妈搬来凳子，说明康康身体平衡和协调能力较好。⑤康康陪在妈妈身边，帮妈妈捶背擦汗，说明幼儿手臂具有一定的力量，动作协调。

表情：康康面对桌上的菜肴首先是一脸疑问的表情，担心饭菜能不能吃完，说明他担心大家吃不完，在得到回应后，康康放心了并一脸自豪地对爸爸说他以后会像爸爸一样。说明康康能够根据不同的情景通过表情来表达自己内心的喜怒哀乐。

2. 目标儿童：语儿

动作：主动将筷子一双双摆放整齐，说明幼儿手部活动较为灵活，一双双摆放整齐，说明幼儿能感知物体基本的空间位置与方位，理解上下、前后、里外等方位词，正因为幼儿对这些基本概念的理解，所以能正确摆放筷子等物品。

语言：语儿回应妈妈，她以后都要帮妈妈摆放碗筷，说明幼儿从这件事情中获得了成就感，所以想一直做，通过顺畅的语言表达了自己的内心想法。

（二）内显表现分析

1. 目标儿童：康康

心理：

①康康在询问父亲能否吃完饭这个问题上显示出他对于父亲这个角色的肯定与尊重，父亲说的话对于他的心理影响很重要，体现了康康有了一个初级的孝顺意识。

②康康由父亲烧的饭，能够想到母亲，也是展现了对父母的一种爱，是传统孝道的体现。

③康康听父亲的话把米饭全都吃干净了，有利于自我形成孝道的良好价值观。

社会性：

①康康母亲带康康去外公外婆家，康康的人际交往范围扩大了，能够体会到更大环境中孝顺的概念。

②康康母亲在洗东西时，康康主动为母亲搬去了小板凳，康康的孝顺观念又进一步在实践中得到落实。

③康康看到母亲悉心照顾外婆，这是父母长辈们为幼儿塑造了良好的孝心氛围，在潜移默化中使幼儿感受到孝道，有意识地培养了孩子的孝心意识，进一步加强了康康的孝顺观念。

2.目标儿童：语儿

认知：

①语儿很喜欢将自己的东西与父母一起分享，语儿有了分享的意识，让孩子与父母一起分享食物是培养孩子孝心的开始。

②语儿在母亲没有说的前提下，就主动把筷子摆放整齐，母亲给了孩子表现孝道的机会，真正的孝道是需要通过实实在在的行为表现出来。父母应该告诉孩子应该做些什么，比不过要求付诸行动。要让孩子从一点一滴做起，孝心就会在幼儿身上发芽。

③语儿给予妈妈回应，她也从这件事中获得了成就感，更有利于幼儿加强孝道观念，接受孝道教育。

三、观察结果及建议

（一）观察结果

从上面的事例中可以看出这两个幼儿具有一定孝道意识，他们会在日常生活中观察父母的行为举止，从而去学习模仿父母的行为，能够学会分享，主动去帮助父母，分担父母的责任，将对父母的爱变为具体的行动。

（二）教育建议

对幼儿进行孝道教育不能单从家庭一方面开展，要从多方面对幼儿进行教育，潜移默化地影响幼儿，让他们从小感受孝道思想，养成孝道意识，形成孝道行为。

从家庭环境方面来说，家长可以为幼儿营造良好的孝道氛围，有意识培养他们的孝心意识。幼儿的父母在日常生活中对家中的长辈有孝心，关心体贴长辈，用实际行动去影响幼儿，充分发挥他们榜样的作用。同时，家长要给幼儿提供表现孝的机会。家长可以根据幼儿的年龄和具体发展状况判断他们能够做哪些事情，并让他们分担那些力所能及的事情，教他们学会主动承担责任。真正的孝道并不是靠说，而是要通过实实在在的具体行为表现的，幼儿做一些他们能够完成的事情，从一点一滴的小事做起，付诸实际行动，这有利于让孝心在他们心里生根发芽，在潜移默化中形成孝道意识。

从幼儿园方面来说，可以开展一些孝道教育主题活动。例如，学唱有关孝的儿歌、讲述孝道故事、开展有关孝道的主题游戏等等，让幼儿了解什么是孝，感受孝道，引导幼儿学习孝道，知道如何做一个文明礼貌、有孝道的好孩子。老师也可以布置一些小任务，如让幼儿观察父母每天为他们做了什么，父母是如何对待家中长辈的，以及让幼儿回家给父母捶捶背等，通过这些小任务，让幼儿去感受父母对他们无私的爱和呵护，了解父母的辛劳，教育他们在享受父母给予的爱的同时也学会爱自己的父母，懂得孝敬父母与长辈，养成良好的孝道意识，培养他们的孝道行为。

案例三　幼儿行为观察与分析

——以小组为单位讨论

一、案例呈现

本小组观察时间：2020 年 6 月。观察者：宋聪慧、刘雪、张宁、卢梦。观察目的：从日常的各个方面了解幼儿的认知、情感、社会、智力、艺术等各个方面的发展情况，以孝为中心，了解幼儿的自身发展阶段，更好地促进幼儿的身心和谐发展。观察目标为观察分析幼儿发展各个方面的状况，心理、社会性、语言等等方面发展情况，对孝的认知、理解、行为等。

案例一

1. 观察日期：2020 年 6 月 15 日

2. 观察者：刘雪

3. 观察对象：睿睿

4. 幼儿年龄：5 岁

5. 观察环境：家中，妈妈生病不舒服

6. 观察记录：

14：00，幼儿妈妈从医院吊水回家，躺在床上休息，睿睿被爸爸从奶奶家接回来，爸爸出门上班，叮嘱睿睿照顾好妈妈。

14：45，妈妈休息转醒，嗓子比较干燥，在妈妈休息期间，睿睿不是很活跃，脸上略带苦恼，安静地坐在沙发上，电视里播放动画片，但是并没有平时看动画片开心。很显然是担心妈妈。在知道妈妈醒来的时候，在没有任何人提醒的情况下给妈妈倒了一杯温水，端到妈妈面前，叫妈妈喝水。

15：00，妈妈喝完水，继续休息，这时睿睿表情已经放松，可以从妈妈生病担心转移到看动画片玩玩具上，但是每过一段时间就回到房间里看看妈妈，和妈妈说话，哄妈妈开心，睿睿对妈妈说："等我九岁的时候要给妈妈买玛莎拉蒂，等你老了我也不嫌弃你，我给你洗澡，我养你。"

16：00，妈妈起床，想要给睿睿做点吃的，睿睿主动帮助妈妈，帮妈妈择菜。

案例二

1. 观察日期：2020 年 6 月 23 日

2. 观察者：张宁

3. 观察对象：娜恩

4. 幼儿年龄：4 岁

5. 观察环境：娜恩所在的幼儿园，爸爸在幼儿园参加一日老师活动

6. 观察记录：

娜恩爸爸去给娜恩班级的孩子上一节体育课，内容是踢足球。

爸爸首先教的内容是射门，他对孩子们说，想要尝试射门的小朋友请举手！娜恩兴奋地喊道："我！"但是她没有举手，此时作为老师的爸爸为了公平叫了其他举手的小朋友，娜恩有些失落。第二次，娜恩仍然只是喊没有举手，于是爸爸仍然没有叫她。于是接下来，娜恩不再说话也不举手了，只是失落地自己玩球。最后爸爸终于对娜恩说："娜恩啊，其他同学都射门了，你不要玩吗？"娜恩见爸爸再次跟她说话立马又高兴起来。

娜恩爸爸为了调动幼儿园的气氛，于是慢跑叫小朋友们用球追打自己。娜恩盯着兴奋的同学们和被追赶的爸爸若有所思。看了一会娜恩终于抱起球跟在爸爸后面，努力地保护爸爸不被同学们追打。

最后爸爸教小朋友们练习头球，为了防止小朋友们伤到自己，爸爸于是坐在地上，让同学们用球打爸爸的头。娜恩不愿意参与只是一直看着，直到最后一个同学练习过后，娜恩才抱着球走向爸爸，然后将球轻轻落在了爸爸头上摩擦几下，对爸爸说："爸爸，娜恩给你'凉凉'就不疼了。"

案例三

1. 观察日期：2020 年 6 月 20 日

2. 观察者：宋聪慧

3. 观察对象：文涛

4. 幼儿年龄：5 岁

5. 观察环境：六口人，三世同堂的家庭环境

6. 观察记录：

文涛家经营着一家小饭馆，家长们都忙得不可开交，只好委托文涛好好照看自己的妹妹，文涛愉快地答应了。家长们都夸文涛是个好孩子、好哥哥，得到夸奖的文涛干劲十足。文涛陪着妹妹玩了一会儿，好奇地问妈妈："妹妹的皮肤怎么这么嫩啊？"妈妈不耐烦地回答他："小孩子皮肤当然嫩喽，哪有什么为什么！"谁知，文涛一下子咬住了妹妹的大脚趾！这个举动把妹妹疼得立马就大哭起来，文涛也不知所措地站在一边。妈妈连忙查看了妹妹的脚趾，发现没有什么大碍后，就要冲上来狠狠地教育文涛。文涛吓得连忙躲在奶奶身后，嘴里大喊道：我不是故意的，我是想试试她那么嫩的皮肤咬起来是什么感觉。每次她哭你都不问我，就要打我。奶奶快帮帮我呀！奶奶不愿意看到文涛被打，连忙阻止了一场"大战"。

吃过午饭后，父母陪着妹妹在房间里休息，文涛见状有些委屈，但是却并没有再大喊大叫。自从妹妹出生之后，父母的床就没有自己的份了。文涛仔细地看了看妹妹被自己咬的地方，只有一点红印，他轻轻地掩上了房门出去了。文涛来到了奶奶身边，陪着奶奶准备着食材，祖孙两个都开开心心地笑了。

案例四

1. 观察日期：2020 年 6 月 10 日

2. 观察者：卢梦

3. 观察对象：天天

4. 幼儿年龄：4 岁

5. 观察环境：超市，天天的家

6. 观察记录：

2020 年 6 月 25 日端午节，由于是节日天天就和姐姐一起去超市买粽子。走到超市弟弟对姐姐说："爸爸妈妈喜欢吃甜的粽子我们多买几个吧？"在买的时候弟弟总说要挑最大最好看的粽子拿给爸爸妈妈吃，姐姐说："好的，我们一起挑最好看的粽子回家给爸爸妈妈。"于是天天就和姐姐买了几个甜的粽子回家了。晚上吃饭时，弟弟就一直盼着把粽子拿给爸爸妈妈吃，一直在问姐姐粽子什么时候能好呢？姐姐说："快了，我们把粽子蒸一蒸就可以啦。"吃饭的时候弟弟把粽子首先拿给了爸爸妈妈，还对他们说端午节安康，爸爸妈妈笑得很开心，夸弟弟很懂事。

二、观察分析

（一）目标儿童：睿睿

通过以上观察，观察者了解到幼儿对环境的感知能力还是很强的，在一些特殊的情况下，幼儿的内心会清楚地感知到气氛的不同，并在妈妈生病的时候特别懂事，不会去闹。说明睿睿有很强的自主意识。在妈妈生病这段时间，幼儿很乖巧，惹妈妈生气的次数明显减少，知道去照顾妈妈、孝敬妈妈，在一些特殊的环境下去安慰妈妈。从明显的行为方式中体现了传统美德中的孝。

（二）目标儿童：娜恩

1. 娜恩因为年纪还小，父母暂未教给她"孝"的道理，从心理和语言上她并不懂得孝是什么，但她仍然能够做到心疼爸爸爱护爸爸，此时完全是娜恩心里发自内心地对爸爸的爱。

2. 在家里，娜恩一直都是被爸爸放在第一位的。今天娜恩第一次因为被别人分走了爸爸的爱而失落。但是她并没有生气，当爸爸再次叫到娜恩时，娜恩因为感受到爸爸的关爱再次开心。我认为被爸爸忽视而难过很正常，但是不抱怨和生气而默默等待也是娜恩孝顺的表现。

3.当看到爸爸被别人"欺负"时，娜恩表现出来担心和难过，但是娜恩并没有对"欺负"爸爸的人生气，只是努力保护爸爸，可以看出娜恩的社会性发展比较全面。

（三）目标儿童：文涛

1.文涛作为家里的第一个孩子，是被家长们宠溺着的，所以遇到自己不开心的事情，经常会靠大吵大闹获取自己想要的东西。妹妹的出现将原本属于自己的关爱和注意力分去了一大半，对此文涛非常不满意，所以希望父母能像以前一样关注自己，这是一种正常的心理。

2.从文涛愿意照顾妹妹和陪伴奶奶做家务的表现来看，文涛是热爱着自己家人的孩子，并且愿意分担家人的压力，愿意孝顺父母和爷爷奶奶。

3.爸爸妈妈对文涛的教育有一些值得改进的地方，不能总是使用暴力让孩子听话，加强孩子和父母之间的沟通交流，而不是让孩子大喊"你每次都不问我为什么"，让孩子感受到父母还是爱自己的，并且愿意尊重他的意见和选择。

4.爷爷奶奶比较溺爱文涛，这对文涛的成长可能会造成不良影响。爷爷奶奶应该理性对待文涛的家庭教育，适当的奖励会引导孩子走到正确的道路，而过度的宠溺会让孩子骄纵蛮横。

5.文涛的父母没有正确对待文涛，对于文涛提出的问题，只是不耐烦地一带而过，导致文涛在好奇之下，做出咬妹妹的危险动作。并且在知道文涛的原意之后，也不相信，只是觉得文涛是因为嫉妒妹妹，才欺负妹妹。

（四）目标儿童：天天

在案例中，天天虽不知道孝心是什么，但是他却很积极地挑选好看又大的粽子给爸爸妈妈，从他的言语中可以感受到天天对爸爸妈妈的爱，幼儿虽然对中华传统美德没有具体的认识，却可以在日常生活中受到影响，在不知不觉中影响其价值观的形成。

从天天很积极地去超市，然后晚饭时又很主动地首先拿给爸爸妈妈粽子的行为中可以看出，天天对爸爸妈妈的孝心，虽然天天对孝还没有很完整的认识，但是天天却愿意给爸爸妈妈自己认为最好的东西，这也是中华传统美德孝道的体现。

三、教育建议

（一）睿睿的教育建议

从观察得到的信息来看，幼儿的语言能力发展较好，能够依据大人的指示完成事情，也可以安静地聆听，并能够清楚地表达自己的观念。这个时期的幼儿也是思维最活跃的阶段，理解能力显著增强，能够了解事情发生的现象，对环境较为敏感，可以捕捉到生活信息。在特殊的环境下，通过幼儿的行为方式以及语言观察能够明显展现出孝敬父母的传统美德。

（二）娜恩的教育建议

从整体来说，娜恩具有孝的美德的良好品质。家长应该像娜恩爸爸一样给予孩子适度的关爱，使孩子能够明确感受到爱，以培养出一个有爱的孩子。对孩子来说父母的关注很重要，不要让孩子感到被忽视，否则会影响孩子的发展。培养孩子孝的美德可以顺其自然，首先要言传身教，然后给到孩子足够的关爱，培养孩子成为一个有爱心的人。

（三）文涛的教育建议

1. 手足竞争是兄弟姐妹之间所流露出来的竞争、嫉妒与敌意，可以说是手足关系的一大特色。良好的手足竞争可以促进手足关系的发展，是影响家庭孝顺的重要因素，也是中华传统美德的重要内容。

2. 家长要以身作则，只有自己孝顺父母，才能更好地引导孩子学会孝顺。孩子的模仿能力非常强，幼年期的孩子大多数知识都是通过模仿父母所获得的。孩子的成长，父母只是参与和引导者，而并非强迫者。孝顺的教育需要的是父母的言传身教，潜移默化，而不是父母的命令和强迫的指使。

（四）天天的教育建议

1.在案例中天天一直想把最甜最好的粽子留给爸爸妈妈，这也是中华传统美德的体现。

2.在案例中，通过天天积极地挑选又大又好看的粽子给爸爸妈妈中可以看出天天懂得孝敬爸爸妈妈，给他们挑选最好看最大的粽子，在案例中天天一直在期盼着给爸爸妈妈他自己挑选的粽子。

3.古人云：百善孝为先。什么是孝？愚以为，简而言之，孝就是爱，就是要用真心去爱自己的父母，从案例中可以看出天天很爱爸爸妈妈，他愿意把自己觉得最好的东西给爸爸妈妈。

4.天天是刚上幼儿园中班的小孩，虽然不知道孝心的具体含义是什么，但通过他的行为却可以感受到天天的孝心。孝，是中华民族的传统美德，百善孝为先，这是民族历史上的佳话。我们应该孝顺自己的父母。幼儿虽然在身体和心理上发展还不完全，但是他们对于孝心却有自己的思考和认知，可以让我们感受到他们在孝敬爸爸妈妈，对于孝，幼儿还没有很完善和具体的认识，教师应多注意身边的案例，观察幼儿的行为，培养其正确的价值观。

案例四　今天你"孝"了吗

一、案例呈现

俗话说："百善孝为先"，孝一直是中华民族极为重要的一项传统美德。孝在每一个中华儿女的心中地位极高，无论是淘气可爱的幼儿、青春洋溢的青年人、成熟稳重的中年人、白发苍苍的老年人，都要遵循孝这一传统美德。而今天，我们对幼儿对孝的理解和行为进行观察，我们观察了四个孩子，从他们的日常行为中感受他们对孝的理解，了解他们的发展状况。

（一）琪琪观察记录

1. 观察日期：2020 年 7 月 8 日

2. 观察者：卢梦

3. 观察对象：琪琪

4. 幼儿年龄：4 岁

5. 观察环境：琪琪的家

6. 观察记录：

第一个孩子是我的妹妹——琪琪。在家庭中，琪琪每到爸爸妈妈下班的时间点，都会主动把爸爸妈妈的拖鞋整理好放到玄关处，方便爸爸妈妈进门回家。而通过观察，琪琪这一行为是源于一次父母下班回家后让琪琪帮忙拿一下放在阳台的拖鞋，琪琪在这之后便有了父母下班穿拖鞋的意识，自此每日将拖鞋整齐放至门口。虽然琪琪的年纪尚不理解这一行为的真正意义，但其实也是"孝"在生活中的小行为。

（二）明明观察记录

1. 观察日期：2020 年 7 月 20 日

2. 观察者：宋聪慧

3. 观察对象：明明

4. 幼儿年龄：4 岁

5. 观察环境：明明的家

6. 观察记录：

第二个孩子是小组成员的弟弟——明明。该名幼儿十分喜欢糖果，在观察中，明明的姐姐在陪幼儿玩耍中多次尝试提出"可以给一颗糖给姐姐吃吗？"明明的回答无一是"不"，或者明明直接无视姐姐的话语。但是在观察后期，令观察成员惊讶的画面出现了，当明明的母亲来到幼儿身边，明明显得非常高兴，将手中紧握的糖果分享给母亲，并且多次用言语催促道"妈妈吃糖，妈妈吃糖"。

（三）蕊儿观察记录

1. 观察日期：2020 年 8 月 5 日

2. 观察者：卢梦

3. 观察对象：蕊儿

4. 幼儿年龄：4 岁

5. 观察环境：蕊儿的家

6. 观察记录：

第三名幼儿是我的表妹——蕊儿。我们从日常生活中观察发现，有些小班幼儿与父母吃饭时，可以很好地自己用勺子乖乖地独立吃饭，虽然吃饭吃得慢一些，磕磕绊绊，但是会坚持吃完，也不会挑食，大哭大闹，不需要父母操心，可以让大人在忙碌了一天之后安稳地吃上饭，但是有些幼儿并不一样，例如我的表妹——蕊儿，他们一定要父母喂自己吃饭，有时父母由于工作繁忙不能按时到家，就闹小脾气，不肯吃饭，一定要爸爸妈妈喂饭，还要一边哄一边吃，说一句重话便会哭泣、生气、不开心，甚至把饭碗摔掉。忙碌一天的爸妈没办法，也不忍心只好哄孩子，导致自己也无法用餐，她认为用自己的哭泣耍赖便能换来父母的同情，以达到自己的目的。

（四）亮亮观察记录

1. 观察日期：2020 年 8 月 5 日

2. 观察者：王阳

3. 观察对象：亮亮

4. 幼儿年龄：5 岁

5. 观察环境：亮亮的家

6. 观察记录：

第四个孩子亮亮是一个独生子女。爷爷奶奶、外公外婆、父母十分疼爱她，把她视为掌上明珠，以至于亮亮得到了太多的宠爱，而缺乏了很多最基本的东西。自此养成了衣来伸手饭来张口的习惯，忽略了所有长辈的付出，喜欢什么要什么，从来不会考虑父母是否有能力满足自己的需求。而亮亮的父母则是只要孩子高兴，无论如何都要满足孩子的愿望。这就使得亮亮从小就不懂得孝敬父母、尊敬长辈。

通过以上观察，我们发现不同的幼儿对孝有不同的理解和表现，也仍然有部分幼儿没有孝的行为。针对这一现象，我们应合理展开对幼儿孝道的教育活动，在日常生活中潜移默化地引导幼儿了解孝、表现孝、传递孝。

二、观察分析与教育建议

（一）目标儿童：琪琪

通过这一现象，我们可以看到幼儿是从父母、长辈那里了解到基本道德观念，包括"孝"是什么。可能他们一开始并不知道什么行为是孝道的体现，只是把日常所见所闻，潜移默化地转化到日常行为之中，在不知不觉中展现出孝的行为。柯尔伯格的三水平六阶段理论，是孩子逐渐学习成长的阶段。幼儿处于前习俗水平中，他们目前没有过多的自我判断，而是取决于外在的要求。他们用来作为道德判断的基准取决于人物行为的具体结果及其与自身的利害关系。通过这一理论，我们可以发现琪琪先是通过观察父母日常的行为，并通过一次父母下班进门时，让她帮忙拿一下拖鞋，了解到父母有这个需求，认为这件事情本身是有价值的。于惩罚与服从定向阶段层面，幼儿根据行为的后果来判断行为是好是坏及严重程度。正是因为穿上琪琪拿的拖鞋后夸奖琪琪，她了解到这受表扬的行为是好的，她会继续将这一行为持续下去。

（二）目标儿童：明明

根据指南可知，3—6岁的儿童自我意识萌发，对物品的占有欲是幼儿自我形成的标志。一般幼儿的自我概念与具体物品和行为的联系非常密切，他们花很多时间来捍卫自己的东西的占有权。同时研究也表明，幼儿早期为争夺物品而进行的斗争似乎是用来划分自我和别人界限的自我形成的标志，而不是自私的标志。而此次我们观察的这名幼儿明显符合以上结论，自我意识已经开始萌发，对物品具有极强的占有欲。我们知道糖果在幼儿心中是有很大的地位的，幼儿们认为糖果是全天下最好的宝物，同时该年龄段的幼儿对物品具有极大的占有欲，即使是他们不喜欢的东西，到了幼儿的手中，别人也很难在他们不愿意的情况下拿到该物品。可是我们通过观察明显看到该幼儿是主动把自己的糖果分享给自己的母亲，这体现该年龄阶段的幼儿对自己父母的高度信任和依赖，在自我意识萌发初期，幼儿已经开始有了自我和他人的区别意识，在这个阶段他们只对自我和父母存在高度信任。这种对父母的信任和依赖，并且愿意和父母分享好吃的、好玩的一种行为，经过后期的引导，就会发展为中国传统意义上的"孝"。这也是孝在幼儿生活中的体现。

（三）目标儿童：蕊儿

皮亚杰认为处于前运算思维时期阶段的幼儿，他们对问题的考虑都还是自我中心的，较为自私，他们不顾规则，按照自己的想象去生活，他们的行动易冲动，易感情化，行为莽撞，道德认知不守恒。他们并不真正理解规则的含义，分不清公正、义务和服从，他们的行为既不是道德的，也不是非道德的。案例中蕊儿正处于这种时期，在这种时刻我们的引导和教育便变得十分的重要，我们要使他们学会如何去理解父母、体谅关心父母、尊敬父母，与父母和谐相处，从点滴以实际的行动孝敬父母，即让他们懂得如何孝。

（四）目标儿童：亮亮

父母对孩子过度溺爱，缺少了对孩子的正常教育，这也侧面导致了亮亮不理解不体谅父母每天工作的辛苦。在父母每天结束繁忙的工作后还要求父母带自己出去玩，甚至在爸爸妈妈下班回到家亮亮连一句问候都不说。这也是缺乏孝的表现。而针对这一现象，幼儿园需要对幼儿开展相关的教育活动。将"孝"的理念融入课程，通过语言、艺术等多种形式，培养幼儿"孝"的意识。开展主题活动，让孩子能够对自己的父母进行全面的、客观的评价，对自己做出正确的评价。通过主题教育活动，让孩子能够意识到父母的艰辛。为幼儿创设良好的孝敬父母的教学环境，比如，可以进行海报宣传、展板展示等，让幼儿融入"孝"环境中，学会爱，学会孝敬父母、尊敬长辈。充分利用教学活动，让幼儿在玩耍中、在学习中，懂得道理、明白事情。要尊重幼儿的个性需要，调动幼儿自我认识的积极性。老师也需要和家长进行沟通，让家长明白开展"孝"教育的重要性，让家长们改变原有的宠溺方法，培养幼儿"孝"的意识。合理地把握对孩子的度，宠溺孩子有度，培养孩子有方，才能够真正地让孩子健康成长。

案例五　幼儿秋秋孝的认知观察

一、案例呈现

1. 观察日期：2020 年 6 月 20 日

2. 观察者：卢梦

3. 观察对象：秋秋

4. 幼儿年龄：5 岁

5. 观察环境：秋秋的家

6. 观察记录：

早上去阿姨家做客时，秋秋已经吃过饭在屋子里玩她的玩具了。这次观察目的是了解秋秋自身发展情况以及对中华传统美德"孝"的理解。秋秋妈妈正在和秋秋一起边玩边聊天，聊到"孝"这个传统美德时，秋秋妈妈问了一个几乎所有妈妈都喜欢问的问题"等到爸爸妈妈老了，秋秋会孝顺爸爸妈妈吗"？秋秋很认真地说："你每天，每天走不动的时候，我会帮你拄着棍儿的。"说的时候时不时地摆弄下玩具。然后秋秋妈妈回她："嗯嗯，然后呢，你会给我养老吗？"秋秋很认真地看着妈妈说："会呀，我给你送水，给你送饭，还可以给你送水果。"妈妈就说："啊，那你要是考上了大学之后呢？你上外地上学了怎么办？"秋秋停下了手中的玩具，思考了一会儿，回妈妈说不知道。秋秋妈妈又说："那爸爸妈妈可以去吗？带着我们吗？"秋秋很迅速地摇了摇头。妈妈问"不带？"秋秋嗯了一下，说："学校是小孩子去的地方。"妈妈就回她："啊，我们大人去不了是吗？"秋秋摇着头说："去不了，老师不让。"妈妈就又问她："那你要是以后去外地住了，那爸爸妈妈怎么办呀？"

秋秋就很开心地说："我当然带你们去啊。"秋秋妈妈看起来很感动的样子。聊天结束之后，秋秋就继续认真地去玩她的玩具了。

中午吃饭的时候，秋秋主动去牵着奶奶的手走到桌前，秋秋妈妈帮奶奶摆好座椅和碗筷，秋秋爸爸则主动到厨房去端菜。在吃饭过程中，秋秋和爸爸妈妈都对奶奶诸多照顾，秋秋把她最爱吃的大鸡腿也夹给了奶奶，爸爸妈妈也对她的这一行为进行了及时的夸赞和褒奖。其间爸爸妈妈也一直在给奶奶夹菜盛汤。所以此次观察记录也证明了家长是幼儿最好的榜样和典范。且秋秋在吃饭的时候，夹菜、盛饭、喝汤都已经可以独立完成，各种器具运用熟练了。

二、观察分析

（一）秋秋的外显表象

在观察秋秋的时候我们发现，当父母问到关于"孝"这个话题的时候，秋秋会很认真地回答父母的问题，表情也是凝重地说明，这表明"孝道"在幼儿的意识中是存在的。秋秋在回答父母的问题时会思考，并且知道用摇头来表示问题答案的不可行性，表明秋秋在这一时期能结合情境感受到不同语气、语调所表达的不同意思。秋秋会主动牵奶奶手扶奶奶去桌前，会主动摆餐具和夹东西给奶奶的一系列动作中，说明秋秋这一时期是知道奶奶是家里的老人，需要照顾，秋秋在无意识中尽了孝。秋秋在吃饭的时候，夹菜、盛饭、喝汤都已经可以独立完成，各种器具运用熟练了，可以看出秋秋身体平衡和协调能力得到了很好的发展。当秋秋的父母问秋秋，父母老了秋秋会怎么办，秋秋虽然年幼，但是也知道孝顺父母，知道当父母老了之后子女需要照顾父母，孩子的话虽然很天真，但是秋秋对"孝"是在意识中用自己的需要表达了出来。

（二）秋秋各个方面发展分析

在观察秋秋过程中，用皮亚杰的认知心理学理论来分析秋秋是否对"孝"有一定的理解，结果我认为秋秋对"孝"是有理解的。因为皮亚杰认为，形成主体的结构或认识客体结构的基础是主体的"动作"。皮亚杰把主体动作，即主体与客体的相互作用看作一切知识与经验的源泉。而动作这个认知理论与幼儿的自身思维结构有关，从秋秋主动去扶奶奶、给奶奶夹鸡腿、帮妈妈摆餐具等一系列动作中看出秋秋是对"孝"有一定的理解的，可能会知道尊老，知道什么是孝顺父母，秋秋对父母的情感是有一定的理解的，知道父母爱自己，自己也以同样的爱去回报父母。这一时期的秋秋属于柯尔伯格道德发展论的第三阶段。在这个阶段，孩子们认为对他人有好处的行为便是好的。而秋秋正处于这个时期，父母问她，爸爸妈妈老了怎么办，秋秋经过思考认为应该好好照顾爸爸妈妈。笔者认为主要是因为父母在生活中与秋秋的相处中，秋秋潜意识中认为爸爸妈妈对她好，她以后也要这样对爸爸妈妈好，在潜意识中对"孝"有了一定的理解。

（三）秋秋的孝美德分析

孔子在《孝经》中说，"夫孝，德之本也，教之所由生也"。意思是说，孝是道德的根本，一切教化从此而产生。孝，其为人之本。正所谓"百善孝为先"，幼儿如果对父母没有尽孝之心，长大之后必定不懂得感恩，不知道尊重他人，不可能成为一个善良之人。孔子又说："夫孝，天之经也，地之义也，民之行也。"意思是说，孝是天经地义的事，是人民本有的自然的行为。这个孝就含着仁爱与恭顺。孝是天性，孝是一切道德的总纲，孝为修身齐家的必备。修养育人，孝是重要的教育思想。然而，孝道对国人来说是那样的司空见惯，渐渐地大家反倒忘记了孝道的真意，所以我们应该肩负起弘扬中华文化的责任，让幼儿能够理解接纳，并且传承。

在家庭教育中，孩子是家人关注的中心。但有的家长只重视孩子的生活和学习，而忽略了道德的熏陶。由此可见，孝亲教育势在必行，让幼儿在幼儿时期就能把孝亲的种子埋在心间，让它生根发芽。

幼儿孝的美德内容包括：学会感恩父母、长辈，学会理解父母、长辈的工作艰辛，体会父母的养育之恩，能主动关怀贴心父母、长辈，与父母、长辈分享自己的快乐，能主动承担力所能及的家务劳动等等。而我们所观察的秋秋已具有一定的孝敬意识，并能展现出一定的孝亲行为。但这些意识和行为还没有得到根本上的内化，还需要老师和家长坚持不懈地引导，才能让秋秋习惯，养成孝敬的良好品质。

三、教育建议

本次观察结果分析可知，秋秋小朋友已经有了孝亲意识，并且在日常生活中从父母等的言行举止学会模仿一些孝亲行为。只是这些还是不够的，在之后秋秋的成长过程中还需要不断地进行熏陶教育。

在未来秋秋的孝亲教育之中，可以开展丰富多彩的校外教育活动，促进秋秋孝亲能力的发展。秋秋在学校的时候，学校把孝亲教育内容列入日常的教育教学活动中，通过五大领域的内容相互渗透，从不同的角度促进幼儿情感态度能力、知识技能等方面的发展。增加秋秋的特色教育活动，升华孝亲教育，通过节日来加强孝心教育的意义，例如母亲节、教师节、重阳节、感恩节等一些有意义的节日举行孝亲活动，让秋秋真正感受与理解孝亲的含义。

秋秋的孝亲教育也离不开家长的支持，离不开家长的主动参与。家长扮演着一个非常重要的角色，应当在家潜移默化地熏陶着秋秋，而在秋秋孝敬的过程之中，家长自己也体会感受孝的教育。

给秋秋树立孝亲榜样，加强营造孝亲教育的氛围，寻找更多生动有趣的孝亲活动，让秋秋在榜样的带领下学习，在生动的教育教学活动中加强孝亲意识。

案例六　聪聪、小明对孝的理解及实践观察分析

一、案例呈现

案例通过描述聪聪和小明在与家长交流时的语言动作和情绪，观察幼儿在不同年龄层次的心理发展水平、动作以及社会性互动、语言发展水平。本次观察重点是幼儿对孝心理解的程度以及实践程度。

案例一

1. 观察日期：2020 年 4 月 10 日

2. 观察者：王阳

3. 观察对象：聪聪

4. 幼儿年龄：4 岁

5. 观察环境：家中的客厅

6. 观察记录：

饭后，四岁的聪聪一边吃西瓜，一边看动画片，他的表哥随手拿起一块西瓜，让他递给妈妈吃，可聪聪并不想这么做，还对表哥说："妈妈不吃，你吃。"然后表哥再次要求，聪聪有些不耐烦了，皱起眉头，望向电视机，不再看着表哥说话，但嘴里依旧回复："你吃，你吃。"表哥多次劝说也无济于事，就放弃了。之后，聪聪不看动画片了，他走到客厅看到奶奶和表哥在聊天，自己也凑了过去，奶奶无意中说自己的腿有点疼，只见聪聪搬着两个小板凳过来，他轻轻地把奶奶的脚放在板凳上，自己坐在另一个板凳上，正对着奶奶的脚。嘴里咕哝着怎么给奶奶按摩脚，他还随手比画了一会儿。可能是第一次给奶奶按

摩脚，他的手法有些笨拙，下手也没轻重，双手握成拳头就开始在奶奶的脚背和脚心捶打了，然后又用手捏捏脚趾头和脚后跟。中间他被小虫子打断了，大叫起来，后来虫子飞走了，他又继续给奶奶按摩脚。

案例二

1. 观察日期：2020 年 4 月 10 日

2. 观察者：王阳

3. 观察对象：小明

4. 幼儿年龄：6 岁

5. 观察环境：家中的客厅

6. 观察记录：

妈妈下班回来了，刚换下凉鞋，六岁的小明就跑过去拿起抹布给妈妈擦鞋子，他从里到外，仔仔细细地把鞋擦了个遍。妈妈喊小明过来吃桃子，小明从一袋桃子中挑了一个最大的拿给妈妈吃，姐姐问他为什么先给妈妈吃，自己不吃，他说妈妈上班辛苦了，应该让妈妈先吃。饭后，妈妈躺在沙发上小睡了一会儿，因为家里停电了，妈妈说有点热，小明又小跑进屋找了把扇子，他用小手来回挥舞着扇子给妈妈扇风，看到妈妈安逸地睡着，他的脸上露出满足的笑容，还贴心地问她渴不渴，然后又端来一杯凉茶给妈妈喝。

二、观察分析

（一）外显表象分析

1. 目标儿童：聪聪。动作：四岁儿童具备一定的肌肉力量，能够投掷或搬运一些小件物品，聪聪听到奶奶说腿疼，就主动去搬来椅子给奶奶按摩。日常生活中也可以多让幼儿走、跑、搬挪轻重适宜的物体来锻炼他的动作能力和肌肉力量。表情：聪聪第一次面对表哥要求给妈妈拿西瓜时，情绪稳定，但是聪聪拒绝后，表哥仍然多次要求，聪聪就有些不耐烦了，开始皱起眉头。面对幼儿不愿做的事情最好不要强加给他，他发自内心的孝才会激励他的行为。语言：

《3—6岁儿童学习与发展指南》指出四岁儿童能听懂本民族语言和普通话的日常，聪聪在跟表哥说话时具有认真倾听的习惯，能够听清楚表哥的话并且清楚地表达自己的意愿，但面对表哥要求他拿西瓜给妈妈吃，他的眼睛并没有一直注视对方，而是习惯性地望向电视机。在与幼儿交流时，我们可以有意识地引导其如何恰当地跟别人交流，出于尊重和礼貌，我们应该怎么做。

2.目标儿童：小明。动作：6岁的小明能够有意识地做自己力所能及的事情，主动给妈妈擦鞋，能够主动地关心他人，看到妈妈睡觉时出汗，会主动给其扇扇子，主动询问是否口渴，然后给妈妈倒水喝。表情：小明面对家人时的情绪很稳定，没有很大的情绪起伏，对自己帮助妈妈、关心妈妈的行为感到满足，脸上经常露出开心的笑容。语言：《指南》指出，6岁幼儿愿意用语言进行交往，与别人讨论问题并发表自己的意见。当小明被问及为什么把桃子先给妈妈吃，他回答妈妈工作辛苦，让妈妈先吃。

（二）内显特征分析

1.目标儿童：聪聪。各个方面状况及对孝的认识：（1）心理：①聪聪在妈妈没有开口说要吃时不会主动将西瓜拿给妈妈，即使表哥劝说也不会改变自己的想法，但他会愿意让表哥吃西瓜。这表明聪聪有一定的分享意识但还不够完善，聪聪的分享规则也停留在对方要求的情况下，没有建立起主动地分享规则。②聪聪听到奶奶说腿疼会主动帮奶奶按脚，体现了对奶奶的爱，是一种孝顺的体现。③在被虫子打断后会再继续帮助奶奶按脚，有初级的孝顺意识，会愿意主动帮助奶奶。（2）认知：①聪聪愿意分享但还没有形成主动分享的意识，没有主动孝顺母亲的意识，处于前运算阶段。父母可以通过后续引导使幼儿树立关于孝道的价值观，进一步加强聪聪的孝顺观念。②聪聪会主动帮助奶奶缓解疼痛，具有一定孝顺奶奶的意识，但在行动上没有经验，掌握不好方法，父母可予以引导。（3）社会性：①表哥的劝导在当时虽然没有起作用，但会给聪聪留下一定的观念，同辈的引导在潜移默化中会帮助聪聪树立"孝"意识。②聪聪在听到奶奶和表哥聊天说腿疼，会在没人指引的时候主动帮助奶奶按脚，身边人营造的孝顺氛围会无意识地培养聪聪的孝顺意识。家长要学会发现并引导聪聪树立关于"孝"的意识。

2.目标儿童：小明。各个方面状况及对孝的认识：动作：①小明会主动给妈妈擦鞋而且很认真，小明具有一定的孝顺意识，会主动帮助妈妈。②妈妈喊小明吃桃子，小明却会把最大的给妈妈，懂得妈妈上班辛苦，不仅具有孝顺意识还用具体行动来帮助妈妈缓解辛苦。③根据妈妈说热而提供配套的扇风及凉茶来孝顺妈妈。认知：小明具有较完整的孝顺的思想意识，而且懂得付出，会通过实际的行动体现出自己的孝顺，处于具体运算阶段。妈妈全程都没有提出要求，但小明头脑中的孝顺意识显然是比较完整的。

三、教育建议

通过上述两个案例，我们可以得知孩子们都具有一定孝的认知，在经过周围人潜移默化的影响下，会采取一定的行动，开展孝的行为，但在具体实行中，又会因为自身的经验或者周边的因素而不能完全达到孝的目的。这个阶段孩子还不能完全认识世界，理解孝的含义，可以由家长或年长的人来亲身示范，展现孝道，让孩子们理解孝的真正内涵，理解长辈的辛劳，反省自己在生活中对父母的表现。家长也要教会孩子什么是真正的孝顺，不是一味地言听计从和逆来顺受，也不是一味的物质索取和提供，而是亲情的长久陪伴、互相理解体谅等。

案例七　文文孝行为的道德发展观察与分析

一、案例呈现

1. 观察日期：2021 年 6 月 25 日

2. 观察者：王阳

3. 观察对象：文文

4. 幼儿年龄：5 岁

5. 观察环境：文文家中的客厅

6. 观察记录：

晚上 7 点左右，奶奶说"开饭了"，文文就赶忙放下手中的玩具走到桌子前去摆凳子，然后又跑去厨房主动拿筷子，并且念念有词，一双、两双直到拿够家人用的。之后，文文坐在一个凳子上，没有出现与哥哥打闹和抢座的现象，而是坐好等奶奶和妈妈出来吃饭。吃饭的时候文文拿起筷子去夹自己喜欢的菜吃，尝了之后，看向奶奶说道："奶奶做饭真好吃，文文喜欢吃！"过了一会儿，妈妈给文文夹了一块肉，放到文文的碗里，文文看着碗里的肉笑着说："谢谢妈妈，妈妈你也吃。"然后模仿妈妈的样子给妈妈也夹了一块肉，还笑盈盈地问妈妈"好吃吗？"晚饭结束后，文文主动把自己的碗筷送到厨房的洗碗槽。然后自己去看动画片，此时电视中插播一条公益广告：一个小男孩看到妈妈给奶奶洗脚的情景，于是他去给妈妈端洗脚水的故事。看到这，文文转头对妈妈说："妈妈，我也去给你端洗脚水。"并一边说一边拉着妈妈让她坐在沙发上，之后文文就走进卫生间拿盆接了水，并且端到妈妈面前，让妈妈洗脚。

二、观察分析

（一）外显行为分析

从幼儿主动摆凳子和拿筷子，幼儿饭后主动把碗筷放到洗碗槽以及成功接到水并端给妈妈洗脚等行为方式中，我们可以看到幼儿主动帮家长做自己力所能及家务的能力，并且表现得很乐意，这反映出文文在社会领域中愿意积极主动帮助父母的道德行为，是幼儿在家庭环境中孝行为的具体体现。

文文在拿筷子的时候可以正确数数并拿出筷子，说明5岁的文文不仅清楚地知道自己家有几口人，需要多少双筷子，而且已经具有手口一致地按数取物的数学实践能力。

奶奶做饭真好吃，文文喜欢吃！谢谢妈妈，妈妈你也吃。文文不仅能够通顺完整、清晰地表达自己的意愿，还能合理运用赞美和礼貌性语言，由此，认为文文的语言领域和道德认知情感都得到较好的发展，尤其是"谢谢"礼貌用语的使用，表现了幼儿对父母说话的委婉和礼貌语气，是常见的幼儿与父母社会性交往的孝行为。

（二）理论分析幼儿孝行为的道德发展

1. 亲社会行为理论

亲社会行为的发展是幼儿道德发展的核心问题。一般认为，亲社会行为是指人们在社会交往中所表现出来的谦让、帮助、合作、共享等有利他人和社会的行为。如生活中常见的幼儿向父母长辈、老师见面问好，表达感谢，与父母分享好吃的食物等等。我们以所观察案例中的文文为例，5岁的文文在家庭中与父母的社会性交往已经明显地体现出了一些亲社会行为，如，帮助父母承担一些自己力所能及的家务：摆凳子、取筷子；可以将肉菜夹给父母一同共享晚饭以及向家人表达感谢……我们可以看出：文文的亲社会行为包括对奶奶和妈妈的帮助和分享，无论是所指对象还是表现形式都比较多样丰富，以及这些行为的发生都是基于文文自发自愿的。因而，我们认为文文的这种亲社会行为是幼儿移情能力快速发展的结果，其亲社会行为具有丰富化和自发性的特点，表明文文在其年龄段有较好的孝行为表现和道德发展水平。

2.皮亚杰的儿童道德发展阶段

皮亚杰认为幼儿的道德认知发展具有其自身发展的特点和一定的阶段性，并将儿童的道德发展划分为四个阶段：前道德阶段、他律道德阶段、自律道德阶段和公正阶段。其中前道德阶段和他律道德阶段是属于幼儿期的道德发展阶段。在文文的孝行为表现中，我们依托皮亚杰的儿童道德发展的前两个阶段可以分析得出：文文已经摆脱集中于自我中心的前道德发展时期，不再以自我为中心判断行为，行动的冲动性和情绪的泛化表现减少，并且可以通过移情的发展促进幼儿帮助、分享等道德行为水平的发展。同时，幼儿正处于从行为的物质后果来判断一种道德行为好坏的他律道德阶段。该阶段中，幼儿的判断标准来自外部的评价标准，如服从成人的标准等。但缺乏对行为主体的主观动机的判断，只是通过行为的后果来判断行为。如案例中的文文看到广告中的男孩为妈妈打洗脚水而自己也去给妈妈端水的表现，这只是一种幼儿看到广告中男孩在打水后得到妈妈微笑行为的模仿，表明文文给妈妈端水是想看到妈妈微笑，而并不是出于对妈妈孝顺的主观动机，因而，文文对孝的理解并不清楚，其对孝顺的理解一般更多的来自老师或父母的具体要求，如幼儿园布置一项作业——帮妈妈洗脚等。

3.柯尔伯格的道德发展理论

柯尔伯格在皮亚杰儿童道德发展阶段的基础上提出道德发展的层次性与阶段性，认为个体道德发展的每一阶段都以前一阶段为基础，同时为后一阶段做准备。因而依据柯尔伯格所提出的0到9岁幼儿的前习俗道德水平，我们认为：在服从和惩罚的定向阶段，文文端水的行为是受到广告中男孩给妈妈打洗脚水而看到妈妈微笑的影响，文文认为广告中妈妈的微笑就是一种赞扬，一种好的行为结果，因而文文主动去给妈妈端水，但她没有真正地理解孝顺的道德概念。此外，在相对功利取向阶段，我们可以发现文文的端水行为其实可以理解为是她认为自己这样做也可以让妈妈微笑，是一种出于幼儿自身利益的道德行为表现。因而文文可能具备了孝行为的初步意识，但并不能真正去理解孝顺的道德概念。

（三）从孝的美德分析幼儿道德

道德是一种社会现象，是儿童社会化发展的一个重要内容，道德发展包括道德情感、道德认识和道德行为，三者并不是递进关系，而是相辅相成，共同促进的。观察案例中文文在吃饭过程中懂得体谅奶奶做饭辛苦，会主动承担一些小事，如提前拿好全家人的筷子，以及会对妈妈夹肉给她表达感谢，这一系列的现象，表明一个好的家庭环境对幼儿形成孝这一美德具有较强的塑造作用。同时，家庭是幼儿接触到的最初的社会环境，社会的价值观念、道德规范以及各种社会化的行为在第一时间都是通过父母传递给儿童的，并且，家庭中的各种因素如大众传媒的影响，以及父母本身的行为方式特点都会影响幼儿道德的形成与发展。在观察过程中，文文在看电视的时候模仿公益广告给妈妈端水洗脚，说明幼儿的思维特点具有直观性、具体性、模仿性的特点，因而幼儿的道德行为也会表现出具体性，以及幼儿会受到外界环境的影响去表现出一些孝行为，于是形成一种外在模仿的孝顺的道德行为。我们认为上述观察对象文文对于孝的道德以及孝的道德发展层次目前还是比较模糊化的理解，五岁的幼儿还不能形成自己对道德的内在意识，幼儿只有在具体的孝行为要求下才能意识到哪种行为是孝行为，但对于抽象的孝行为道德概念仍不能轻易理解。因而无论是家庭还是学校，都要通过外界强化和教育引导幼儿逐步去理解孝行为的道德概念与含义，潜移默化地养成常见的孝行为习惯，从而形成更高水平的道德发展层次。

三、教育建议

3—6岁的孩子处于情境品德发展阶段，道德行为的动机往往受当前的刺激情境制约，道德认识还带有很大的具体性、情绪性和情境的暗示性，虽然行为表现出孝行为，但5岁幼儿对孝顺的道德理解只具有初步意识，并不能真正地理解孝顺的道德概念。所以很有必要在幼儿道德发展具有弹性的阶段通过合理的方式去引导幼儿培养良好的美德，对幼儿进行合理的孝亲教育。

（1）从小注重孝亲教育。幼儿期是幼儿道德培养和亲社会行为习得的关键期，具有极强的可塑性，并会对幼儿后继的成长发展产生深远影响。因而，无论是父母还是教育者，都应注重幼儿期的孝亲教育，教育者和家长要注重幼儿孝亲教育的发展，要从小事入手引导、培养孩子孝敬父母、尊师敬长、礼貌合作的道德行为习惯。

（2）家庭父母的引导。幼儿与父母长辈接触密切，会在社会性交往中产生相互作用，而且幼儿极具模仿性，因而家庭中父母长辈应以身作则，为幼儿道德发展树立良好的榜样，在潜移默化中熏陶幼儿思想，积极引导幼儿对于孝顺的道德观念认知从图化向顺应转变，让幼儿真正理解孝行为的道德概念，从而指导幼儿有意识道德行为的形成与发展。

（3）家园共育，一致促进幼儿道德发展。幼儿园教育中注重道德教育以及孝亲教育的环境创设，如园报、主题班队活动等多种途径，或者让幼儿通过扮演道德发展方面的角色游戏，积极营造道德教育的氛围，从而调动幼儿学习和争孝积极性。此外，幼儿园可以根据实际情况，向幼儿布置孝顺父母长辈的实践小活动，如帮忙做家务、为家人洗脚等等，但这也需要家庭的配合，父母长辈切不可为了宠溺幼儿而阻止幼儿完成实践道德活动，只有家园共同合作，相互配合，才能让幼儿真正理解孝顺的道德概念，而不只是一种外在的孝行为模仿，从而更好地促进幼儿道德水平的发展。

（4）注重大众传媒对幼儿孝顺道德行为的影响。如幼儿喜欢的动画片、故事图书中往往会包含一些孝亲教育思想等，教师和家长要注意鉴别各种大众传媒及图书的内容，多为幼儿提供包含积极孝文化和孝行为的成长氛围，从而使幼儿在这些大众传媒的影响中提升幼儿的道德发展水平。

案例八　幼儿孝行观察与分析

一、案例呈现

1. 观察日期：2021 年 8 月 23 日

2. 观察者：陈梦

3. 观察对象：幼儿 1，幼儿 2

4. 幼儿年龄：5 岁

5. 观察环境：幼儿的家

6. 观察记录：

幼儿 1 站在离妈妈两米远的地方，和妈妈讲道理，激动的时候还会跺脚，做出手势让妈妈冷静下来不要打他，过了一会儿，他走到妈妈面前让妈妈先把棍子放下，妈妈的手还在棍子上，幼儿一边比画一边说："你的手还在上面，要把手松开，才叫放下棍子。"妈妈不听，他示范给妈妈看说："我在教你放下棍子。"妈妈抓住幼儿的手假装要用棍子打，幼儿挣脱，退回原来的位置接着和妈妈谈判"放下棍子"，幼儿学妈妈坐着，然后比画手放下棍子的动作说："你要像这样放下棍子。"妈妈拿棍子敲了一下，吓得幼儿从地上跳了起来，指着妈妈带着哭腔大声说："你看你那么激动！不要那样！"害怕得跺脚，一边下蹲一边做出放下的动作说："你先放下棍子！"幼儿的腿发抖得很厉害。"然后用手打我就好了！""你没看见我发抖了吗？你有没有看见我在发抖！我在发抖啊！"妈妈数数让他过去，幼儿在地上跳着强调："用手打就好了！用手打！"最后幼儿成功地让妈妈放下了棍子，改为手打。

幼儿 2 小男孩刚开始与妈妈一同坐在桌子上用手机观看动画片，孩子手中拿着手机，妈妈在一旁吃水果，外婆过来时，幼儿就叫外婆去买蛋糕，外婆没有说话，妈妈就说不去买蛋糕，幼儿听到这话后，就哭了起来，闹着让外婆去买蛋糕。妈妈让他不要哭，但是幼儿一直都在哭闹。妈妈就跟他讲：你以为你自己有钱吗？ 39块钱的蛋糕你拿钱去买吗？你要什么我就要给你买什么吗？你昨天没有去上学念书。幼儿一边停止哭泣，一边抹着眼泪，还时不时地点头。外婆忙其他事情离开时，还叫妈妈不要骂幼儿了。妈妈跟他讲：你还点头，你的表现很好吗？你昨天没有上学念书，我都还没有说你，那是因为我昨晚回家太晚了，才没有教育你的。幼儿静静地听妈妈讲着，后来舅舅来了，就与他讲妈妈和舅舅小时候的事情，幼儿开心地笑着。

二、观察分析

（一）分析外显表象

皮亚杰认为，心理发展起源于动作，动作是认识的源泉，是主客体相互作用的中介。最早的动作是与生俱来的无条件反射。儿童一出生就以多种无条件反射反应外界的刺激，发出自己需求的信号，与周围环境相互作用。观察对象1能够通过身体动作、面部表情反应外界妈妈带来的刺激，表达自己的需求，达到自己的目的。语言表达能力很强，逻辑清楚，能够明确地表达自己的想法。

幼儿2的语言流畅，能够清晰地表达出自己的观点和想法，当他人不顺从自己时，他的情绪会出现波动，由喜变为怒，妈妈凶他时，会哭泣起来。当他知道自己做错事时，会懂得屈服和顺从。

（二）各个方面发展状况及对孝的认识

观察对象1处于皮亚杰认知发展的具体运算阶段，具有守恒性、脱离自我中心性和可逆性。根据柯尔伯格的道德发展理论观察对象1处于前习俗水平的第二阶段，已经能从行动的物质后果、能否引起快乐（如奖励、惩罚、博取欢心等）角度或者从提出这些要求的人们权威方面辨识有关是非好坏的社会准则和道德要求，一心想要妈妈放下棍子，又体会到自己做了错事需要挨打，因此通过谈判同时满足自己与妈妈的需求，以平等的方式"做出妥协"，最后让妈妈打手板。

对孝的认识体现在尊重父母、顺应父母，即使与父母意见不合，认为妈妈不应该拿棍子打人，但还是与妈妈正面沟通交流，表达自己的意愿，而不是撒泼打滚或者因为害怕躲起来甚至离家出走。

皮亚杰的认知发展理论分为感知运动阶段、前运算阶段、具体运算阶段和形式运算阶段四个阶段。观察对象 2 幼儿现在处于前运算阶段，以表象进行思维，所以他们的思维往往呈现出表面现象。以自我为中心，不会在乎别人的感受。幼儿想吃蛋糕，于是要让外婆马上去买来，不在乎外婆的感受以及蛋糕的价格，因为自己想吃，所以必须马上就要得到。但是当妈妈凶他之后，他知道这样的行为是错误的，他不能这样做。所以后来他没叫外婆再给他买蛋糕。幼儿在意识到自己惹妈妈生气后，马上停止了之前的行为，并且点头表示赞同妈妈的做法。幼儿认为应该尊重妈妈，当自己做错事情时，要及时地承认错误，这样才不至于将事情弄到更糟糕的地步。但是幼儿刚开始叫外婆去买蛋糕是没有在意妈妈和外婆的感受，而且是让外婆去买，而不是妈妈，说明外婆在很多情况下都会无条件地满足孩子的愿望。外婆和孩子是隔代教育，在很多情况下外婆会过于宠爱孩子，无条件地满足孩子的一切愿望。这也是造成孩子不考虑他人感受的原因。所以对于孩子的愿望，是合理的才满足，不能孩子说想要就一定要满足他。妈妈和外婆要经常沟通，要让外婆意识到孩子不能过于宠爱。

综合上述两个案例分析得知：孩子在很多情况下会尊重父母的意见，在经过细心的劝说下，孩子会顺应父母的想法，但也不是盲目地只顺从父母，他们也会提出自己的合理要求，会和父母讲道理，说出自己的真实想法。孩子以自我为中心，刚开始并不会在意别人的感受，可是当自己意识到做错之后，通过观察父母的动作、表情和语言等来判断父母的心情，及时地认错，来改正自己的错误行为。

案例九　幼儿"孝"的案例研究

百善孝为先。《百孝经》中提到："天地重孝孝当先，一个孝字全家安；孝顺能生孝顺子，孝顺子弟必明贤；孝是人道第一步；自古忠臣多孝子，君选贤臣举孝廉……"在我国的传统文化中，"孝"是人生在世立身行道之本，自然也是每个人从小就应该学习、完善的重要品德。

现代社会的发展，给家庭带来了巨大的冲击。首先是大家庭组织的解体，代之而起的是人口简单的小家庭。其次是家庭成员的价值观发生了改变，趋向于功利主义和个人主义的价值观使得传统伦理道德中的孝道文化也受到了严峻的考验。比如离婚率有增无减，层出不穷的家庭社会案件，涉及各项人伦关系。儒家伦理有时似乎不但失去其行为的规范，也似乎失去其理论的向心力了。由此也可以看出，加强幼儿的孝道教育势在必行。

一、案例呈现

1. 观察日期：2021 年 7 月 6 日

2. 观察者：陈梦

3. 观察对象：茜茜

4. 幼儿年龄：5 岁

5. 观察环境：幼儿的家门口

6. 观察记录：

五岁的小侄女茜茜最喜欢和人聊天，而谈论的话题大多是今天爸爸妈妈给买了什么，给做了什么好吃的，她非常喜欢。在被一次次认可后更加热衷于分享与父母的日常。一次路过她家临水的小房子，日头底下她母亲在河岸上洗板凳，小小的茜茜也待在旁边，我过去问她为什么站着晒太阳，她却有点严肃说害怕妈妈玩水被冲走，我们都笑了起来，我夸她真体贴，虽然没有刻意灌输孝心的理念给她，但听到她对母亲的"关心"，我们都很欣慰。

二、观察分析

一个人性格的养成，对传统美好理念的认可并没有那么容易，一方面亲情关怀，一方面环境教养。小班幼儿对成人及熟悉的人有依恋情感，但具有初步规则意识和行为规范，能对别人表示同情和关心，开始有初步的自我评价。茜茜年纪虽小，但已有关于孝的善念，她性格开朗，富有善心，根据柯尔伯格的道德发展理论，应属于习俗水平，人际和谐定向阶段，被我们称作"好孩子"。

但是茜茜并没有在某些方面表达自己的关怀后，及时收到鼓励，她可能会为以后是否陪伴母亲而两难，既是她的困惑，其实也是教导她最好的时机，应该促进她对于孝心的认可和坚持，而不是家长羞笑带过。这仿佛是现代家长在自家孩子受到表扬后的普遍反应，但对于年龄尚小的、难辨是非对错、大部分依赖父母的幼儿，树立好的价值观是非常重要的，可以在事后鼓励认可这种行为。

三、教育建议

现在孩子们生活在现代文明社会中，大多数是独生子女。家里唯一的孩子常常会倍受欢迎，倍受疼爱，有一种归属感和强烈的安全感，也是儿童心理健康的基础。但是，有一些家长过分地溺爱孩子，对于孩子提出的要求，一味地服从，对于孩子的任性、专横置之不闻，这样就容易造成孩子缺乏自我控制。而比较有兄弟姐妹的孩子，独生子女则缺乏共享实践，也不知道如何分享父母的疼爱。爱、同情和责任意识相对薄弱。中国的家庭往往是四二一的教育模式，成年人在儿童的教育方法中，每个人教育方式是不同的，特别是老年人更疼爱孩子，在中国的家庭教育中表现为"隔代亲"。一般来说，唯一的孩子由祖父母管理，祖父母对于孩子的放纵是比他们的父母更严重也更危险，孩子长期在隔代的教育下，容易造成孩子教育重心失衡。

更重要的是，每个家长都希望自己的孩子不能输在起跑线上，能够在将来有所作为。有的家长为了实现这种愿望，通常从产后就开始拔苗助长似的教育孩子，为孩子报名各种辅导班，孩子教育的功利性强，这样的教育往往都是自私的、狭隘的，让孩子个性不能全面发展，孩子往往缺乏感恩的心，缺乏关爱和帮助他人，成为只追求考试成功的单面人。

自古以来，中国人一直是"孝"作为道德的基础，从小的来说是孝顺父母，从大的来说是报效国家。家庭道德教育的缺失，在学校教育中很难弥补，尽管我们一再强调，学校教育，德育为先。要注意引导幼儿的思想道德教育。

"孝"是子女对父母的爱与感恩。现在有的孩子比较自我，思考问题、说话做事多以自己为重心，只注重自己的感受，较少会主动了解和关心他人。面对朝夕相处的父母长辈，习惯被爱，理所应当地接受爱，而较少有孝顺父母的行为，甚至有些孩子并不理解父母，还做出让父母伤心的举动，个别性格冲动、脾气暴躁的孩子还会因个人要求未满足而伤害父母。

家庭、幼儿园和社会应共同努力，为幼儿创设温暖、关爱、平等的家庭和集体生活氛围，建立良好的亲子关系、师生关系和同伴关系，让幼儿在积极健康的人际关系中获得安全感和信任感，发展自信和自尊，在良好的社会环境及文化的熏陶中学会遵守规则，形成基本的认同感和归属感。

案例十　明明"孝"的案例研究

一、案例呈现

1. 观察日期：2022 年 6 月 26 日

2. 观察者：陈梦

3. 观察对象：明明

4. 幼儿年龄：5 岁

5. 观察环境：幼儿的家，幼儿园

6. 观察记录：

观察目的：观察记录幼儿对道德教育中的"孝"这方面的表现，了解分析和解释幼儿道德发展所达到的层次和情况，如对孝的理解认知等。

观察记录：

1. 明明看到爸爸在干活时自己帮不上忙，便想寻求其他人的帮助，但是他并不是直接表达自己的想法，而是先开心随意地走过去说："我想来帮帮你们。"

2. 然后等大家都忙完之后，才慢慢地表达自己的想法："再去帮帮我爸爸吧。"

3. 有一天在幼儿园里，明明遇到了自己喜欢的一个小朋友，他并不是像大多数小朋友一样害羞地躲开，而是落落大方地向对方打招呼，发送一起玩的邀请，牵着小朋友的手开心地去玩耍。

4. 经常能发现，明明对爸爸妈妈也总是开放懂事地说"爸爸妈妈我爱你们"，会用甜蜜的言语来夸爸爸妈妈；在犯错时，能虚心接受爸爸妈妈的教育说"爸爸妈妈我错了，下次不会再犯了"；在爸爸妈妈示弱时，明明拍拍自己的胸口，勇敢地说："我会保护你们的！"

二、观察分析

3—6岁对于人一生来说，是个性倾向和道德情感形成的萌芽时期，是培养良好品德行为的敏感阶段。

1. 明明在向别人寻求帮助时，并不是理所当然、简单直接，而是先给予再索取，有了一定的策略来完成自己的孝的道德行为。

2. 明明能够勇敢地表达爱意，这从侧面体现了明明的自信，也说明了明明父母在平时生活中，可能也会勇敢地向孩子表达爱，长时间的耳濡目染之下，孩子自然而然地也会受到积极的影响。从幼儿的社会性行为发展来说，明明在交往活动中能够乐意与人交往，其情绪情感发展较为稳定。

3. 明明在爸爸妈妈示弱时，能够勇敢地承担起保护爸爸妈妈的责任，有一定的独立和承担意识，能努力做好力所能及的事，不管是在语言还是在行为上，都有着初步地对父母"孝"的意识和认知。

三、教育建议

家庭、幼儿园和社会应共同努力，推动幼儿美德发展。

家庭方面：（1）父母应注重自己言行的榜样作用，避免对幼儿进行简单生硬的"孝"的说教。（2）父母应以身作则，以尊重、关心的态度对待自己的父母、长辈和其他人，引导幼儿尊重、关心长辈和身边的人，如：经常问候父母、主动做家务。（3）父母应经常性借助故事、图书等给幼儿讲讲抚育孩子成长的经历，让幼儿理解和体会父爱与母爱。（4）共同承担家庭的责任，注重以身示范。"父母是孩子的第一任老师，也是孩子的第一位朋友。"家长是孩子的模仿对象，我们的一言一行、一举一动，都对孩子起着潜移默化的作用。在家庭中，我家各个成员都比较注重规范自己的言行举止，生活中可以拿来教育孩子的细节随处可见、信手拈来。陪伴是最好的礼物！我们往往只想到要陪伴自己的孩子，其实父母、祖辈他们也需要我们的陪伴。

幼儿园方面：选取弹性的教材内容，合理利用绘本资源。孝的教育要有弹性，要因人因时因地制宜。这也就是说我们要灵活运用固定的、已有的主题为教材内容。因为每个人都是独特的，其家庭环境、社会环境及所拥有的经验背景，不但是不同的，也是变动的。我们可以选择符合幼儿年龄特点且符合道德教育内容的绘本，让幼儿感觉亲切且有趣，引起共鸣。教师要密切家园联系，建立平等、合作的良好家园关系，及时与家长沟通联系，让家长了解、知道幼儿园活动的开展情况，加强家园联系，使家长与幼儿园处于平等地位，并通过家园合作开展活动，丰富幼儿的在园生活，促进幼儿发展。例如：幼儿园开展"清明节活动"。在传统节日教育"清明节"活动中通过"家园共育栏"宣传清明节的来历及风俗。各班教师还可以根据班级的实际情况，采用"班级群""家园联系栏""家校通""主题墙"等形式，搭建家园之间相互交流传统节日的信息平台。并在清明节到来之际利用家长资源，请家长们在家向孩子们说一说清明节，通过请家中长辈来园，与幼儿共度清明节，给长辈敲敲背、喂长辈吃东西，让孩子们在活动中了解开展清明节活动是为了什么，什么是"孝"，并懂得怎样用行动来孝敬长辈。

社会方面：把"孝""爱"的教育作为传承中华美德、开展幼儿品德教育的主要内容，践行"五爱""三讲"的道德教育目标，以促进幼儿良好行为品质的养成。

"孝""爱"的教育会使中华民族的传统美德生根开花，让幼儿从爱家人扩展到爱同伴、爱他人、爱家乡、爱祖国，洋溢着深深的亲情、友情和稚嫩的爱国之情。

"孝"不仅是孝，孝顺父母和长辈，"孝"也体现了一种"责任"，"孝"教育活动中的"责任"教育要进一步加强。教育儿童要从儿童生活起居入手，把发生在儿童身上的点滴事件记录下来，从幼儿接触社会的各方面入手，教育他们什么是责任，怎样让自己获得责任感，怎样学会爱自己身边的人，以及爱我们的祖国。在这一教育理念的指导下，我们可以结合"孝"教育拓展到丰富多彩的"我爱我家""我爱中国"体验活动。

"孝"教育，它并不是约束孩子发展的个性，以及为孩子们灌输一些愚孝的教育，更不是去培养乖孩子，而是在幼儿接触的社会生活活动中，让孩子全面发展。

参考文献

一、专著

[1] 教育部课题组.深入学习习近平关于教育的重要论述 [M].北京：人民出版社，2019.

[2] 中国共产党第十九次全国代表大会文件汇编 [M].北京：人民出版社，2017.

[3] 毛泽东著作选读：下册 [M].北京：人民出版社，1986.

[4] 中共中央文献研究室.邓小平文集（一九四九——一九七四年）[M].北京：人民出版社，2014.

[5] 王荣德.现代德育论 [M].北京：中国社会科学出版社，2016.

[6] 马克思恩格斯全集：第 42 卷 [M].北京：人民出版社，1979.

[7] 马克思恩格斯全集：第 39 卷 [M].北京：人民出版社，1975.

[8] 江泽民在庆祝中国共产党成立八十周年大会上的讲话 [M].北京：人民日报出版社，2001.

[9] 习近平.在北京大学师生座谈会上的讲话 [M].北京：人民出版社，2018.

[10] 习近平.习近平谈治国理政 [M].北京：外文出版社，2014.

[11] 马克思恩格斯选集：第 4 卷 [M].北京：人民出版社，2012.

[12] 习近平.决胜全面建成小康社会　夺取新时代中国特色社会主义伟大胜利——在中国共产党第十九次全国代表大会上的报告（2017 年 10 月 18 日）[M].北京：人民出版社，2017.

[13] 习近平.青年要自觉践行社会主义核心价值观：在北京大学师生座谈会上的讲话（2014 年 5 月 4 日）[M].北京：人民出版社，2014.

[14] [德] 海德格尔.对亚里士多德的现象学解释 [M].赵卫国，译.北京：华夏出版社，2012.

[15] [英] 卡尔·波兰尼.大转型：我们时代的政治与经济起源 [M].冯钢，刘阳，译.杭州：浙江人民出版社，2007.

[16] [德] 海德格尔.存在与时间 [M].陈嘉映，王庆节，译.北京：生活·读书·新知三联书店，1987.

[17] [德] 海德格尔.路标 [M].孙周兴，译.北京：商务印书馆，2000.

[18] [美] 赫伯特·马尔库塞.单向度的人 [M].刘继，译.上海：上海译文出版社，2008.

[19] [法] 让·波德里亚.消费社会 [M].刘成富，全志钢，译.南京：南京大学出版社，2000.

[20] 汪子嵩，范明生，陈村富，姚介厚.希腊哲学史：第 1 卷 [M].北京：人民出版社，1997.

[21] [美] 鲁思·本尼迪克特.菊与刀：日本文化的类型 [M].吕万和，熊达云，王智新，译.北京：商务印书馆，1990.

[22] [美] 约翰·麦克里兰.西方政治思想史 [M].彭淮栋，译.海口：海南出版社，2003.

[23] 胡卫清.普遍主义的挑战：近代中国基督教教育研究（1877—1927）[M].上海：上海人民出版社，2000.

[24] [德]E·策勒尔.古希腊哲学史纲 [M].翁绍等，译.济南：山东人民出版社，1992.

[25] 杨适.中西人论的冲突 [M].北京：中国人民大学出版社，1991.

[26] 钱穆.中国思想史 [M].北京：九州出版社，2011.

[27] [美]R·尼布尔.人的本性与命运 [M].成穷，王作虹，译.贵阳：贵州人民出版，2006.

[28] [古罗马] 爱比克泰德.哲学谈话录 [M].北京：中国社会科学出版社，2004.

[29] [古罗马] 第欧根尼·拉尔修. 名哲言行录 [M]. 马永翔等，译. 长春：吉林人民出版社，2003.

[30] 杨巨平. 古希腊罗马犬儒现象研究 [M]. 北京：人民出版社，2002.

[31] [德] 黑格尔. 哲学史讲演录：第 2 卷 [M]. 贺麟，王太庆，译. 北京：商务印书馆，1981.

[32] 郭嵩焘. 伦敦巴黎日记 [M]. 长沙：岳麓书社，1984.

[33] [古希腊] 卢奇安. 卢奇安对话集 [M]. 周作人，译. 北京：人民文学出版社，1991.

[34] 全增嘏. 西方哲学史：上册 [M]. 上海：上海人民出版社，1983.

[35] [古罗马] 第欧根尼·拉尔修. 名哲言行录 [M]. 徐开来，溥林，译. 桂林：广西师范大学出版社，2010.

[36] [古希腊] 修昔底德. 伯罗奔尼撒战争史 [M]. 谢德风，译. 北京：商务印书馆，1997.

[37] [古希腊] 普鲁塔克. 希腊罗马名人传 [M]. 陆永庭，吴彭鹏，译. 北京：商务印书馆，1990.

[38] [德] 黑格尔. 哲学史讲演录：第 3 卷 [M]. 贺麟，王太庆，译. 上海：商务印书馆，2004.

[39] [苏联] 陀思妥耶夫斯基. 群魔 [M]. 臧仲伦，译. 南京：译林出版社，2002.

[40] [斯洛文尼亚] 齐泽克. 实在界的面庞：齐泽克自选集 [M]. 季广茂，译. 北京：中央编译出版社，2004.

[41] [美] 弗洛姆. 爱的艺术 [M]. 萨茹菲，译. 北京：西苑出版社，2003.

[42] [捷克] 艾小明. 小说的智慧：认识米兰·昆德拉 [M]. 北京：时代文艺出版社，1992.

[43] [英] 提摩太·贝维斯. 犬儒主义与后现代性 [M]. 胡继华，译. 上海：上海人民出版社，2008.

[44] 徐贲. 知识分子：我的思想和我们的行为 [M]. 上海：华东师范大学出版社，2005.

[45] 万俊人. 我们都住在神的近处 [M]. 沈阳：辽宁人民出版社，1998.

[46] [英]齐格蒙特·鲍曼.被围困的社会[M].郇建立,译.南京:江苏人民出版社,2005.

[47] 檀传宝.信仰教育与道德教育[M].北京:教育科学出版社,1999.

[48] [美]索尔·贝娄.索尔·贝娄全集[M].姚暨荣,林珍珍,译.石家庄:河北教育出版社,2002.

[49] [德]海德格尔.演讲与论文集[M].孙周兴,译.北京:生活·读书·新知三联书店,2005.

[50] [英]维特根斯坦.文化和价值[M].黄正东,唐少杰,译.北京:清华大学出版社,1987.

[51] 顾伟康.信仰探幽[M].上海:上海教育出版社,1993.

[52] 贺麟.文化与人生[M].北京:商务印书馆,1998.

[53] 陈嘉映.海德格尔哲学概论[M].北京:生活·读书·新知三联书店,1995.

[54] [德]海德格尔.面向思的事情[M].陈小文,孙周兴,译.北京:商务印书馆,1996.

[55] 贺来.现实生活世界:乌托邦精神的真实根基[M].长春:吉林教育出版社,1998.

[56] 沈恒炎,燕宏远.国外学者论人和人道主义[M].北京:社会科学文献出版社,1991.

二、学位论文

[1] 冯倩.新时期大学生道德教育理念和方法创新研究[D].天津:天津大学,2015.

[2] 王梓翔.大学生道德教育的四个失衡问题研究[D].长春:吉林大学,2016.

[3] 宋雪丽.提升我国大学生道德教育有效性研究[D].长春:东北师范大学,2015.

[4] 许启芳.习近平青年修德观及其价值研究[D].南充:西华师范大学,2019.

[5] 闻桦.组织变革中员工的犬儒主义研究[D].北京:北京交通大学,2007.

[6] 米满月. 威尔逊人性论研究 [D]. 长沙：湖南师范大学，2009.

[7] 聂晓辉. 儒家人性论与转型期人性价值的建构 [D]. 西宁：青海师范大学，2011.

[8] 刘惠. 中国当代大众文化中的犬儒主义倾向研究 [D]. 济南：山东师范大学，2011.

[9] 赵灿. "诚言"与"关心自己"：福柯的古代哲学解释研究 [D]. 上海：复旦大学，2010.

[10] 胡晨. "自由的狗"：希腊犬儒主义自由哲学研究 [D]. 南昌：南昌大学，2012.

[11] 廖丹凤. 工作场所感知、组织犬儒主义与组织效果的关系研究 [D]. 厦门：厦门大学，2009.

[12] 龙成. 当代中国犬儒主义思想研究：以网络媒介为例 [D]. 长沙：湖南师范大学，2012.

[13] 周将军. 从教化到拯救：以信仰教育化解当代精神危机 [D]. 长沙：湖南师范大学，2008.

[14] 石莹. 先秦儒家君子人格思想融入大学生道德教育研究 [D]. 成都：西南交通大学，2020.

[15] 石航. 先秦道家思想与大学生道德教育 [D]. 武汉：武汉纺织大学，2020.

[16] 徐小萌. 优秀家风家训融入当代大学生道德教育研究 [D]. 曲阜：曲阜师范大学，2019.

[17] 刘苏仪. 新时代大学生道德教育与法治教育有效融合实现路径研究 [D]. 北京：北京林业大学，2019.

[18] 王野. 习近平新时代思想政治教育思想研究 [D]. 长春：吉林大学，2018.

[19] 黄露露. 王阳明"知行合一"思想对大学生道德教育的启示 [D]. 重庆：西南大学，2017.

[20] 邹韵. 我国大学生道德教育研究：基于诺丁斯关心理论的视角 [D]. 长春：吉林大学，2016.

[21] 王婧. 大数据时代大学生道德教育研究 [D]. 重庆：西南大学，2015.

[22] 刘汉香.先秦儒家道德视域中的当代大学生道德教育研究 [D]. 西安：西安石油大学，2014.

[23] 黄浩文.当代大学生道德教育问题研究 [D]. 兰州：西北师范大学，2014.

[24] 彭林.新媒体对大学生道德教育的影响及对策研究 [D]. 石家庄：河北经贸大学，2014.

[25] 何晓雨.传统"孝"文化对当代大学生道德教育的启示 [D]. 成都：成都理工大学，2013.

[26] 张海军.当代大学生道德教育实效性研究 [D]. 延安：延安大学，2012.

[27] 钟景璐.中国传统道德教育内容与方法对当代大学生道德教育的启示 [D]. 长沙：湖南师范大学，2012.

[28] 王瑞月.当代大学生道德教育的失调与回应 [D]. 新乡：河南师范大学，2012.

[29] 赵敏.新媒体视阈中的大学生道德教育创新研究 [D]. 济南：山东大学，2012.

[30] 徐辉.诺丁斯的关怀道德教育理论及其对我国大学生道德教育的启示 [D]. 济南：山东大学，2010.

[31] 张伟强.当代大学生道德教育研究 [D]. 长沙：湖南师范大学，2006.

三、杂志、期刊

[1] 冯刚，朱宏强.以习近平新时代中国特色社会主义思想引领青年理想信念教育 [J]. 思想理论教育导刊，2018（11）.

[2] 李翀.新时代大学生道德教育问题对策研究 [J]. 湖北经济学院学报（人文社会科学版），2020（7）.

[3] 蒲清平.把习近平新时代中国特色社会主义思想全面融入大学生思想政治教育 [J]. 高校辅导员，2018（2）.

[4] 王学俭，阿剑波.习近平新时代青年教育思想及其价值旨归 [J]. 思想教育研究，2018（8）.

[5] 赵敬东 . 习近平青年修德观与大学生道德教育研究 [J]. 黑龙江工业学院学报（综合版），2021（7）.

[6] 郭英，陈灿杰，胡东，袁安怡 . 道德认同对大学生亲社会行为倾向的影响：共情的中介作用和正念的调节作用 [J]. 心理与行为研究，2022（1）.

[7] 仲天宝，王新影，葛骁欧 . 习近平总书记关于大学生道德修养重要论述的三重维度 [J]. 学校党建与思想教育，2021（20）.

[8] 刘函池，杨乐 . 新时代大学生的家庭美德认同状况及培育对策 [J]. 中国高等教育，2020（15）.

[9] 王宇航，宋成方 . 当代中国青年国际形象的媒体建构：基于"七国集团"主要媒体 2009—2016 年网络报道的实证分析 [J]. 南京社会科学，2017（5）.

[10] 张玉奇 . 提高对大学生思想道德行为引导的实效性 [J]. 中国高等教育，2020（21）.

[11] 罗国杰 . 新时期思想道德建设的问题与对策 [J]. 中国人民大学学报，2000（5）.

[12] 尚云丽 . 于洪波 . 教育中的后现代犬儒主义思想阐释：基于海德格尔"构境论"视角的解读 [J]. 教育学报，2014（2）.

[13] 贺雪峰 . 中国农村社会转型及其困境 [J]. 东岳论丛，2006（3）.

[14] 郑富兴 . 道德教育：从童话精神到悲剧意识 [J]. 教育研究与试验，2006（3）.

[15] 袁进 . 人文精神寻思录之二 [J]. 读书，1994（4）.

[16] 刘宇 . 超越"反"的逻辑：论乌托邦精神的失落与重建 [J]. 教学与研究，2009（12）.

[17] 姚新勇 . 犬儒的生存状态与启蒙理性的再思考 [J]. 探索与争鸣，2006（5）.

[18] 陶东风 . 大话文学与消费文化语境中经典的命运 [J]. 天津社会科学，2005（3）.

[19] 韩旭，刘志中 . 西方人性论视域下的学生工作研究 [J]. 沈阳师范大学学报（社会科学版），2015（4）.

[20] 李建国 . 中西方道德教育理论中的人性预设之比较与启示 [J]. 江汉大学学报（社会科学版），2015（5）.

[21] 赵敦华. 研究西方人性论的观念史叙事法 [J]. 湖南社会科学, 2004（1）.

[22] 牛楠森. 从思维方式看人性认知对学校教育的影响 [J]. 教育学术月刊, 2018（3）.

[23] 许苏民. 论自由与责任：兼论反对价值相对主义和犬儒主义 [J]. 福建论坛（人文社会科学版）, 2001（1）.

[24] 邱鹏.《Q 版语文》流行原因初探 [J]. 科技信息, 2011（16）.

[25] 高婧, 杨乃定, 祝志明. 组织政治知觉与员工犬儒主义：心理契约违背的中介作用 [J]. 管理学报, 2008（1）.

[26] 韦慧民, 潘清泉. 组织内非道德行为探析 [J]. 人民论坛, 2011（34）.

[27] 刘绪源.“怪圈”与“传统犬儒主义”：拟答戚方、姚雪垠先生 [J]. 文艺争鸣, 1989（3）.

[28] 陈振波. 中国文化的现代转型时期的知识分子角色 [J]. 文学界（理论版）, 2011（4）.

[29] 徐贲. 当今中国大众社会的犬儒主义 [J]. 二十一世纪, 2001（65）.

[30] 严启刚, 潘守文.《可以吃的女人》与现代犬儒主义 [J]. 四川外语学院学报, 2005（6）.

[31] 汪雨涛.“后全能时代”与犬儒主义：评陈世旭的两部长篇新作 [J]. 当代文坛, 2006（1）.

[32] 华金余.《推拿》的“推拿”与对《推拿》的推拿 [J]. 北京工业大学学报（社会科学版）, 2013（1）.

[33] 白艳莉. 组织犬儒主义：一个员工—组织关系分析的新框架 [J]. 兰州学刊, 2011（3）.

[34] 李楠. 犬儒主义者和叔本华主义者的结合体：谈《豪斯医生》的主人公形象 [J]. 赤峰学院学报（汉文哲学社会科学版）, 2012（7）.

[35] 陶东风.“大话文化”与文学经典的命运 [J]. 中州学刊, 2005（4）.

[36] 陈林侠.“恶搞”的喜剧：当下电影艺术的商业化思路与陷阱：从“馒头”事件、《疯狂的石头》说起 [J]. 山东艺术学院学报, 2006（6）.

[37] 张建云. 试析主体意识的内涵 [J]. 天中学刊, 2002（6）.

[38] 张一兵. 肯定的犬儒主义与意识形态幻觉: 齐泽克《意识形态的崇高对象》解读 [J]. 马克思主义与现实, 2004 (4).

[39] 韩军, 周迪谦, 任玲, 李镇西. "伪圣"和"犬儒": 中国教育不能承受之重 [J]. 教育科学论坛, 2004 (12).

[40] 高伟. 现代犬儒主义教育哲学批判 [J]. 华东师范大学学报 (教育科学版), 2014 (2).

[41] 黄明理. 道德信仰论纲 [J]. 江海学刊, 2005 (1).

[42] 万俊人. 人为什么要有道德? (上) [J]. 现代哲学, 2003 (1).

[43] 王萃, 郭芸. 习近平新时代中国特色社会主义思想融入高校思政教育研究 [J]. 山西大同大学学报 (社会科学版), 2021 (6).

[44] 胡青青, 王其云. 优秀传统文化融入大学生道德教育的路径研究 [J]. 大学, 2021 (10).

[45] 张旭新. 当代大学生道德教育的困境与反思 [J]. 思想教育研究, 2013 (1).

四、报纸

[1] 习近平. 习近平在北京大学师生座谈会上的讲话 [N]. 人民日报, 2018-05-03 (02).

[2] 习近平. 坚持中国特色社会主义教育发展道路 培养德智体美劳全面发展的社会主义建设者和接班人 [N]. 人民日报, 2018-09-11 (01).

[3] 习近平. 青年要自觉践行社会主义核心价值观: 在北京大学师生座谈会上的讲话 [N]. 人民日报, 2014-05-05 (02).

[4] 习近平. 立德树人德法兼修抓好法治人才培养 励志勤学刻苦磨炼促进青年成长进步 习近平在中国政法大学考察 [N]. 人民日报, 2017-05-04 (01).

[5] 习近平. 在纪念五四运动 100 周年大会上的讲话 [N]. 人民日报, 2019-05-01 (02).

[6] 习近平. 把培育和弘扬社会主义核心价值观作为凝魂聚气强基固本的基础工程 [N]. 人民日报, 2014-02-26 (01).

[7] 习近平. 习近平在庆祝中国共产党成立 95 周年大会上的讲话 [N]. 人民日报，2016–07–02（02）.

[8] 习近平. 坚持中国特色社会主义教育发展道路 培养德智体美劳全面发展的社会主义建设者和接班人 [N]. 人民日报，2018–09–11（01）.

[9] 习近平. 在会见第一届全国文明家庭代表时的讲话 [N]. 人民日报，2016–12–16（02）.

五、网上公告

[1] 中共中央关于坚持和完善中国特色社会主义制度 推进国家治理体系和治理能力现代化若干重大问题的决定 _ 共产党员网 [EB/OL]. /2022–11–04. https://www.12371.cn/2019/11/05/ARTI1572948516253457.shtml.

[2] 习近平：在同各界优秀青年代表座谈时的讲话（全文）[EB/OL]. /2022–11–04. http://www.gov.cn/ldhd/2013–05/05/content_2395892.htm.

六、外文论著

[1] Graham， J. R. MMPI–2：Assessing personality and psychopathology[M].New York：Oxford University Press， 1990.

[2] Cooper, John M., and Douglas S. Hutchinson, eds. Plato: complete works[M]. Indianapolis：Hackett Publishing company， 1997.

[3] Kaur S. Effect of religiosity and moral identity internalization on prosocial behaviour[J]. Journal of Human Values， 2020.

[4] Van der Graaff J， Carlo G， Crocetti E， et al. Prosocial behavior in adolescence： Gender differences in development and links with empathy[J]. Journal of youth and adolescence， 2018.

[5] Winterich K P， Aquino K， Mittal V， et al. When moral identity symbolization motivates prosocial behavior： the role of recognition and moral identity

internalization[J]. Journal of applied psychology, 2013.

[6] Dean Jr J W, Brandes P, Dharwadkar R. Organizational cynicism[J]. Academy of Management review, 1998.

[7] Abraham R. Organizational cynicism: Bases and consequences[J]. Genetic, social, and general psychology monographs, 2000.

[8] Cook W W, Medley D M. Proposed hostility and pharisaic-virtue scales for the MMPI[J]. Journal of Applied psychology, 1954.

[9] Barefoot, J. C. Dodge, K. A. Peterson, B. L. Dahlstrom, W. G. & Williams, R. B. The Gook and Medley hostility scale: Item content and ability to predict survival[J]. Psychosomic Medicine , 1989.

[10] Bateman, T. S. Sakano, T. & Fujita, M. Roger, me, and my attitude: film propaganda and cynicism toward corporate leadership[J]. Journal of Applied Psychology, 1992.

[11] Mirvis, P. & Kanter, D. L. Combating Cynicism in the Workplace[J]. National Productivity Review, 1989.

[12] Bies R J, Tripp T M. Beyond distrust: "Getting even" and the need for revenge[J]. Trust in organizations, 1996.

[13] Johnson J L, O' Leary - Kelly A M. The effects of psychological contract breach and organizational cynicism: Not all social exchange violations are created equal[J]. Journal of Organizational Behavior: The International Journal of Industrial, Occupational and Organizational Psychology and Behavior, 2003.

[14] Andersson L M. Employee cynicism: An examination using a contract violation framework[J]. Human relations, 1996.

[15] Andersson L M, Bateman T S. Cynicism in the workplace: Some causes and effects[J]. Journal of Organizational Behavior: The International Journal of Industrial, Occupational and Organizational Psychology and Behavior, 1997.